# 心という難問

## 空間・身体・意味

Shigeki Noya
野矢茂樹

講談社

# はじめに

知覚し感覚する経験は意識経験であるように思われる。私はかつてそれを「意識の繭」と呼んだ。その繭に閉じ込められ、意識経験の外にあるはずの世界に触れることができず、私と同様に意識の繭に閉じ込められているだろう他者の姿も見失った。私はなんとかしてその繭を食い破ろうともがいた。しかし、その必要はなかったのだ。繭は食い破られるまでもなかった。意識の繭など存在しない。私は、本書において、ようやく世界と他者に出会うことができた。

私は世界そのものを知覚している。目の前の一本の木は確かに実在し、私はその実在する木そのものを見、その梢で囀っている鳥の声そのものを聞いている。また、私の周りにいる他者たちも、私と同様にさまざまなものごとを知覚し、感じている。「そんなこと、論証するまでもなくあたりまえのことではないか」、そう言われるだろうか。だが、哲学はそれを疑う。いや、哲学だけではない。哲学的な議論以前の私たちの日常的な直感の中に、自己を世界と他者から隔絶してしまう兆しが潜んでいる。

私たちは、知覚や感覚といった、いま自分が経験していることに対していくつもの捉え方を――あるものは自覚的に、あるものは無自覚の内に――している。書き出してみよう。こんなふうに私たちは考えていないか。

私は実物そのものを知覚している。他方、錯覚や幻覚は意識の内に形成された誤ったイメージであり、実物そのものではない。

私と同様に知覚し、感覚している他人がいる。しかし、他人が何をどのように知覚し、感覚しているかは分からない。

知覚や感覚といった意識経験は、すべて脳が作り出している。

立ち入って検討してみれば明らかになるが、私たちが理論以前に抱いているこうした捉え方は実は整合していない。ここには矛盾が含まれており、その軋みが哲学問題を発生させる。私たちはもう一度、経験のあり方と他者の存在を巡る自分の直感を見なおしていかなければならない。

そのために本書が展開するのが、「眺望論」および「相貌論」と私が呼ぶ議論である。私は、『心と他者』（一九九五年）という論考を著して以来、その議論を少しずつ進めてきた。そしていま、眺望論を完成させ、相貌論をさらに前進させることができたと考えている。

眺望論は、知覚し感覚する経験を空間と身体という観点から捉え、経験の公共性を明らかにする。

相貌論は、経験を意味という観点から捉え、それをさらに「物語」ということによって論じ、そこに他者性の核心をあぶりだす。そして眺望論と相貌論によって経験を捉えなおし、私たちが実物そのものを知覚しているという実感と、他人も私と同様に経験しているのだという実感を、理論的に掬いとろうとする。

それと同時に、私は私たちが理論以前にもっていた考えのいくつかを否定することになる。「錯覚や幻覚は誤った知覚イメージである」という考えは否定され、「経験は脳が作り出したものだ」という考え（私はそれを「脳神話」と呼ぶ）も否定される。正しい知覚はもちろん、錯覚や幻覚でさえ「知覚イメージ」ではない。「知覚イメージ」なるものは私たちの誤った直感と誤った哲学的議論によって生み出された捏造物にすぎない。また、経験のあり方にとって脳が重要な役割を果たすことは否定しないが、知覚経験はけっして脳の産物ではない。私は本書においてそう結論する。

だが、そうした主張を独断的に語り出すことは私のやりたいことではない。世界と他者に出会うために、ただひたすら一歩ずつ、議論を重ねて進んでいこう。全体は三部に分かれている。第Ⅰ部で、知覚・感覚・他者を巡る哲学問題を、日常的な何気ない場面から取り出そう。私は、読者をそうした問題に共振させたい。おそらく漠然とであれ、ここで語られるような問題は感じとられていたのではないだろうか。私はそれに哲学問題としての明確な輪郭を与えよう。そして読者もまた、私と同じように、経験と他者を巡るその問題を解決したいという気持ちになったならば、第Ⅱ部からの私の歩みについてきてほしい。私も、読者を置き去りにして進むようなことはしない。第Ⅰ部の問題を問題と感じとってくれた人であれば、哲学用語も哲学の学説も何ひとつ知らなくとも、私とともに進んでいけるはずである。そうして第Ⅲ部では、第Ⅰ部で取り出した問題のすべてに答えよう。そこにおいて私たちは、経験と他者の姿を新たなまなざしで見通すだろう。もちろん「心」の全貌が分かったなどと言うつもりはない。しかし、本書が成功しているのならば、私をもっとも悩ませていた心という難問の核心部分から、私は私自身を解放しえたことになる。

二〇一六年四月

野矢茂樹

# 心という難問　目次

# 心という難問——空間・身体・意味

# I　問題

# I　漠然とした問題

## I－1　リアルな世界の手ごたえが希薄になる

世界の手ごたえがなくなるときがある。椅子に腰かけ、机に向かい、ふと窓の外を見る。ビルや家が建ち並び、街路樹の梢がかすかに揺れ、通り過ぎる人たちがいる。あの人たちは実在するのか。あの街路樹は実在するのか。あの建物は実在するのか。そして、この机は。この椅子は――

私は、何かを確かめるかのように、目の前の机にさわる。しかし、あたかも机の姿をした薄皮に触れているだけのような気持ちになる。私はそれを、「意識」という言葉で言い表わしたくなる。これは私の意識に映じた影にすぎない。意識のスクリーンに投影された建物の影、街路樹の影、人々の影、机の影、椅子の影。それらの影の本体、実物、リアルな世界は、この意識のスクリーンの背後にあり、私はそれを知覚できない。私が経験するのはすべてただ影にすぎない。

ふつうに生活しているとき、私はそのような思いに囚われはしない。なんの疑いもなく椅子に腰かけ、机に向かう。通りに出れば街路樹に季節を感じ、車をよけて道を渡る。けっして私は意識のスクリーンに映じた影に腰かけているわけでも、影をよけて影の道を横断したのでもない。見ているそれは実物であり、触れているこれは実物であると、まったく疑いを抱いてはいない。

だが、そうした生活上の関心を離れ、行動を中断し、あたかも傍観者のように世界に向かうとき、ふいに世界の手ごたえが希薄になることがある。私は意識という名の繭に閉じ込められ、リアルな世界がその背後に姿を消す。

## 1―2 他人との距離が無限に遠くなる

リアルな世界が姿を消すと、それとともにリアルな他人も姿を消す。

雑踏の中に身をおいて、ただ傍観者的に人々を眺めているとき、彼らの一人ひとりがその目で何ごとかを見、その耳で何ごとかを聞き、そして何ごとかを思っているということが、ふとした拍子に不気味なほど不思議に思えてくる。彼らも、私の意識のスクリーンに映じた影にすぎない。しかし、彼らもまた私と同様にそれぞれの意識のスクリーンにさまざまな影を映しているに違いない。それがどのようなものか、私には分からない。私は私の意識に映じたものを受けとるだけであり、彼らの意識に映じたものを私が受けとることはできない。どれほど痛みに苦しんでいる人が目の前にいようとも、私が受けとるものは彼女の表情・ふるまい・発言だけであり、彼女の痛みそのものを私が受けとることはない。同様に、彼女には何かが見え、何かが聞こえているのだとしても、私が受けとるものはそんな彼女の表情・ふるまい・発言だけであり、彼女が見ているもの、聞いているものを私は受けとることができない。

そうして、他人の意識も姿を消す。彼女の表情・ふるまい・発言の背後に、私と同様の意識があるのかどうか、私には分からない。もしかしたら彼女は、「意識なきもの」かもしれない。人間の姿をして、人間の表情をし、人間のふるまいをし、そして人間の発言をする。しかし、意識はもっていない。そんな存在を、現代の心の哲学にならって「ゾンビ」と呼ぼう。彼女はゾンビかもしれない。少なくとも、私の意識のスクリーンに映じる彼女の姿は、彼女がゾンビではないということを何ひとつ示してはいない。彼女は私を見て微笑む。だが、彼女の意識のスクリーンを私は覗き込むことができない。そこには何も映っていないかもしれない。そもそも、彼女には意識のスクリーンなどありはしないかもしれない。

もちろん、ここでもまた、ふだんの生活の中で、私は他人たちをゾンビだなどと思いはしない。私がゾンビではないのとまったく同様に、彼らもまたゾンビではないと、私はいささかも疑いはしない。だが、生活上の実際的な関心を離れ、ただ傍観者的に眺めるとき、たとえば、繁華街の交差点の一角に立ち、いっさいの共感を排して人混みを傍観するとき、その人々がすべてゾンビに見えてきもするのである。

## I―3 それを「意識」という言葉で言い表わしてよいのか

すべては影のようなものとなり、世界のリアルな手ごたえが消え、他人たちはゾンビとなる。こんな気分は、誰もがいつでも感じるものではない。だが、たしかに、ある人たちはなんらかのときにこうした気分を味わっているに違いない。この気分――あえて名前をつければ、この独我論的気分――それ自体は、哲学の問題ではない。なんとかして元気を回復して元の生活に戻ればよい。対象と他人に対する生活上のいきいきした関心が、私たちをこんな気分から掬い出してくれるだろう。問題にすべきは、この気分を言い表わすために、「意識」という言葉を用いたところにある。

いま私が見ている部屋、触れている机、ときおり聞こえてくる外の物音、これらは私の意識のスクリーンに投影されたイメージであると、そんなふうに思われる。そしてそのスクリーンの背後にリアルな世界が隠れ、姿を消していく。あるいは、意識のスクリーンを備え、そこにさまざまなイメージが現われるという意味で私は意識をもっていると言いたいが、同じ意味で他人もまた意識をもっているということが、独我論的気分の中で揺らいでくる。そして「意識なきもの」という、ゾンビの想定がそこに入り込んでくる。

だが、銘記しておこう。私たちは「意識」という言葉が何を意味するのか、よく分かった上でこの言葉を用いているわけではない。それゆえまた、「ゾンビ」という言葉がどういうことを意味するのかも、分かってはいない。独我論的気分はたしかにある。それは事実であり、それ自体はいま私たちが問おうとしている問題ではない。その気分を「意識」や「ゾンビ」といった未だ意味が明確になっていない言葉で言い表わそうとするところに、言葉の仕掛ける罠が生じる。この罠を明瞭なものとし、その罠をはずす仕方を見てとること、それがこれから私たちが立ち向かおうとしている哲学の問題である。

あらかじめ見通しを述べておくならば、ここで用いられた「意識」という言葉はたんに無意味でしかないと私は考えている。それゆえ、「意識をもたぬもの」としての「ゾンビ」もまた無意味でしかない。「ゾンビではない私はゾンビに〈意識〉と呼びうる何かをプラスしたものだ」という捉え方、「ゾンビ＋意識＝心ある人間」という足し算を成り立たせるような「意識」なる何ものかなどありはしないと思うのである。だが、その地点に立ち、そこに開ける哲学的風景を展望する前に、私たちはしばらくの間、ここに潜むいくつもの罠の姿を明らかにするために、自ら罠にかかってみなければならないだろう。

# 2 素朴実在論の困難

## 2-1 知覚について、ふつう私たちはどう考えているのか

哲学的罠にかかるために、むしろ積極的に「意識」や「知覚イメージ」といった言葉を用いよう。それらの言葉とともに、その知覚イメージが表わしているとされる「実在」や「実物」という言葉も、この独特な（しかし曖昧な）意味で用いられる。ふつう「実在」という言葉は、「ツチノコは本当に実在するのか」と問うような仕方で使われる。また、「実物」という言葉も、たとえば饅頭と饅頭の食品サンプルを並べて、「実物はどっちだ」と問うような仕方で使われる。他方、これからの私たちの議論においては、「実在」や「実物」という言葉は「意識」や「知覚イメージ」という曖昧な言葉と対になるものとして使われる。これは、日常的な「実在」「実物」の意味とはかなりずれたものである。だが、あまり細かいことは気にしないでおこう。私たちはいま、進んで哲学的罠にかかろうとしているのだから。

日常的な実感を確認しておくならば、私たちはほとんどの場合に、「意識」などというものがあると考えはしない。目の前に机がある。私はその机を見ている。ここにはただ机があるだけであり、何か机の知覚イメージとか意識と呼びうるようなものがその机と別立てにあるとは考えられていない。これが私たちの日常的な実感だろう。あえて「実物」という言葉を使うならば、私が見ているこの机は机の実物であり、知覚イメージのごとき何ものかではない。このような考え方は、哲学において「素朴実在論」と呼ばれる。

ところが私たちは、日常的に、素朴実在論的ではない実感も同時にもっている。先に私が「ほとんどの場合に」という限定をつけた理由がそこにある。なるほど自分の知覚の正しさを疑っていない場合には、実物を直接見ているという素朴実在論的な実感をもつだろう。そしてほとんどの場合に、私たちは自分の知覚の正しさを疑いはしない。だが、それでも私たちの知覚はときに誤りを犯す。たとえば、薄暗い山道の向こうに蛇が横切っているのが見える。いやだなと思いながら近づくと一本の縄だった。縄を蛇と見まちがえたのである。このようなとき、最初に見えた蛇の姿は、蛇の実物ではありえない。実際には蛇ではなく縄があったのである。それゆえ、その蛇の姿は実物を誤って写しとった知覚イメージだと言わねばならない。だとすれば、ここにおいて、「見ているものはすなわち実物である」という素朴実在論的な実感は捨てられねばならないだろう。あるいは聞こえたと思った音が聞きまちがいや空耳だったとき、その音は実在の世界のあり方そのものではなかったと認めねばならない。日常的な実感に従えば、こうした知覚まちがいの場面では、私たちは実在の世界のあり方とは異なる、誤った知覚イメージを受けとっており、それゆえ、知覚イメージと実物とが別のものとして立てられることになる。このような考え方は、二つのものを立てるので「二元論」と呼ばれる。この場合は、「知覚イメージと実物の二元論」、あるいは、よりおおまかに言えば「意識と実在の二元論」である。

　このように、私たちの日常的な実感は、正しい知覚の場合には素朴実在論的であり、誤った知覚の場合には二元論的なものとなるだろう。[1] しかし、素朴実在論と二元論を両方抱え込むことは、知覚に対して整合的な考え方を形成しえないように思われる。私たちは、ここから出発しつつも、この実感のどこかを修正し、知覚に対する整合的な描像を手に入れなければならない。

　だが、私は素朴実在論を手放したくはない。いま目の前に見えているこれらのもの――机、本、コーヒーカップ、あるいは窓の外に見える街路樹――が実物そのものであるということは、私たちの動かしがたい実感であるだろう。私は、哲学がどれほど洗練されたもっともらしい議論を突きつけようとも、この素朴な実感から動きたくはない。だが、ひとたび哲学の議論に踏み込むならば、私たちはこの実感を維持するのがいかに困難かを思い知らされるだろう。私たちはこれから哲学の議論へと分け入っていく。そして、いったんはリアルなものに対する実感からはじき出され、遠ざけられながらも、再び、哲学の議論の中で、素朴実在論へと戻ってきたいのである。それは、けっして楽な道程ではない。

## 2―2　錯覚論法――素朴実在論への挑戦

素朴実在論に対しては「錯覚論法」[2]と呼ばれる強力な議論がある。錯覚論法が正しいならば、私たちは日常の実感の内、素朴実在論的実感を捨てねばならないことになる。見誤りの場合には、誤った知覚イメージと実物がある。私たちはふつうそう考える。たとえば、縄を蛇と見誤った場合、私が見た蛇の姿は知覚イメージである。ならば、と錯覚論法は論じる、私たちが正しい知覚において見ているものも知覚イメージ（ただし、正しい知覚の場合には正しい知覚イメージ）であるはずだ。それゆえ、正しい知覚の場合に私たちが実物を知覚しているとする素朴実在論はまちがっている。錯覚論法はこのように素朴実在論に挑戦してくるのである。

誤った知覚の極端なケースとして幻覚を考えてみよう。たとえば短剣の幻覚を見る。しかも完璧にリアルな見かけをもった幻覚であり、私は最初それを実物の短剣だと信じて疑わなかったとする。ところが手に持とうとしたらさわれなかったとか、他の人には見えないといったことから、幻覚であると分かる。幻覚である以上、それは実在の世界そのものではないと言わざるをえない。ならば、幻覚は、私の意識の内にのみ現われたイメージであるだろう。

他方、いま目の前に実際に短剣を見ているとしよう。その見え方は、完璧にリアルな見かけをもった幻覚の場合の見え方と同じものでありうる。なるほど幻覚の場合にはさわれず、また他人には見えないかもしれない。だが、いま私に見えているこの見え方だけに関して言えば、それは完璧にリアルな見かけをもった幻覚の場合と同じものでありうるだろう。そして幻覚の場合には、実物とは異なる知覚イメージが私の意識の内に現われたのである。ならば、正しい知覚の場合にも、知覚イメージが私の意識の内に現われているのでなければならない。

一般的に錯覚論法の議論の形を示しておこう。こう議論される。——誤った知覚と正しい知覚は、いま私に現われる現われ方（見え方、聞こえ方、等々）だけに関して言えば、まったく同じでありうる。同じように見えたからこそ、私はそれに騙されもしたのである。そして、誤った知覚において経験しているのは、実在の世界のあり方そのものではない。それは、意識の内に現われた知覚イメージと考えるしかない。だとすれば正しい知覚のときにも、私は、実在の世界のあり方そのものではなく、私の意識の内に知覚イメージを経験しているのである。

かくして、誤った知覚において二元論に立つのであれば、正しい知覚の場合にも二元論に立たねばならない。つまり、錯覚論法が正しいならば、私たちは素朴実在論を捨て、全面的に二元論を受け入れなければならないのである。

錯覚論法と呼びうる他のタイプの議論も見ておくことにしよう。

ミュラー・リアー錯視として知られる図形［I］を例にとろう。AとBの横線部分は同じ長さであるが、矢羽の効果でAの方が長く見える。では、何がより長いのか。この質問を真剣に受けとめてみてほしい。より長いものは、何なのか。実物の横線ではない。実物の横線は同じ長さである。それゆ

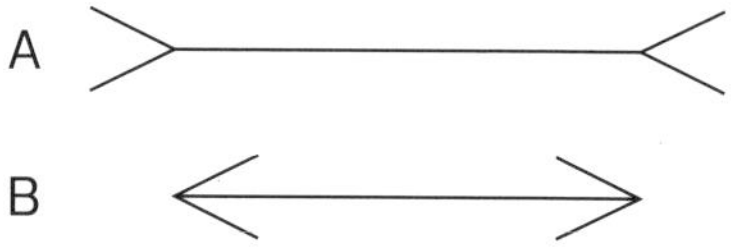

［Ⅰ］

え、「より長い」と言われるのは、意識の内に形成された知覚イメージであるに違いない。Aの横線の知覚イメージが、Bの横線の知覚イメージよりも長いのである。

次に［Ⅱ］を見てみよう。これもA′の方が長く見える。しかし、今度は本当にA′の方が長い。

［Ⅰ］と［Ⅱ］を見比べてみよう。私たちが［Ⅰ］において受けとっているものは意識の内に形成された知覚イメージである。ならば、［Ⅱ］において受けとっているものも同様ではないだろうか。［Ⅰ］の姿は意識の内にあり、［Ⅱ］の姿は意識の外、世界の側にあるなどと、言いたくなるだろうか。［Ⅰ］の図形から一本ずつ矢羽を取り去っていくことを考えてみてもよい。すべて取り去ると同じ長さに見えるようになる。では、いつ、どの矢羽を取った時点で、それは意識の内から意識の外へと出ていったのか。

このように考えていくと、［Ⅰ］の場合と［Ⅱ］の場合とで私たちに見えているものは、ともに実物そのものではなく、意識の内に形成された知覚イメージであると思われてくるだろう。

別のタイプの錯覚論法を挙げよう。左右どちらか一方のまぶたを軽く押してみる。そうすると目の前のもの、たとえば一本の鉛筆が二重に見える。では、ここで「二」と数えられているそれは何なのか。もちろん実物の鉛筆が二本になったのではない。私の意識の内にある鉛筆の知覚イメージが二つになったと言うべきだろう。では、まぶたから指をはなそう。元の一本の鉛筆に戻る。素朴実在論に従えばこれは実在の世界にある実物の鉛筆である。だとすると、まぶたを指で押したりはなしたりすることによって、それは意識の内と外を出たり入ったりすることになるのではないか。しかし、私たちの実感にすなおに従えば、まぶたを押した場合とはなした場合で意識の内と外が入れ替わるというのは、いかにも奇妙だろう。他方、まぶたを押したときに二つになっているのは実物ではなく、意識の内に現われた知覚イメージとしか言いようがないと思われる。だとすれば、まぶたを押してなどいないふだんの知覚においても、実物そのものが現われているのではなく、私の意識の内に知覚イメージが現われているのだと考えるしかない。

どうだろう。かなりもっともらしい、強力な議論だと感じるのではないだろうか。先に述べたように、私自身は、見ているこれが実物の鉛筆であるという実感を手放さないようにしたいと考えている。だが、錯覚論法はその実感を捨て去るよう求めてくる。私は、錯覚論法の攻撃をなんとかしてかわさねばならない。だが、後に開始するその反撃のためにも、いまはこの強力な敵をしっかりと見定めておきたい。

もうひとつ、錯覚論法と類似の議論を見ておこう。次のように議論することもできる。

遠くにあるものほど小さく見える。別れた友人が遠ざかるにつれて小さくな

A′ ――――――――――

B′ ――――――――――

［Ⅱ］

っていく。だが、何が小さくなったのか。もちろん実物の友人ではない。友人は同じ身長のまま、その知覚イメージがだんだん小さくなっていくのである。逆に友人が近づいてくると、その知覚イメージはだんだん大きくなってくる。では、どこでそれは知覚イメージではなく、実物の友人になるのか。答えに窮するだろう。「五十メートル向こうに見える友人の姿は小さくなった知覚イメージだが、目の前一メートルに見えるそれは実物の友人だ」などという答えは馬鹿げている。

そうだとすれば、パースペクティブ的な視覚風景において見られているものはすべて知覚イメージだと言うべきである。これは錯覚論法とは異なった議論の形をもつが、以下では、このパースペクティブの議論も含めて「錯覚論法」と呼ぶことにしよう。

こうして、知覚においては、それが正しい知覚であれ誤った知覚であれ、知覚されるのは実物そのものではなく、知覚イメージであると主張されることになる。繰り返すが、私は錯覚論法に反論したいと考えている。だが、いまはまだそのときではない。まずは錯覚論法の促しに従い、いっそう深刻な罠——二元論——へと踏み込んでいくことにしよう。

# 3　二元論の困難

錯覚論法によって素朴実在論を追い出された私たちは、知覚イメージと実物の二つを立てる二元論、意識と実在の二元論へと進むことになる。だが、あらかじめたいへん悲観的なことを述べておかねばならない。ここから先は袋小路である。少なくとも私はそう考えている。本章で私たちは意識と実在の二元論を検討し、その結果、この考え方にいかんともしがたい困難を見出すだろう。素朴実在論を諦め、意識と実在の二元論もだめとなれば、残された道は意識の一元論である。だが、さらに続く章で、意識の一元論にも耐えがたい困難があると論じたい。かくして私たちは、出口を見失って袋小路に立ちつくすことになる。いささか暗い気分になるが、それでは、この出口なしの迷宮に踏み込むことにしよう。

## 3—1　私たちの多くは二元論と知覚因果説を受け入れている

二元論的な考え方に従えば、知覚イメージは実物そのものではなく実物の像であるとされる。そこで、とくに実在世界の像であると考えられている知覚イメージを「知覚像」と呼ぶことにしよう。たとえば、一個のリンゴが見えているとき、二元論はそれを実在のリンゴそのものではなく、実在のリンゴの知覚像であると考える。（いま考えている二元論は「知覚像と実物の二元論」あるいは「意識と実在の二元論」であるが、以下、簡単のためたんに「二元論」と呼ぶことにする。）

私たちの多くは、このような二元論的な考え方を日常的にも受け入れていると思われる。次の図1を見ていただきたい。

実物のリンゴから光が反射され、それが眼に入り、網膜で電気信号に変換され、視神経を伝わって脳に至る。そして視覚野が興奮し、リンゴの知覚像が生じる。このような「実物が原因となって知覚像を因果的に引き起こしている」という考え方は「知覚因果説」と呼ばれる。私たちの多くは、日常的に、二元論と知覚因果説の合わさった図1に表わされるような考え方を、さほど違和感なく受け入れているのではないだろうか。

極端な場合には、脳だけでもよいとされる。因果系列の最後のところ、すなわち脳のしかるべき興奮が引き起こされるならば、それだけでリンゴの知覚像が生じるとさえ、考えられるのである。かくして、「脳が知覚を生み出す」といった言い方が為されもする。

他方、私たちには素朴実在論的な実感もある。だが、少し考えてみれば、素朴実在論と知覚因果説は両立しえないことが分かるだろう。リンゴが見えている。それは、素朴実在論に従うならば、まさに実物のリンゴにほかならない。それゆえ、私の前にあるこのリンゴから光が反射されていることになる。このリンゴから私の眼に光が入り、私の脳が興奮する。そして知覚因果説に従うならば、その結果として、知覚像が現われる。では結果として生じたリンゴの知覚像はどれなのだろうか。見えているこのリンゴ、これが実物から因果的に引き起こされた結果生じたとされる知覚像だろうか。だが、このリンゴは素朴実在論に従えば実物のリンゴであり、それゆえ知覚因果説において知覚の原因とされるものにほかならない。逆にこのリンゴが因果の結果である知覚像だとするならば、これは知覚像の原因となる実物のリンゴではないことになるだろう。目の前にリンゴがある。これはいったい知覚因果の原因なのか、結果なのか。もしこれが原因であるならば、結果はどれか。もしこれが結果であるならば、原因はどれなのか。私たちの日常の実感が素朴実在論と知覚因果説をともに受け入れているのであれば、それは混乱でしかない。

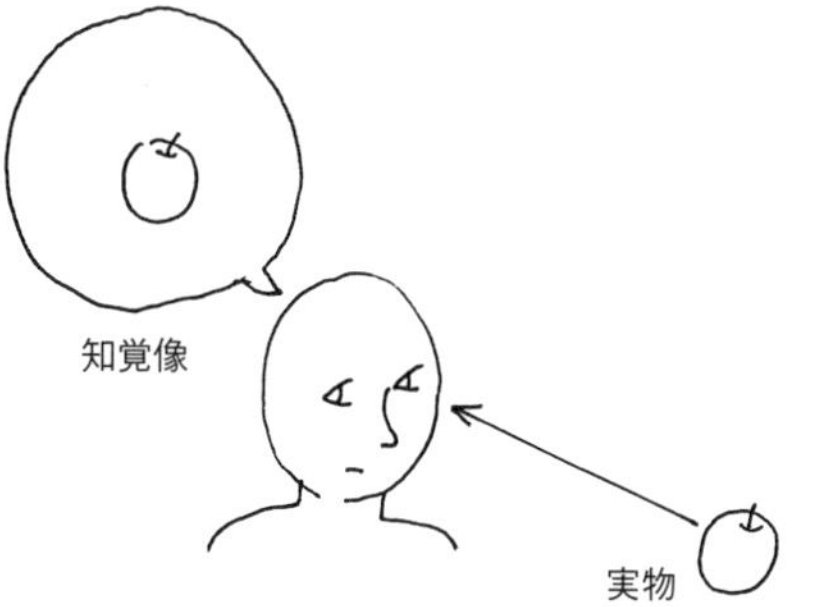


図1

知覚因果説は原因となる実物のリンゴと結果となるリンゴの知覚像を区別することによって成り立ち、それゆえ実物と知覚像の二元論を要請する。他方、素朴実在論は知覚されているのは実物のリンゴそのものであり、ここに知覚像のようなものは介在しないと考える。明らかにこの二つの考え方は両立不可能である。私たちは素朴実在論か知覚因果説の少なくともどちらかを諦めねばならない。このように自覚されるとき、ここでもまた、素朴実在論を手放すという、私のめざしているのとは正反対の方向に促されるのではないだろうか。なるほど、私たちは「実物そのものを見ている」という素朴な実感をもっている。だが、この素朴な実感はまちがっている。実は、見ているのは脳が生み出したイメージにすぎないのだ、と。

## 3―2 実物はどこにあるのか

だが、二元論にはどうしようもない困難がある。[3]

二元論に従って、目の前に見えるこのリンゴはリンゴの実物ではなく、その知覚像であると考えよう。では、実物のリンゴはどこにあるのだろうか。日常的な実感に即して答えるならば、「ここ」と答えたくなる。リンゴが見えているテーブルの上のこの場所、ここにリンゴの実物がある。だが、これは不思議な答えである。

テレビのアナロジーで考えてみよう。テレビ画面に杉の古木が映っている。あなたがそれを見ていると、部屋に入ってきた家族に「それ、どこの景色？」と尋ねられる。「屋久島だよ」と答えればなんの問題もない。だが、もしあなたがテレビの画面を指して「ここ」と答えたならば、どうだろうか。つまらない冗談にしかならないだろう。もちろん尋ねられているのは映像のある場所ではなく、その映像を撮影した現場がどこなのかである。画面上の「ここ」では答えにならない。

だが、私たちはいま、「リンゴの実物はどこにあるか」と尋ねられ、テーブルの上のリンゴを指差して「ここ」と答えようとしたのである。二元論に従うならば、これはテレビの場合と同様、馬鹿げた答えでしかない。あなたが指差したそこにあるのはリンゴの知覚像である。そのリンゴがのっているテーブルもまた、知覚像であり、テーブルが置かれている部屋も知覚像にほかならない。つまり、目の前のこの風景は、いわば意識の画面上の映像であり、テレビ画面の映像と類比的なものなのである。目の前のリンゴを指して、その実物が「ここ」にあると答えることは、まさに「それ、どこの景色？」と尋ねられてテレビ画面上を指差して「ここ」と答えるようなことでしかない。

縄文杉が映っているテレビは、屋久島から千キロほど離れた東京にあっても、あるいはそれ以上離れた場所にあってもよい。実物のリンゴもまた、このリンゴの知覚像があるこの場所である必要はなく、ここからどれほど離れた場所であってもよい。

いや、それもまた奇妙な言い方だろう。たとえば「このリンゴの知覚像に対する実物のリンゴはここから十キロ離れたところにある」と言ったとする。どういう意味だろう。意味不明でしかない。ここから十キロ離れた場所をいくら探しても、そんなところに実物のリンゴが置かれているなどということがあろうはずはない。むしろ、知覚像と実物は空間的位置関係をもちえないと言うべきなのである。このリンゴ、すなわち二元論に従って知覚像とされたこのリンゴの十センチ横にあるコーヒーカップもまたコーヒーカップの知覚像であり、このリンゴの知覚像の一キロ離れたところにある鉄道の駅も、駅の知覚像にほかならない。このリンゴの知覚像と空間的関係にあるのはすべて知覚像であり、この空間は知覚像によって形成された知覚像の空間なのである。知覚像の原因とされる実物は、この知覚された空間内にはない。

　私たちは知覚された空間の中で、知覚されたリンゴと知覚されたコーヒーカップの距離を物差しで測りもする。あるいは、実在の空間の中で実在のリンゴと実在のコーヒーカップの距離を物差しで測るということも、考えることはできるのかもしれない。だが、実在のリンゴと知覚されたリンゴの距離を測る物差しなどありはしない。物差しが測定できるのは、同一の空間に位置する二つのものの距離である。二元論に従えば、実在物は実在の空間に位置しているのだとして、[4]その実在の空間は知覚イメージの位置する知覚された空間とは異なったものとなる。だが、異なる空間に属するもの同士の距離を測る物差しなど、考えることもできはしない。

　夢について考えてみると示唆的だろう。私は夢の中で誰かに追われている。暗い路地に逃げ込む。私はその夢をベッドの中で見ている。では、私が逃げ込んだ路地は、私が眠っているベッドからどの方角にどれほど離れたところにあるのか。私が夢に見ているその路地は、架空の町ではなく、私が実際に住んでいる町の路地であったとしよう。そこから北に二百メートルのところに私の家がある。では、私は夢の中で逃げ込んだその路地から、追手を逃れて北に二百メートル行けば、ベッドの中でその夢を見ている睡眠中の私に会えるのだろうか。会えはしないだろう。かりに会えたとしても、それもまた夢の中の私でしかない。夢の中の私は、夢の中でその夢を見ている私と出会うことはありえないのである。

これとまったく同型のことが知覚像と実物に対して言われる。夢の中の世界（私は追われている）と夢の外の世界（私はベッドの上にいる）が区別されるように、二元論は知覚世界（見え、聞こえ、さわっている世界）とその原因となる実在世界を区別する。実在はこの知覚世界全体を生み出す原因であり、それゆえ実在世界に属している実物のリンゴは知覚世界の中には存在しえない。私たちは実物がどこにあるかを言うことができないのである。

また、同じことは時間についても言える。いま目の前の時計が正午を指している。これは時計の知覚像である。では実物の時計はいま何時を指しているのだろうか。これは訳が分からない問いであり、そもそもこのような問いが発生してしまうこと自体が二元論の奇妙さなのであるが、もう少しこの問いにつきあって考えてみよう。

知覚像の時計が正午なのであるから、この知覚像の元となった実物の時計もまた正午を指しているに違いない。では、両者は同時と言うべきなのだろうか。いや、そうはならない。知覚因果説に従えば、実物の時計は時計の知覚像の原因である。そして原因は結果に時間的に先行すると考えるのであれば、実物の時計が正午を指していたのは知覚像の時計が正午を指すよりも過去のことでなければならない。では、実在世界の正午は知覚世界の正午よりどのくらい過去のことなのだろうか。あまりにも珍妙な問いであり、答えようがない。たとえば、「実在世界の正午は知覚世界の正午より一時間前のことだ」と答えたとしよう。これはいったいどういう意味なのだろうか。この「一時間前」をどう理解すればよいのか。

　私たちが見ている時計は知覚世界の時間を刻んでいる。他方、実在世界にある時計は実在世界の時間を刻んでいるのだろう。だが、両方の世界にまたがって、実在世界の正午と知覚世界の正午が時間的にどのくらい離れているのかを計る時計など、ありはしない。つまり、実在世界と知覚世界は時間的関係をもちえないのである。

　かくして、実在世界と知覚世界は時間・空間的な位置関係をもたないことになる。リンゴが見えているとき、そのリンゴの実物は「いつ」「どこに」あるのかと問われても、二元論は答えることができない。

　実在と知覚が時間的関係をもちえないということは、知覚因果説に対して決定的な困難を提起する。原因は結果に時間的に先立つ。[6] それゆえ、実在世界と知覚世界の間にそもそも時間的関係がつかないというのであれば、そこに因果関係を言いたてることもできない。知覚因果説は原因である実在と結果である知覚を要求し、私たちを二元論へと導くが、二元論は実在と知覚の時間的関係を断ち切ってしまい、そこに因果関係を立てることを不可能にする。つまり、知覚因果説は自家撞着を起こしているのである。

以上のことは、二元論にとってどのくらい大きな困難となるだろうか。おそらく致命的とは言えないだろう。知覚因果説を受け入れるならば同時に二元論も受け入れねばならないが、逆は必ずしも言えない。二元論を主張するならば知覚因果説も必ず認めねばならないというわけではない。それゆえ、二元論者は知覚因果説を切り捨て、実在と知覚の間に時間・空間的関係が存在せず、因果関係も成立しない、それで何がいけないのかと反論してくるかもしれない。

だが、そのような実在世界を想定することに、いったいどんな意味があるというのだろう。もはや実在は知覚を因果的に引き起こす原因ではない。そこで想定された実在は知覚にまったく作用しない。それはただ知覚とは別に、いつどこにと言うこともできない仕方で、想定される。他方、私たちは知覚の世界に生きている。さまざまなものごとを見聞きして、状況を判断し、行動する。友人の姿を見かけ、近づき、その声を聞く。コーヒーの香りを楽しみ、料理の味に喜んだりがっかりしたりする。二元論において、実在はこの生の現場と完全に切り離されてしまった。それは知覚によって彩られる私たちの生の現場の背後で、ただ息をひそめている。いったい二元論者はこんな無力な実在を求めていたのだろうか。二元論が知覚因果説を手放すとき、それは二元論であることの動機をも手放してしまってはいないか。そうであるとすれば、実在と知覚の間に時間・空間的関係が成立しえないという議論と、それによる知覚因果説批判は、少なくとも二元論を骨抜きにするほどの大きなダメージを二元論に与えたと言えるだろう。

## 3−3　懐疑論――実在世界のことはまったく分からない

二元論はもうひとつの困難を抱えている。懐疑論である。

私たちはときに見まちがいをする。場合によっては幻覚を見ることさえある。では、いま見ているこのリンゴが見まちがいや幻覚の産物ではないと、どうすれば分かるのだろうか。

二元論が考える「知覚像」という言い方をもっとも素朴に考えるならば、それは実物の模写のようなものと考えられるだろう。ここでもまずテレビのアナロジーで考えることができる。画面に一人の人物が映っているとしよう。もしその画像が加工されていたり、あるいは受像機の不調で色や形が実物と異なっていたりするのであれば、その分その映像は「正確」ではないとされる。ここで映像の正確さは、元の被写体と映像とを比べてどの程度実物の様子が再現されているかということで評価される。同様に、このアナロジーをすなおに適用するならば、知覚像の「正しさ」も、それがどの程度実物のあり方を再現しているかということで評価されることになるだろう。

だが、二元論の考えのもとで、どうすれば知覚像と実物を比べることができるだろう。ここにおいてテレビとのアナロジーは崩れる。テレビの場合であれば、画面上に映っている人物に直接会うこともできる。そして「テレビで見るより小柄だ」等の感想をもったりもするだろう。他方、二元論のもとで知覚像の原因とされた実物は知覚不可能である。知覚されるのはすべて知覚像であり、実物はその原因なのであるから、実物は定義上知覚できないものとされる。ならば、知覚像が実物を忠実に再現しているかどうかを、私たちはどのようにして判断できるのだろうか。不可能である。

知覚された世界に対して、知覚像の原因である実在の世界は意識の外なる世界という意味で「外界」と呼ばれるが、その言葉を使って、これは「外界の懐疑」と呼ばれる。二元論に従うならば、知覚されうるのはすべて意識の内にある知覚像でしかない。外界については原理的に認識不可能であり、それゆえ経験している知覚像が正しいものなのかどうかも原理的に知りえないのである。

## 3-4　素粒子で考えてみたらどうか——同じこと

二元論をテレビのアナロジーで捉えるのが単純すぎると言われるだろうか。実物は知覚できない。それゆえ、実物はそもそも知覚されるような性質をもっていない。二元論者はそう言うかもしれない(そしてまたそう言わざるをえない)。

リンゴの知覚像の原因となるリンゴの実物なるものは、いったい赤いのだろうか?「赤い」という色は知覚される性質である。そうであるとすれば、なるほど実物のリンゴには赤さの知覚を生み出す原因となるようななんらかの特性がありはするだろうが、それはむしろ分子レベルの特性であり、実物が赤いから赤い知覚像が生じるというわけではないと考えられるだろう。あるいは、実物のリンゴは食べれば甘酸っぱい味や香りを生み出す原因となるようななんらかの特性をもっているが、それもまた分子レベルの性質だと考えられる。そのように考えると、実在の世界は色も音も手ざわりも味もにおいもない世界ということになる。そして実際、分子や原子といった物理的なものそれ自体は色も音も手ざわりもなく、味もにおいもないのである。それゆえ、物理学的な見方も加わって、知覚像と素粒子的世界の二元論が主張されもする。むしろ現代における二元論はそのような形をとる方がふつうかもしれない。

すると、こうなる。実在世界には素粒子のみがある。素粒子から成るリンゴから光が反射され、素粒子から成る人間の眼に到達し、素粒子から成る脳を興奮させ、このリンゴの知覚像を生じさせる。では、このような二元論ならば、先に取り上げた二つの困難(時間・空間的な位置の困難と外界の懐疑)は回避できるのだろうか。

いや、そうはいかない。たとえ素粒子を考えたとしても、二つの困難は居座り続ける。テーブルの上にリンゴがある。これはリンゴの知覚像である。ここでさっきと同じ問いが問われる。では、リンゴを構成する素粒子はどこにあるのか。素粒子論のことなどほとんど知らない素人は、見えているリンゴを指差して無邪気に「ここ」と答える。おそらく、物理学者、素粒子論の専門家であっても、その点に関しては素人と同様に「ここ」と答えるに違いない。ここ、まさにリンゴが見えている、知覚されている空間内のこの場所に、リンゴを構成する素粒子はある。だが、二元論者にはこの答えは許されていない。というのも、二元論では、これはリンゴの知覚像であり、素粒子はこの知覚像とは別のものだからである。それゆえ、二元論に従うかぎり、素粒子は知覚されているこの空間内にはありえない。この知覚像に対応する素粒子はどこにあるのか、そう問われて知覚の空間内の知覚像のあるそこを指差すのでは、テレビを見ているときに「どこの景色？」と問われて画面上を指差すのと、同じことでしかない。このリンゴは知覚像である。リンゴがのっている皿も、皿がのっているテーブルも、この部屋も、すべて知覚像である。この知覚世界全体に対応する素粒子の世界、それはどこにあるのか。二元論をとるかぎり、知覚像と実在世界は空間的な位置関係をもちえず、素粒子がどこにあるのかも言えなくなってしまう。

また、二元論をとるならば、素粒子に関する事象がいつ生じたのかも言えなくなる。時計が正午を指す。では、時計の針を構成する素粒子が正午を指すような状態になったのはいつのことなのだろうか。素粒子の状態が知覚の原因であるとするならば、それは時計の針が正午を指しているのが見えたその時よりも過去であるはずだろう。だが、どれほど過去だというのか。問題は、時計を構成する素粒子から光がどれほどの速さで眼球に到達するかとか、眼球から脳までどのくらいの速さで刺激が伝わるのかといったことではない。素粒子からなる物理的世界の時間と、知覚世界の時間の間にどのくらいの「時差」があるのかという意味不明な問いが、ここで問われているのである。私たちが使っている時計は知覚された世界のできごとを計測する道具である。そして、それ以外の時計を考えることはできない。けっきょくのところ物理学者もまた、知覚世界の時計を用いて物理的世界の時刻を計っているのである。かりにその点を譲って、物理的世界の時間が、知覚世界の時間とは別のものとして想定できるとしよう。しかし、そうだとしても、物理的世界の時間が知覚世界の時間よりどれほど過去であるのかというような、二つの世界の「時差」を計測する時計を考えることなどできはしない。素粒子を考えたとしても、二元論の考え方に立つかぎり、知覚世界と実在世界は時間的位置関係をもちえないのである。

外界の懐疑も、先とまったく同じ仕方というわけではないが、同様に生じる。二元論に従えば、知覚像の正しさは実在との対応によって判断される。なるほど、素粒子を考える場合には、知覚像と素粒子的実在との対応は、写真と被写体のような一致・不一致ないし類似性といった単純な対応関係ではない。だが、それがどのような対応関係であれ、素粒子的実在のあり方を適切に捉えた知覚像が、正しい知覚像とされる。そうだとすれば、知覚像の正しさを判定するためには、それが素粒子的実在のあり方を適切に捉えているかどうかを判定しなければならず、そのためには、知覚像の正しさを判定する以前に、それゆえいっさいの観察に頼ることなく、素粒子的実在のあり方を知ることができるのでなければならない。

単純化して考えてみよう。リンゴが見えていても、そのリンゴを構成する素粒子がそもそも存在しないのであれば、この知覚像は幻覚である。そこで、いま見えているこのリンゴが幻覚ではないと知るために、私はこのリンゴを構成する素粒子が存在していることを確かめねばならない。だが、どうやって？　どんな物理理論も、観察への信頼の上に作られる。いっさいの観察を信用しないのであれば、物理理論を検証することはもちろん、理論そのものを作ることもできはしない。いったい、観察に頼らずに、どうやってそのリンゴを構成する素粒子が存在することを知りうるのか。不可能だろう。だとすれば、「知覚像の正しさを判定するためにはまず素粒子的実在のあり方を知らねばならない」とする二元論は、やはり外界の懐疑へと導かれてしまうのである。

素粒子を考えることに問題があるなどと言いたいのではない。問題はあくまでも知覚像と素粒子を二元論的に捉えるところにある。なるほど物理学は、ひとを二元論に誘う強い力をもっている。物理学はあたかも、知覚された世界は主観的であり、物理学が明らかにする世界こそ客観的だと暗に示唆しているようにも思われる。だが、実のところ物理学はけっして二元論的ではない。リンゴを構成する素粒子はどこにあるのか。この問いに対しては物理学者もまた、知覚された空間内にあるリンゴを指差して「ここ」と答えるだろう。また、素粒子に関する事象の時間を、物理学者は時計を見ることによって計測する。だが、これまで論じてきたように、こうしたことは二元論には許されていない。二元論を引き受けるならば、実在世界と知覚世界は時間・空間的な位置関係をもちえないはずなのである。物理学者は、いまリンゴが見えているそこを指差し、「いまここにリンゴがある。そしてこれは素粒子から成り立っている」と言うだろう。その点において、物理学は二元論ではなく、むしろ素朴実在論的なのである。[7]

また、物理学的な考え方の内には、知覚像の正しさを素粒子の世界のあり方との対応関係によって判定するなどという、二元論から帰結する考え方も含まれてはいない。実情はまったく逆であり、物理学は正しい観察（そこには計器の目盛を読むといったことも含まれる）をデータとして、それをもとに理論化されている。つまり、物理学もまた――私たちの生活同様――知覚への信頼の上に成り立っているのである。

# 4 一元論の困難

## 4－1　一元論ならば懐疑論を封じ込められる

素朴実在論に対しては錯覚論法が立ちはだかり、知覚と実在の二元論という道にはいかんともしがたい困難——①知覚と実在の間に時間・空間的位置関係が立てられず、②それゆえ実在は知覚に対して因果的効力をもちえない、さらに、③外界の懐疑を免れない——がある。では知覚の一元論（あるいは知覚以外の意識も含めて、より広く「意識の一元論」）はどうだろうか。しかし、私の考えでは、この道も行き止まりでしかない。ともあれ、進んでみよう。（以下、たんに「一元論」と言えば知覚の一元論ないし意識の一元論を意味するものとする。）

目の前にリンゴがある。これは私が見ているものであるから、知覚イメージである。リンゴがのっているテーブルも、テーブルが置かれている部屋も、窓の向こうに見える街路樹も、その横を歩いている人も、いま私が見ている知覚イメージである。そのように考えると、いま私の前に広がるこの風景は、すべてが知覚イメージであると思われる。だからこそ、二元論は知覚イメージ（知覚像）[8]と別立てに考えた実物がいつ・どこにあるのか、それがどのようなものであるのか、まったく捉えられなくなってしまったのである。ならば、知覚の背後に隠れてしまった実物など無用のものとし、もういっさいはこの知覚イメージだけだと考えよう。そうして、たとえばジョージ・バークリは、「存在するとは知覚されることである」[9]と宣言した。

知覚の一元論をとるならば、二元論のように外界の懐疑に悩まされないですむ。これはまた、一元論の強みでもある。その点を見てとるため、知覚の正誤について考えよう。二元論のもとでは、正しい知覚とは、おおまかに述べて実在と適切に対応する知覚のこととされる。つまり、知覚と実在が別立てに独立してあり、知覚が実在のあり方を的確に捉えているとき、そしてそのときのみ、その知覚は正しいと言われる。いわゆる「対応説」的な考え方である。だが、知覚と実在の二元論のもとでは、私たちが経験できるのはただ知覚世界のみであり、実在世界を経験することはできない。それゆえ、知覚と実在の対応を確かめることができず、外界の懐疑に陥ることになる。

これに対して一元論は、知覚の正しさを判断するために知覚不可能な実在などを引き合いに出す必要はないと論じる。実際、私たちは知覚されたものごとの中で生活しており、二元論が想定するような知覚の背後にある実物・実在のごときものに出会うことはない。それでも、その中で私たちは正しい知覚と誤った知覚を区別しているのである。たとえば、縄を蛇と見誤る事例を考えてみよう。木漏れ日の差す薄暗い山道、向こうに蛇が見えた。だが、近づいていくと、なんのことはない、それは一本の縄だった。さっき蛇に見えたのは見誤りだったのだ。ここにおいて、私はけっして二元論が想定するような「知覚の背後に控える実物の縄」などには出会っていない。遠くから見えた蛇の姿も、近くで見た縄の姿も、どちらも私の知覚である。では、どうして蛇の姿の方を「誤り」とするのだろうか。もし、距離や明るさ等の条件が同じであり、しかもどちらも一瞬そう見えたというにすぎないのであれば、縄に見えたことと蛇に見えたことのどちらが誤りとも言えないに違いない。だが、山道で縄を蛇と見まちがえたといった場合には、それが縄に見えてからはずっと縄に見え続け、つついてみても、手に持ってみても縄として知覚されるだろう。他方、蛇に見えたことは遠くから見たそのときかぎりのことであり、それ以降もう蛇に見えることはない。つまり、きわめておおざっぱな言い方をすれば、近くで見たときの縄の知覚の方が「安定して」おり、蛇の知覚はそのときかぎりに「孤立して」いるのである。このような違いがある場合、私たちは安定した見え方を正しい知覚とし、孤立した知覚を誤った知覚とみなすだろう。

このような一元論の考え方は、二元論の「対応説」に対して、「整合説」的な考え方と言われる。いま述べた「安定している／孤立している」ということの内実、あるいは「整合する／整合しない」ということの内実についてはさらに詰めていかなければならないが、ともあれ、一元論に従えば、おおざっぱに述べて「整合的なまとまりをなす知覚は正しく、孤立する断片的知覚は誤った知覚である」と言われることになる。

アナロジーとしてジグソーパズルのようなものを考えてみるとよいかもしれない。ただし、参照すべき元絵は示されておらず、ただ数多くのピースだけが与えられる。また、他のピースとつながらない無駄なピースも含まれているが、さしあたりどれがそうなのかは分からない。そんなピースをつなぎあわせ、そこにまとまった絵が現われてくる。そのとき、このひとまとまりの絵に組み込まれているピースは「正しいピース」と言われ、そこから排除され孤立したピースは「誤ったピース」と言われる。知覚の正誤も、これと同様に考えられる。蛇に見えたピースは、他の多くのピースとつながらず、全体の絵柄からはじかれてしまうため、誤りとされる。そして整合的につながりあい、大きなまとまりをなす絵柄が、私たちの生きているこの世界＝実在なのである。

ここにおいて、実在はけっして知覚の背後に隠れているようなものではない。単純化して言えば、一元論のもとで実在とは、整合的なまとまりをなす知覚イメージの集合にほかならない。その集合をWとしよう。そうすると、ある知覚イメージaが正しいとはaがWの要素になっている場合であり、誤っているのはaがWの要素になっていない場合である。なるほど、ここにはさらに詰められるべき細部の議論がある。しかし、だいじなことは、ここで実在はけっして知覚の背後にあるようなものではなく、まさに知覚において捉えられているということである。実在とは、知覚経験において見てとられる安定した整合的な秩序――ジグソーパズルのピースがつながって描き出されるひとまとまりの大きな絵柄――にほかならず、その秩序に組み込まれなかった知覚イメージが錯覚や幻覚とされる。細部がどのように仕上げられていこうとも、この基本的な構図は動かない。そして、そうである以上、一元論は二元論のような外界の懐疑とは無縁のところにいる。いま見ているリンゴの知覚イメージが、他の知覚イメージと整合的なまとまりをなしていくのであれば、それは正しい知覚であり、このリンゴは実在する。ここに外界の懐疑が入り込む余地はない。

さらに、全体の絵柄にうまく収まったピースが実在なのであるから、「実在のリンゴはいつ・どこにあるのか」という問いにも簡単に答えることができる。見えているそのリンゴ、それが実在のリンゴそのものであり、それゆえ実在のリンゴはそれが見えているいま・そこにある。なんの問題もなく、一元論はそう答えることができる。[10]

## 4-2 誰も見ていなくても存在する

二元論の困難を解決してくれるという点で、知覚の一元論はかなり魅力的な考え方に思われる。だが、一元論にも大きな、克服しがたい困難がある。「知覚されていない存在」の問題と、「他人の意識」の問題である。まず第一の困難から見ていこう。

ここまでの説明に従うならば、一元論は、二元論のように知覚イメージ（知覚像）と実物の二つを別立てにするのではなく、知覚イメージすなわち実物と考える。リンゴが見える。これとは別に実在のリンゴがあるのではなく、この知覚されたリンゴこそが実在のリンゴそのものなのである。[11] そのこと自体は私たちの日常の実感にも即している。とりたてて哲学的に考えないかぎり、あるいはとくに精神的に不安定になっていたりしないかぎり、いま見ているこのリンゴとは別立てに実在のリンゴがあるなどと思いはしない。だが、日常の実感に即すならば、私たちはまた、自分がいま知覚しているのは実在する世界のほんの一部分でしかないという実感——実在論的実感[12]——ももっているだろう。いま私は隣の部屋にあるはずのさまざまな物を知覚することができない。しかしだからといってそれが存在しなくなるわけではない。私の机の引出しの中にあるはずのハサミも、閉じられた引出しの中で私に見られることなく、そこにある。あるいは、ジャングルの中に立っているヤシの木。それを、私が知覚していないからといって存在しないと言う人はいないだろう。[13]

これに対して知覚の一元論は、たとえば「隣の部屋にアイロンがある」とは、「隣の部屋に行けばアイロンが知覚される」ということを意味するのだと答えるかもしれない。目の前の引出しの中のハサミも、引出しを開けてみればそこにハサミが見える。あるいはアマゾンのジャングルに立つヤシの木も、私がアマゾンのジャングルに行けば、見えるはずだ。それが、すなわち隣の部屋にアイロンが存在することの、引出しの中にハサミが存在することの、そしてアマゾンにヤシの木が存在することの意味だというのである。

とはいえ、これではいま現在隣の部屋にアイロンがあることが意味づけられていない。かりに「隣の部屋に行けばアイロンが知覚される」という条件文で隣室のアイロンの存在が意味づけられうるとしても、その条件文で意味づけられるのは未来におけるアイロンの存在でしかない。隣の部屋に行くには、我が家の場合、十秒ほどかかる。それゆえ私が知覚するのは十秒以上後のアイロンである。あるいは、日本からアマゾンのジャングルに行くのであればもっと時間がかかるだろう。だとすると、「隣の部屋に行けばアイロンが知覚される」という未来についての条件文は現在ただ今の隣室のアイロンの存在を示すものではない。しかし私はいま現在隣の部屋にアイロンがあると考えている。このような現在の隣室のアイロンの存在を言うには、「いまもし隣の部屋にいたならば、アイロンが知覚されたはずだ」と、現在に関する反実仮想にしなければならない。

だが、未来についてのものであれ現在についての反実仮想であれ、こうした条件文はこのままではまだ一元論として不徹底な形にとどまっている。「隣の部屋に行けば」や「いまもし隣の部屋にいたならば」という条件節における「隣の部屋」を、私はいま知覚していないからである。一元論は、いま知覚しているものだけを元手にして、そしてそれ以外のものはいっさい持ち込まずに、いま知覚していないものが存在するということの意味を捉えなければならない。[14] 隣の部屋にアイロンがあることを隣の部屋に行かずに確かめよと言っているわけではない。「存在するとは知覚されることである」と考えるのであれば、知覚されていないものの存在をどう理解すればよいのか。「知覚していないが存在している」ということの真偽ではなく、その意味が問われている。いま私は机に向かってパソコンの画面を見ている。この知覚を、そしてこの知覚だけを元手として、隣室のアイロンの存在を、あるいはアマゾンの密林に立つヤシの木の存在を、意味づけねばならない。これはかなり途方もないことである。

途方もないことではあるが不可能ではない、と言われるかもしれない。[15] しかし、ここにはより根本的な問題がある。「隣の部屋に行けばアイロンが知覚される」、あるいは「いまもし隣の部屋にいたならば、アイロンが知覚されたはずだ」と、条件文の形で隣室のアイロンの存在を意味づけたとしても、隣の部屋に立てば必ずアイロンが知覚されるというわけではない。では、アイロンが知覚される条件を、一元論はどのように取り出せばよいのか。

問題を際立たせるために、私たちの唯一の知覚が触覚であると考えてみよう。隣の部屋にいるだけでアイロンの触覚イメージが得られるわけではない。それゆえ、触覚の場合には「いまもし隣の部屋にいたならば、アイロンの触覚イメージが得られたはずだ」という条件文は不十分である。では、私にアイロンの触覚イメージが得られるための条件とは何だろうか。アイロンにさわること、だろう。だとすると、求める条件文はこうなる。「いまもしアイロンにさわれば、アイロンの触覚イメージが得られたはずだ。」だが、もし私たちの知覚がただ触覚だけであるならば、これはたんなる同語反復にすぎない。自分がアイロンにさわっていることを目で見るという可能性は排除されているから、「アイロンにさわる」とはすなわち「アイロンの触覚イメージが得られる」ということ、それ以外ではない。それゆえ、「アイロンにさわれば、アイロンの触覚イメージが得られる」という条件文は、「アイロンの触覚イメージが得られたときに、アイロンの触覚イメージが得られる」という無内容なものとなるのである。

視覚で考えてみても基本的な事情は変わらない。隣の部屋のアイロンを見るためには、少なくとも私はアイロンが置いてある方向を向き、目を開いていなければならない。まだ他にも条件は考えられるが、さしあたり方向についてだけ考えてみよう。「アイロンが置いてある方向」とは、どの方向のことなのか。何気なく「目からアイロンへと向かう方向」と答えたくなるかもしれない。しかし、それは一元論に許された答えではない。一元論はここで言われる「目」と「アイロン」を知覚に基づいて意味づけなければならない。知覚を超越した物理的実在を密輸入することはできないのである。だとすれば、けっきょくのところ「アイロンが置いてある方向」とは「アイロンが見える方向」ということでしかないだろう。したがって、一元論が提示すべき条件文は、ここでもやはり「いまもし私が隣の部屋にいてアイロンが見える方向を向いていたならば、私にはアイロンが見えていたはずだ」という同語反復になってしまうのである。

図式的に書いてみよう。いま私はある対象Aを知覚していない。そのとき、Aが存在するということを、一元論は、「条件CのもとでAが知覚される」という形で意味づけようとする。だが、Aが知覚される条件を正確に取り出そうとしたならば、けっきょく「Aが知覚される条件のもとではAは知覚される」に等しいことになってしまうのである。

一元論は、いま知覚しているもの（現実の知覚）だけを元手にして、いま知覚してはいないが条件さえ整えば知覚されるはずのもの（可能な知覚）を意味づけなければならない。だが、一元論の禁欲的な道具立てでそのような条件を取り出すことは不可能であるように思われる。

なるほど、知覚の一元論に従えば、二元論が引き起こす外界の懐疑を締め出し、「私が知覚しているこれらは実在する」と言いうる地点に立つことができる。知覚の一元論は、私が経験しているこの知覚風景こそが私に与えられたすべてであると考える。何が実在し何が実在しないのかも、知覚において決まる。実在はけっして知覚の背後に隠れてなどいない。だが、実在性の根拠のすべてを知覚におこうとする一元論の考え方は、懐疑論を退けると同時に、私がいま知覚していないものの実在性を見失う結果を招いてしまうのである。

## 4-3 独我論——他人はみなゾンビ

知覚の一元論が見失ってしまうのは、隣室のアイロンやジャングルのヤシの木の実在性だけではない。他人が何かを知覚しているということもまた、正当に捉えることができない。

まず、二元論を示す**図1**を再掲しよう。

二元論では実物と知覚イメージ（知覚像）は別立てとされる。知覚イメージは私の意識の内に形成され、**図1**ではそれを「吹き出し」として表現している。これに対して、一元論は知覚イメージとは別立ての実物なるものを拒否する。すなわち、ただ知覚イメージだけが残され、実在もそこにおいて意味づけられる。いわば、**図1**における吹き出しの中だけが残され、吹き出しの外が拒否されるのである。

では、ここに他人を描き込んでみよう（**図2**）。

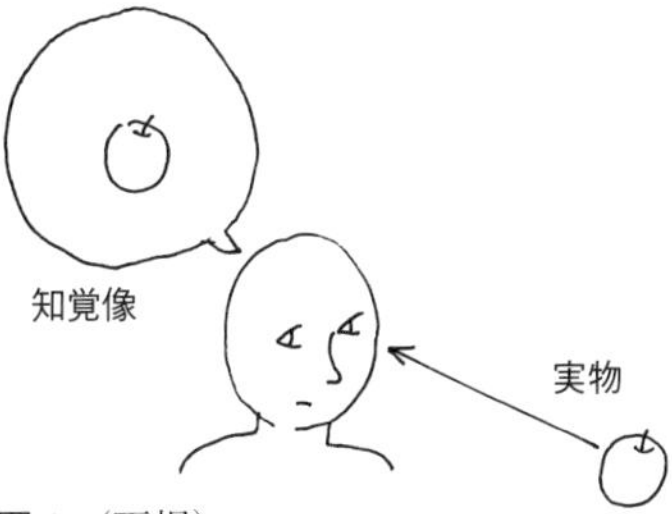


図1（再掲）

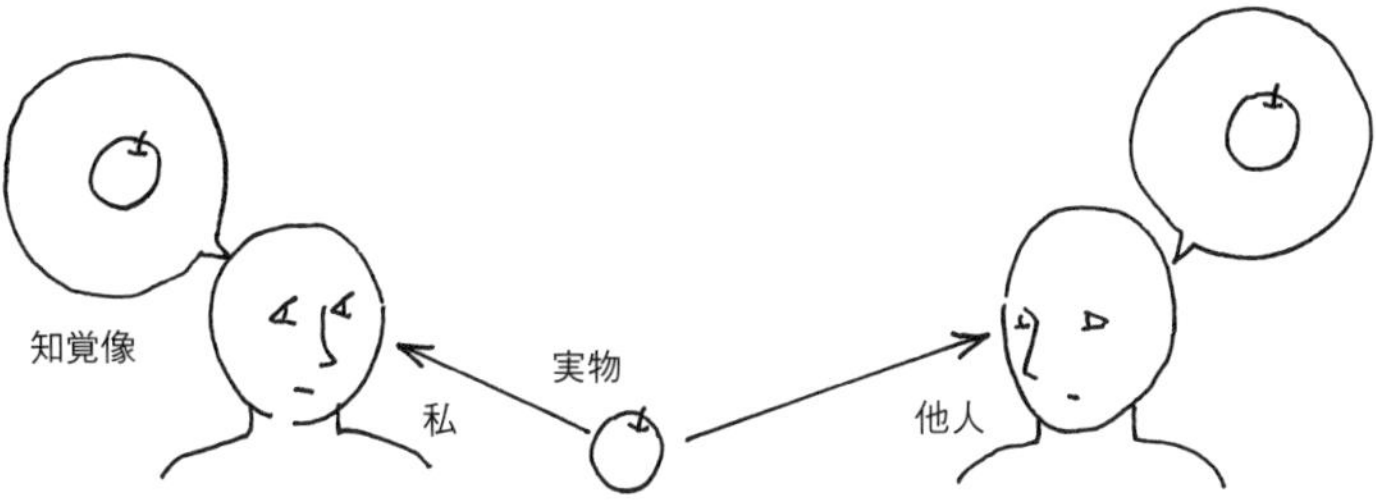


図2

　一元論は私の知覚を超越した実物を消去し、ただ私の知覚（私の吹き出し）だけを残す。だとすれば、それに伴って他人の知覚（他人の吹き出し）もまた消去されることになるだろう。実際、彼女に見えているそのリンゴの知覚イメージ（彼女の吹き出しの中）は、私には見えていない。他人の知覚は、まさにそれが他人の知覚であるという理由で、私の知覚を超越している。私は他人の知覚を知覚することができないのである。かくして、一元論が残すのは、ただ私の吹き出しの中に現われる光景のみとなる。すなわち、それはリンゴと、それを見る彼女の姿である（図3）。ここには、彼女の吹き出しは現われてこない。

　これは知覚だけにとどまらず、意識の内で起こるとされるすべてのことに当てはま

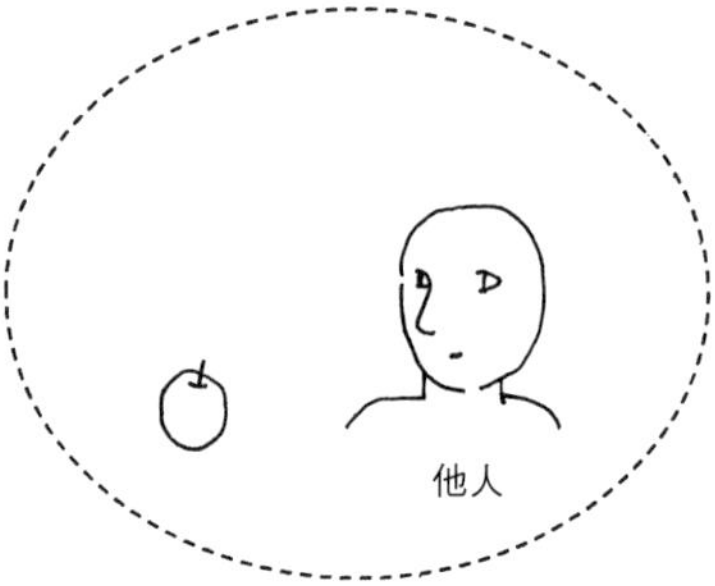


図３　私の知覚風景

る。それゆえ、それは知覚の一元論というよりは意識の一元論の抱える問題と言うべきだろう。他人が見たり聞いたりしているものごとが私の意識を超越したものとして排除されるだけではなく、他人の痛みやかゆみも、私の意識を超越したものとなる。私の意識の内に生じる痛みはただ私の痛みだけであり、他人の痛みが私の意識の内に生じることはない。喜びや悲しみといった他人の感情も、そうした表情は私にも知覚できるが、彼女の意識の内に湧きおこっている喜びや悲しみの感情が、私の意識の内に湧きおこることはない。私は他人の痛みを痛むことができない、私は他人の悲しみを悲しむことはできない。（彼女が悲しんでいることによって私もまた悲しくなるかもしれないが、しかしそれは私の悲しみであり、彼女の悲しみではない。）これは平凡な事実である。だが、ふだんの生活において私たちはその事実を認めつつ、なお他人もまた私と同様に痛みを感じていることを疑いはしない。なるほど私は彼女の悲しみを悲しむことはできない。しかし、彼女はたしかに悲しみという感情を抱いている。そのことを否定しようなどとは思いもしない。だが、意識の一元論にはそれが乗り越えがたい困難となる。

　前節で見たように、いま私が知覚していないものの存在について、一元論はある条件のもとで可能になる知覚に訴えてそれを意味づけようとする。そして私は、その試みは成功しないと結論した。それに対して、ここで問題になる他人の意識の場合には、そのような試みはいっそうあからさまに不可能なものとなる。私は他人の意識（知覚・感覚・感情）を意識することはできない。そこで、ある条件のもとで可能になる私の意識に訴えてそれを意味づけようとする。だが、他人の意識を、私の意識によって意味づけるなどということができようはずはない。意識の一元論は、私の意識だけをもとにして他人の意識を意味づけねばならない。それは硫黄と水銀から金を作ることよりも難しいだろう。私の意識をいくらこねまわしても、出てくるのは私の意識でしかない。

意識の一元論は、自分の経験する世界こそが与えられたすべてであると考える。私が知覚しているものごと、私の身体に生じている感覚、私に湧きおこっている感情。こうした私の意識の内に生じることが、すべてである。すべてはそれをもとに意味づけられねばならない。だが、そのような企てが他人の意識を意味づけられないことは明らかである。

そうであるとすると、意識の一元論が捉えうる世界の中では、他人はすべて意識をもたぬ「ゾンビ」であることになる。ある人がリンゴの方を向いている。しかし、彼女にリンゴの知覚イメージが現われているとは認められない。彼女は花粉症で目を気にしてかゆそうにしている。しかし、彼女にかゆみの感覚が生じているとは認められない。彼女は悲しそうにしている。しかし、彼女がその意識の内に悲しみの感情を抱いているとは認められない。彼女は意識をもっていない。ただ、そのようにふるまっているにすぎない。つまり、彼女はゾンビである。このように、ただ私だけを唯一の意識主体と考え、他の意識主体の存在をいっさい認めない考え方は「独我論」と呼ばれる。意識の一元論は独我論が避けられないように思われる。

もちろん、独我論でよいと考えるのであれば、この結論はいささかも困難ではない。むしろ積極的に引き受けるべき真理ということになる。だが、私に関して言えば、独我論を引き受けるつもりはない。そして独我論が不可避である以上、独我論を拒否する（おそらくは多くの）人たちにとって、一元論もまた引き受けることができない立場でしかない。

かくして、一元論もまた行き止まりとなる。意識と実在に関して、素朴実在論で考えても、二元論で考えても、そして一元論で考えても、うまくいかない。どうすればよいのか。私たちは出口のない袋小路にいる。

## 5 他人の心という難問

袋小路に入り込んでしまったならば、先に進むことを諦めて引き返さねばならない。そして、見逃がしていた分かれ道がどこかにないか探さねばならない。だがその前に、意識と実在を巡る問題と密接な関連をもつもうひとつの困難を見ておこう。

前章では意識の一元論の帰結として独我論を論じた。だが、「他人の心」という問題は、一元論だけに固有の理論的問題ではない。それは私たちの日常の実感の中から浮かび上がってくる困難であり、一元論をとろうがとるまいが、問題となる。意識と実在に関してどのような立場をとるかという問題とはさしあたり切り離した上で、他人の心の問題を取り上げてみよう。そしてこの問題もまた、私たちを袋小路へと追いやるだろう。

# 5－1　他人や動物たちの心のことを考えると分からなくなる

まず漠然とした問いから始めよう。人間以外の動物は心をもつのだろうか。あるいは、もっと限定した問いにするならば、人間以外の動物は痛みを感じるのだろうか。

オーストラリアではロブスターを生きたまま焼いたり茹でたりしてはだめで、痛みを感じさせないよう、脊髄からさばいて即死させねばならないと法律で定められているらしい。[16] また、ヤドカリの腹部に電気刺激を与えたらヤドカリが痛そうにした、という実験もあるとのことである。[17] そのような実験から、ヤドカリも痛みを感じていると結論したくなる。だが、そう単純にいくわけではない。

たとえば、カエルの脚を切り取り、電気刺激を与えるとカエルの脚は痙攣する（実は、調理用にむき身にしたカエルの脚に塩を振りかけただけでも、塩によって電流が発生し、痙攣を始める）。[18] しかし、死んでいるカエルの脚が痛みを感じていると考える人は（少なくとも現代の日本では）いないだろう。脚はただ神経に加えられた電気刺激に反応して痙攣する。では、生きているときはどうなのだろう。生きているときもまた、ただ神経に加えられた電気刺激に反応して痙攣しているだけではないのか。ヤドカリが痛そうにした。それはそうなのだろう。だが、問題は、そのことから「だからヤドカリは痛みを感じているのだ」と結論できるのかということである。なるほど、ヤドカリに電気刺激を与えたならば、その電気刺激が神経を伝わり、脳を興奮させ、その結果として痙攣等の反応が生じるといったことであれば確認できる。しかし、どれほど精妙な実験技術を駆使しても、ヤドカリに痛みの感覚があることを検出することはできない。確認できるのは電気刺激の発生・伝達と、痙攣等の反応だけでしかない。死んだカエルの脚には生じておらず、生きたカエルには生じているかもしれない痛みの感覚、それを科学は見出せないのである。それゆえ科学者は、ヤドカリが電気刺激に反応すると結論することはできるが、ヤドカリに痛みの感覚があると結論することはできない。

では、どうすれば、ヤドカリに痛みの感覚があるかどうか分かるのだろうか。私たちには分からない。しかも原理的に分かりようがない。そう思われる。そしてこの分からなさは、哺乳類であっても同様である。それが猿であっても、いや、人間であっても、確認できるのは電気刺激の発生・伝達と、痙攣等の反応だけであり、どのような観察を尽くしても、その対象が感じているかもしれない痛みの感覚を観察することはできない。

もうひとつ漠然とした問いとして、ロボットについて考えてみよう。心をもったロボットは作れるのか。ここでも、より限定して、痛みについて問おう。痛みを感じるロボットは作れるのだろうか。多くの人の直感は「作れない」というものではないだろうか。可能なかぎり精巧な人型ロボット（アンドロイド）を作ったとしよう。そのうっすらと赤みを帯びた人工皮膚に針を突き刺すと、私たちがそうなるだろうように、そのアンドロイドは悲鳴をあげて痛がる。でも、それはそのように反応しているだけで、痛みの感覚は伴っていない。多くの人はそう言いたくなるだろう。

しかし、どうしてロボットは痛みを感じないと言いたくなるのだろうか。けっきょくのところ入力刺激をコンピュータで処理し、それに反応してモーターが作動して痛がっているような動きをするだけだから？　だが、それは人間も同じようなものなのではないか。入力刺激を脳で処理し、それに反応して筋肉が収縮して特定のパターンの動きが生じる。いったいどこに痛みの感覚を引き起こす仕掛けがあるというのだろう。

ロボットは「物」にすぎない。どれほど精巧に作ろうとも、そこに「心」をもたせることはできない。そう言いたくなる人もいるだろう。だが、少なくとも現代の日本の多くの人たちは、人間もまた水分、タンパク質、脂肪その他の物質でできていると考えている。そしてそれ以外に何か霊魂的なものが宿っているとは考えていない。つまり、人間も「物」にすぎないのである。

では逆に、痛みを感じるロボットを作ることはできると考えてみよう。だがそうだとしても、そのような感覚をもったロボットが作れたことを、どうやって確かめればよいのだろう。たんに痛がっているような動きをするだけのロボットが、あるとき痛みの感覚をもったロボットになる。そんな瞬間を目撃することは、誰にもできはしない。「私はいま痛みの感覚をもつようになりました」と自己申告する程度のことは、心なきロボットにも可能である。

あるいは、人間以外の動物やロボットに痛みの感覚があるとしても、その痛みの質を問うことができる。ロブスターやヤドカリの痛みは、私の感じる痛みと似ているのだろうか。彼らが痛そうに反応しているとき、それは私だったら「熱い」と言いたくなるような感覚を感じているのではないか。だが、そんなことは分かりようはずもない。それは私の感じる痛みと似ているのかもしれないし、まったく似ていないのかもしれない。また、人間と同じような質をもった感覚を感じるロボットを作ることを目標に立てたとして、「失敗だ。ふるまいや表情は完璧なのだが、痛みの質が違う」などと言えるような場面を考えることができるだろうか。

もう一度問おう。人間以外の動物たちは痛みを感じるのか。感じるとして、それは私の感じる痛みと似ているのか。痛みを感じるロボットは作れるのか。作れるとして、それは私の感じる痛みと似ているのか。だが、これらの問いに根拠をもって答えることができないように思われるのである。さらに、同じ問いが人間に対しても発せられる以上、人間に対して私たちがふつうに抱く「私以外の人も痛みの感覚をもっている」という信念も、そしてまた「他人の痛みも、多かれ少なかれ私が感じる痛みと同様の痛みである」という信念も、根拠がないということになりはしないだろうか。

## 5−2 他我認識の懐疑——他人の心なんてまったく分からない

痛みだけではない。他人の意識に関わるすべてが、こうした問いに晒される。視覚の例として、「逆転スペクトルの懐疑」と呼ばれるものを見てみよう。私とあなたが一個のトマトをともに見ているとする。私はその色を「赤」と言い、あなたも「赤」と言う。だが、二人が「赤」と呼ぶその色は同じ色の質をもっているのだろうか。それは微妙に違うかもしれないし、まったく違うかもしれない。たとえば、あなたが「赤」と呼ぶその色は、私だったら「緑」と呼ぶような質をもっているかもしれない。このような懐疑は、「逆転スペクトルの懐疑」と呼ばれる。

注意すべきは、これが色覚異常の例ではないということである。ある人たちは、多くの人が識別できる色の差異をうまく識別できない。たとえば赤と緑を識別することが難しい。だが、いま問題にしている「逆転スペクトル人間」はふつうに「赤」と呼ばれるものを一致して「赤」と呼び、「緑」と呼ばれるものを一致して「緑」と呼ぶ。その識別にも困難はない。それゆえ、色覚異常の場合にはしかるべき検査によってチェックできるのに対して、逆転スペクトル人間であるかどうかはいかなる検査でも判明しない。コミュニケーションもごくふつうに行なわれる。逆に、だからこそ、疑おうと思えばいつでも誰に対してでも、「あの人は逆転スペクトル人間なのではないか」と疑いをかけられるように思われるのである。

新緑の山を歩くと、あなたの目には私が「赤」と呼ぶ色が見えている。それではとてもさわやかな気分ではないだろうと思われるかもしれないが、あなたは生まれてからずっとそういう色の世界に生きているので、私ならば「赤」と呼ぶ色の林の中を歩いてさわやかな気分になり、私ならば「緑」と呼ぶ色のトマトを見て「熟しておいしそう」と言うのである。あなたが逆転スペクトル人間であったとしても、それが露呈することは絶対にない。

痛みの場合でも、あなたが「痛い」と呼ぶそれは私ならば「熱い」と呼びたくなるような感覚かもしれないし、あなたの喜びに伴うその心おどるような感覚の質は、私だったら怒りに伴うようなものであるかもしれない。私に分かるのは、他人の表情・ふるまい・発言、そしてその人のおかれた状況だけであり、そのときにその人がどのような意識のあり方をしているのかはまったく分からない。意識ある他人を、哲学ではときに「自我」に対して「他我」と呼ぶが、このような他人の意識のあり方についての懐疑は「他我認識の懐疑」と呼ばれる。

他我認識の懐疑は、たんに意識の一元論のような特定の哲学的立場から生じてくるだけのものではない。その素朴な形態は私たちの日常的な実感の内にあると言ってよいだろう。しかし、ひとたび哲学的な懐疑として立てられると、それはもはや日常的な実感をはるかに越えたものとなる。なるほど私たちは、他人がどんなふうに感じているのか完全には分からないと考えている。目の前の人が顔をしかめて「歯が痛いんだ」と訴えているとしても、それがどんな痛みなのかは私には分からない。だが、これは他我認識の懐疑への入口ではあるだろうが、哲学的な他我認識の懐疑ではない。というのも、私たちはそれがおおまかに言って「痛み」と呼ばれうる感覚の質をもっているだろうことは疑わないからである。ただ、それがどのような痛みであるか、その細かい差異までは分からないとされる。同じ「赤」と呼ぶ色でも、私と他の人たちとでは微妙に見ている色の質が違うかもしれないとは思う。しかし、それはおおまかに言って赤いのであり、けっして逆転スペクトルの懐疑のような極端なことを日常的に考えているわけではない。つまり、日常的に「他人の心は分からない」と言われるとき、それは「ある程度は分かるが、完全には分かりきらない」ということにほかならない。それに対して、他我認識の懐疑は、「ある程度は分かる」ということも許さない。他人の意識のあり方についてはまったく分からない。「痛い」と言っているときにどのような体験をしているのか、「赤い」と言っているときにどのようなものを見ているのか、私は他人についてまったく分からない。それはきわめて非日常的なグロテスクな懐疑なのである。

さらに、他我認識の懐疑のいっそう極端な形として、「他人はそもそも意識をもっていないかもしれない」と疑われる。外見も表情もふるまいも発言も私と同じようにしている他人が、実は意識をもたないゾンビであるかもしれない。「歯が痛い」と言って顔をしかめているが、実はなんの感覚ももっていないかもしれない。熟したトマトを見て「赤い」と言っても、実はいかなる色感覚ももっていないかもしれない。人間そっくりにふるまうアンドロイドについて、アンドロイドたちには痛みの感覚も色の感覚もないと考えるのであれば、ゾンビの想定を理解することも難しくはないだろう。指先に針が刺されれば、その刺激が脳に伝わり、それが特定の身体反応を引き起こし、また「イタッ」という発話をも引き起こす。しかし、痛みの感覚はない。見た目ではゾンビかゾンビではないか区別がつかないし、脳を調べても分からない。かくして、目の前の他人に対して「もしかしたらこの人はゾンビかもしれない」という疑いがかけられる。

もちろん他人の意識内容を直接覗き込むことはできない、しかし——と反論されるかもしれない——、その人のおかれた状況・表情・ふるまい・発言、こうしたことは分かる。それら観察可能な外面的なことがらが、他人の意識内容を知るための証拠となるのではないか。直接観察できないというのであれば、素粒子などもまた直接観察することはできない。しかし、私たちは直接観察できるさまざまな現象を証拠として、素粒子についても知識を得てきたのである。同様に、他人の意識内容についても、直接観察できる外面的なことがらを証拠として、ある程度は知りうるのではないか。

素粒子の場合と他人の意識の場合とを同様に論じてよいのかどうかは、慎重に検討しなければならない。実のところ、素粒子の場合でも、どういう意味で素粒子についての知識が成立しているのかは問題になる。しかし、いまは素粒子については棚上げして、他人の意識についてだけ考えよう。いったい、この反論が提起する考え方は、他我認識の懐疑に対抗する力をもっているのだろうか。残念ながら、答えは「ノー」であると思われる。たとえば、ある人が私の目の前で机の角に足をぶつけ、顔をしかめ、「イテッ……」と呻いたとしよう。これに対して、外面的なことがら（状況・表情・ふるまい・発言）を証拠として、他人の痛みという内面的なことを知ることができる、あるいは、少なくとも推測することができる、と論じられる。では、その推測はどのように為されうるのだろうか。ひとつの（そしてさしあたり考えられる唯一の）方法は、私自身の場合から類推することだろう。私自身が同じ状況で同じようにふるまっている場合には、私が「痛み」という言葉に結びつけているあの特徴的な感覚が私に生じている。そこで、「この人もだいたい私のあの感覚と似た感覚をいま感じている」という程度のことであれば、私自身のその経験をもとにして推測できるのではないか。――このような考え方は「類推説」と呼ばれる。図式的に述べるならばこうである。

私は私の外面的なことがらと内面的なことがらの関係を知っている。他人の場合には外面的なことしか分からない。そこで、私の場合に成り立っている外面と内面の関係を他人に当てはめ、その内面について推測する。

だが、私の場合に成り立っている外面と内面の関係が他人においても成り立っていると、どうすれば分かるのだろう。類推説が主張するこの推測は、外面と内面の関係が私と他人とで同型であることを前提にしている。しかし、他我認識の懐疑はまさにそこを疑っているのである。逆転スペクトルの懐疑は、私と同じようなふるまいと発言をしている人が、実は異なる色感覚をもっているかもしれないと疑う。つまり、私と同じような外面をもっている人が、実は異なる内面をもっているかもしれないと疑うのである。この懐疑に対して、「私の場合に成り立っている外面と内面の関係を他人にも当てはめるのだ」と答えても、まったく答えになっていない。

さらに、「他人はゾンビかもしれない」という疑いに対して類推説が無力なのは明らかだろう。ここで想定されているゾンビは、表情もふるまいも発言も、外面的なことはすべて意識ある主体のようでありながら、実は内面的には空虚であり、意識をもっていない、そんな存在である。この疑いに対して、「このようにふるまっている私に意識があるのだから、同様にふるまっているあのものたちにも意識があると推測できる」と答えても、答えにはなっていない。

## 5-3 「痛み」の意味は〈この感覚〉ではない？

他我認識の懐疑に対するもうひとつの応答は、「痛み」という言葉の意味をその人の表情やふるまいのレベルで捉えようとするものであり、そのような考え方は「行動主義」と呼ばれる。行動主義の考え方に従えば、他我認識の懐疑において「内面」と称されているものが懐疑に晒され、認識不可能とされてしまうのは、つまり、そこで「内面」と称されているものが無意味だからにほかならない。「痛い」とは、おおまかに述べて、「痛がっている表情・ふるまいをしている」ということを意味する。あるいは、ときにひとが痛みをがまんして平気なふりをすることを考慮するならば、多少不自然な言い方だが、「痛がっている表情・ふるまいをする傾向性をもっている」と言った方がよいだろう。いずれにせよ、「痛い」ということの意味を、状況・表情・ふるまいというあくまでも第三者的に観察可能なレベルだけで捉えようというのである。

他方、私たちは、「痛み」とは特定のタイプの感覚のことであり、たとえば手をつねってみてそのときそこに生じる感覚、それが「痛み」だと考えるかもしれない。つまり、「痛み」とはあるタイプの感覚につけられた名前だというのである。この考え方にはとくに呼び名はないが、「感覚説」と呼んでおくことにする。行動主義は、感覚説こそが、他我認識の懐疑の病根であると考える。「他人が「痛み」と呼ぶものは私ならば「熱さ」と呼びたくなるような感覚かもしれない」という他我認識の懐疑は、つまり、私が「痛み」と呼んでいる感覚と他人が「痛み」と呼んでいる感覚が異なるかもしれないという懐疑であり、これは「痛み」をある感覚の名前と考えることから生じている。「痛み」が感覚の名前であり、他人の内面に秘められたものとされる以上、「他人の痛み」は私には認識しえないものとなる。それに対して――と行動主義は言うだろう――、「痛み」をある種の表情やふるまいあるいはその傾向性といった観察可能なレベルで意味づけるならば、そのような懐疑には陥ることがない。

行動主義に立てば他我認識の懐疑に陥らないのは当然のことである。いわば、「外面がすべて」と考えるのであるから、「外面的なことは私と同じようでも、内面のあり方は分からない」とする懐疑など発生しようはずもない。机に足をぶつけて呻いているならば、その人はたしかに痛いのであり、ゾンビかもしれないなどという可能性はない。とはいえ、言い方を変えれば、これはつまり全員をゾンビ扱いしていることだとも言えよう。

自分自身はどうなのだろうか。この点では二つの立場に分かれる。第一は、自分の場合には感覚説をとり、他人の場合には行動主義をとるという考え方。これは自分にのみ意識を認めるものであるから、「独我論的行動主義」と呼べるだろう。第二は、自分の場合も他人の場合もともに行動主義をとるという考え方。「徹底した行動主義」である。

どちらも行動主義を（前者は部分的に後者は全面的に）受け入れるが、しかし、その基底にある考え方は対照的と言える。独我論的行動主義は意識の一元論と結びついている。私の意識の世界、これが唯一の世界であり、二元論が想定するような実在も、他人の意識の世界も、存在しない。それゆえ、言葉の意味も私の意識経験によって与えられねばならない。「私の痛み」は私自身が感じるものとして私の意識の世界に存在する。しかし、「他人の痛み」は私の意識の世界には存在しない。それゆえ、「私の痛み」は感覚説的に意味を与えられるが、「他人の痛み」は行動主義的に意味づけされるしかないということになる。

それに対して、徹底した行動主義は言葉の意味をあくまでも公共的なものとして捉える。言葉は私たちのコミュニケーションにおいて使用される公共言語であり、「痛み」といった語も例外ではない。私は「痛み」という語の意味を大人たちから教わってきたはずである。そうであるとすれば、私が使う「痛み」という語の意味が、大人たちには認識不可能な私の内面に秘められた何ものかであるはずがない。言葉の意味は、その言葉を使うすべての人に均しく認識可能なものでなければならない。それゆえ、「痛み」という語の意味も、状況・表情・ふるまいといった誰にでも観察可能なことがらによって与えられねばならず、それは私の痛みの場合であれ他人の痛みの場合であれ、違いはない。徹底した行動主義はそのように考える。

いずれの考え方も、それ自体に矛盾があるわけではない。だから、独我論的行動主義であれ、徹底した行動主義であれ、どうしてもそう考えたいと頑迷に言い張る人を説得することは難しい。しかし、それならば行動主義に賛成するかといえば、なかなか賛成しがたいというのも多くの人たちの正直なところだろう。

独我論的行動主義の場合、私の場合には「痛み」とはこの感覚であるが、他人の場合にはそれはある種の表情やふるまいあるいはその傾向性を意味する。「痛み」の意味が私と他人とで異なるのである。私には、なによりもまずこれが許容しがたい。「痛い」という語は、私の場合であれ、他人の場合であれ、同じ意味だと考えたい。

また、この考え方だと、ある人が私に向かって「歯が痛い」と訴えてきたときに、その発言の意味を私は理解できないことになる。その人はその人で「歯が痛い」という発言を感覚説的に、つまり自分の経験している感覚を表わすために行なっているに違いない。しかし、私はその人の感覚を経験できないため、その人の「歯が痛い」という発言の感覚説的な意味が分からないのである。そこで私はそれを行動主義的に読み替えてその発言を私なりに理解する。こんなことが日常のコミュニケーションで起こっているというのである。[19] 先に述べたように、そう考えることに矛盾があるわけではない。しかし、率直に言って、強引で不自然な説明という感は否めないだろう。[20]

他方、徹底した行動主義であれば、自分の場合もふるまいのレベルで行動主義的に意味づけられることになり、それゆえ独我論的行動主義のような自他の非対称性は生じない。だが、自分自身のこととして「腹が痛い」と言うときに、いったいそれが自分の表情やふるまいに関する描写であるなどと思えるだろうか。腹が痛いから「腹が痛い」と言う。すごく痛いので「すごく痛い」と言う。その発言がこの感覚を意味しないなどとは、とても思えないのである。

そう考えると、もう一度感覚説を見なおしたくもなるだろう。行動主義よりは感覚説の方がはるかに健全でもっともらしいように思われる。なるほど、感覚説に立つと他我認識の懐疑を引き起こしてしまう。だが、「痛み」の意味がこの感覚であることは私たちの強い実感なのであるから、まずは感覚説に立ち、その上で、他我認識の懐疑は感覚説にとっての克服すべき課題とみなせないだろうか。行動主義へと進むぐらいならば、感覚説をとりつつ、他我認識の懐疑を克服する、そんな道を探る方がよいのではないか。

実のところ、他我認識の懐疑だけならばなんとかなるようにも思われる。一般に、他我認識の懐疑だけでなくあらゆる懐疑論は、不健全な哲学的病いであると考えることもできる。それに対する処方箋は（まだ決定打はないと言うべきだろうが）さまざまに出されている。ここでそうした議論を検討することはしないが、もし他我認識の懐疑を不健全な哲学的病いとして退けることができるのであれば、他我認識の懐疑は感覚説批判としての有効性を失い、たんに感覚説に対する病的な言いがかりにすぎないものとなるだろう。

だが、それは感覚説に対する淡い期待にすぎない。感覚説が維持できない真の理由は他我認識の懐疑ではなく、より根本的なところに見出されるからである。感覚説は、「痛み」の意味をあるタイプの感覚であると考える。それはたとえば手をつねったときに生じるこの感覚である。だが、そうだとすると、感覚説は「他人の痛み」に意味を与えられないことになる。というのも、私がたとえば「彼女は歯痛に悩まされている」と言うとき、そこにはこの感覚は現われてはいないからである。おそらく、多くの読者は私が何を言ったのか分からなかったに違いない。もう一度言おう。私は手をつねる。痛みを感じる。感覚説はこの感覚こそ「痛み」の意味だと言う。しかし、この感覚は「他人の痛み」においては現われてはこない。——もし私が手をつねったときに感じるこの感覚があなたの手に現われたならば、それは「あなたがあなたの手に痛みを感じている」という事態ではなく、「私があなたの手に痛みを感じている」という事態になってしまうだろう。[21]

「痛み」と対比するために、「ほくろ」という語の意味を考えてみよう。「ほくろ」とは、ある仕方で黒くなった皮膚の小斑である。それゆえ、私の腕にあるこのほくろが「ほくろ」という概念に対するひとつの見本となる。そして私は「ほくろ」という概念をそのように理解することから「他人のほくろ」の理解へと進むことができる。私の腕のこのほくろが他人の腕にあるとき、それは「他人のほくろ」となる。感覚説はけっきょくこれと同じように「痛み」の意味を捉えているのである。「痛み」とはあるタイプの感覚であり、私の手に生じたこの感覚が「痛み」のひとつの見本となる。そして私はその理解から「他人の痛み」の理解へと進むことができる。感覚説はそう考えている。それゆえ、「ほくろ」の場合と同じように、私の手にあるこの感覚が他人の身体にあるとき、それが「他人の痛み」になるのでなければならない。ところが、そこにおいて「痛み」は「ほくろ」と決定的に異なっている。このほくろが他人の身体にあればそれは「他人のほくろ」であるが、この感覚が他人の身体にあったとしても、それは他人の身体に生じた「私の痛み」でしかない。この感覚が他人の手に生じたならば、痛いのは私である。

「ほくろ」ではなく、たとえば「犬」という概念を考えてみてもよい。「犬」とはあるタイプの動物である。そこで、実際に出会った一匹の犬が、「犬」に対するひとつの見本となる。そうして、私が出会った犬たちを見本として、「犬」という概念に対する私の理解は進んでいくだろう。感覚説は、このようなふつうの概念の場合と同じようにして、「痛み」という概念の理解を考える。「痛み」とはあるタイプの感覚である。そこで、実際に生じた痛みが「痛み」に対するひとつの見本となる。だが、このような考え方では「他人の痛み」ということに意味を与えることができない。私は「他人の痛み」を経験することはない。それゆえ、私が実際に経験する感覚を見本として「痛み」という概念を理解しようとすると、「他人の痛み」が理解不可能となってしまうのである。かくして、感覚説はまちがっていると結論できる。「痛み」は、あるタイプの感覚を意味するものではない。

前節で「逆転スペクトルの懐疑」を示しておいた。あなたが「赤」と呼んでいる色は、私だったら「緑」と呼ぶような感覚の質をもっているかもしれない。その疑いを晴らす方法が私たちにはない。そう論じられる。——だが、この懐疑は明らかに感覚説に依拠している。「赤」という語の意味は、たとえば熟したトマトにおいて私に現われているこの色感覚だというのである。それゆえ、もし感覚説によらずに、「赤」や「緑」という語の意味を色感覚としてではなく与えることができるならば、そのような捉え方のもとでは逆転スペクトルの懐疑も発生しないだろう。

さらに言えば、感覚説に訴えつつ、私と他人の色感覚が同じかどうかを問題にしている点で、逆転スペクトルの懐疑は矛盾に陥っていると言える。すでに見たように、感覚説の困難はそもそも「他人の感覚」ということに意味を与えることができなくなるというものだった。色の場合には多少分かりにくいかもしれないが、痛みの場合と同様に考えていただきたい。感覚説に従えば、「赤」の意味は私が感じているこの色感覚である。だが、この色感覚を「赤」の見本とするかぎり、「赤」は私に感じられた色感覚のタイプでしかない。「彼女が赤いトマトを見ている」ということを「私が感じているこの色感覚」で意味づけてしまうと、彼女がトマトに目を向けることでなぜか私にその色感覚が現われることになる。かくして、感覚説は「他人の色感覚」ということに意味を与えることができない。だが、そうだとすれば、私の色感覚と他人の色感覚が同じかどうかを問題にすることも無意味なのである。感覚説に依拠して表現される以上、「他人の色感覚は私と逆かもしれない」などという懐疑に意味を与えることはできない。

「他人の心」の意味に関する困難を振り返っておこう。他我認識の懐疑を退けるひとつの道は行動主義であった。行動主義は「心」と呼びうることがら――「痛み」等――の意味を表情やふるまいという観察可能なレベルで捉える。それゆえ行動主義のもとでは他我認識の懐疑が生じる余地はない。しかし、「痛み」などの諸感覚を表情やふるまいというレベルだけで捉えてしまうことは、私たちの生活の実感から著しくかけ離れたものと言わざるをえない。他方、だからといって、「痛み」や「赤」の意味を私が感じるあるタイプの感覚として捉える感覚説では、「他人の痛み」や「他人が見ている赤さ」ということに意味を与えることができなくなってしまう。ふるまいでもだめ、感覚でもだめ。どうすればよいのか。私たちは他我問題――他我認識の問題と「他人の心」の意味の問題――においても、袋小路に入り込んでしまったように思える。

袋小路の怖さは、それが袋小路であるかどうかはっきりしないことにある。あからさまに行き止まりであるならば、舌打ちのひとつもして引き返せばよい。だが、哲学の議論においては、すべてを明晰に見通すことなど不可能である。まだ検討していない思考の道筋も残されている。一通り辿った道も、どこかに見落としがあるかもしれない。こうして、なおも手探りで先に進もうとする。

だが、私たちはもうここから引き返すことにしよう。どこまで？　最初の一歩、「意識」という言葉を用いて問題を述べ始めた、その地点まで。そして、「意識」という言葉を使わずに――とはいえ行動主義をとるというのでもなく――、別の道を歩き始めてみよう。めざされるのは、ここまでに示されたさまざまな問題を一掃し、理論的に一貫しており、しかも私たちの実感に可能なかぎり即してもいるような、そんな見方である。

# II

# 理論

心をもった他者と世界とを確保すること。そのために知覚と感覚とを捉えなおすこと。そこで第Ⅱ部では、知覚と感覚に対する理論化を試みる。

ここで、これからの議論を少しでも明確にするために、用語の整備を行なっておいた方がよいだろう。注11でも述べておいたが、ここまで私は「知覚」という語を多少曖昧に用いてきた。一方では「誤った知覚」という言い方を許容し、それゆえ幻覚はともかく少なくとも錯覚も知覚に含めるような意味で「知覚」という言葉を使い、また他方では錯覚や幻覚は「知覚」ではないものとして、正しい知覚のみを「知覚」と称してもきた。ここからは、後者の意味でのみ「知覚」という語を用いることにしよう。すなわち、知覚と錯覚・幻覚は排反的な分類であるとする。「知覚」とは正しい知覚であり、錯覚や幻覚は知覚ではない。ここで「錯覚」とは、見誤りのように、何かあるものについて誤った内容をもつ経験をすることであり、「幻覚」とはそもそもありもしないものをあると経験してしまうことである。

また、私は「知覚」と「感覚」を区別する。「見る」や「聞く」は典型的な知覚であり、「痛い」や「かゆい」は典型的な感覚である。とはいえ、知覚と感覚がどのように区別されるかは、後に議論することになるので、いまはこの程度の理解にとどめておいてかまわない。

あらかじめ第Ⅱ部の展望を与えておこう。私は、なによりもまず素朴実在論を守りたいと考えている。素朴実在論は、知覚において知覚イメージのようなものは存在せず、実物そのものが現われていると主張する。それゆえ、素朴実在論を擁護することにおいて、私は、知覚から意識という観点を排除することになる。私が見ているものは、私の意識に映じた知覚イメージではなく、実物そのものである。

だが、それだけではない。素朴実在論を擁護したいのなら、錯覚論法に立ち向かわねばならない。そのとき、錯覚や幻覚をどう考えるかが問われる。そして私は、錯覚や幻覚に対しても意識という観点を排除することになるだろう。

このように述べると、私が唯物論的ないし物理主義的立場に立つと早とちりされてしまうかもしれない。意識を排除する、ということはすべては物だということか、と。だが私は、現代におけるそうした唯物論的趨勢には反対である。脳が知覚や感覚を生み出すという考え方を、私は「脳神話」と呼び、そこからの脱却をはかることになるだろう。しかし、そうした議論はまだずいぶん先の話（第Ⅲ部第11章「脳神話との訣別」）である。唯物論ないし物理主義にあからさまに叛旗を翻す議論が後に控えていることは念頭においていただいてよいが、唯物論的で**ない**方向に進もうとする私の姿勢は、これからの議論によってすぐに明らかになるだろう。

議論の詳細に入る前に、もう少し概略を述べ、第Ⅱ部の構成を示しておきたい。

いま私はさまざまなものごとを見、またさまざまな音を聞いている。素朴実在論は、これらを知覚イメージのようなものではなく、世界そのものであると考える。しかし世界は（たとえば机の上のこの時計は）見る人によって十人十色に見える。このことが私たちを二元論へと誘う。私の位置からは文字盤がよく見えているが、他の人の位置からは文字盤は見えていない。また視力によっても異なる見え方をする。さらには、時計というものを知らず、そもそも「時計」という概念をもっていない人がこれを見たならば、その人には私と違った何かが見えるに違いない。こうしたことを考えると、見られている時計の姿は主観的なものであり、意識に映じた知覚イメージのようなものだと思われてもくるだろう。それゆえ、素朴実在論を守ろうとするならば、知覚が示すこの十人十色性を素朴実在論のもとで説明しなければならない。

ヒントはすでにいまの事例に見出される。時計の見え方が十人十色になる要因は、いまの事例において三つ示されていた。空間的位置、身体、そして意味である。どこから見るかによって、時計の見え方は変わる。視力等の身体状態によっても、その時計の見え方は変わる。そして、それを「時間を計測する」という意味のもとに捉えるかどうかでも、その見え方は変わってくるだろう。世界そのものが十人十色に現われるということを、空間と身体と意味という要因から説明すること。そしてもちろん、そのような説明の狙いは、素朴実在論の立場を確保することにある。十人十色に現われてはいるが、それでもなおそれは世界そのものなのである。

世界の現われは、対象のあり方に加えて、空間と身体と意味という要因が絡みあった現象であるが、これからの議論では、それを解きほぐし、順に検討していく。あらかじめ名前だけ示しておくならば、空間と身体という要因から世界の現われを説明する試みを、私は「眺望論」と呼ぶ。眺望論は空間という要因と身体という要因に応じてさらに二つのパートに分かれ、空間という要因から捉えられた世界の現われを「知覚的眺望」と呼び、身体という要因から捉えられた世界の現われを「感覚的眺望」と呼ぶ。そして、意味という要因から世界の現われを説明する試みを、「相貌論」と呼ぶ。[22]

- 眺望論
  - 知覚的眺望（空間）
  - 感覚的眺望（身体）
- 相貌論（意味）

次の第6章で知覚的眺望について論じ、第7章で感覚的眺望について論じる。第8章で知覚的眺望と感覚的眺望をともに論じながら眺望論を仕上げていく。そして第9章で相貌論を論じる。以上が、第Ⅱ部「理論」の構成である。

# 6 知覚の眺望構造

## 6—1 世界は無視点的にだけでなく有視点的にも把握される

本書の出発点となる基本的なテーゼはこうである。

世界は無視点的にも有視点的にも把握される。

これからこのテーゼの言わんとするところを説明し、その帰結を追っていこう。すでに述べたように私は素朴実在論を守ろうと考えている。そのためには錯覚論法の挑戦を退けなければならない。しかし、それはまだ先の話となる。[23] しばらくは錯覚論法の挑戦を棚上げにして、正常で典型的な知覚の場面について考えていくことにしたい。

私たちは知覚によって世界のあり方を把握する。視覚に例をとろう。たとえば吾妻橋に立ち、スカイツリーを見る。スカイツリーの手前右側には不思議な形をした金色のオブジェが見える。この光景には、それがどこから見られたものなのかが示されている。その光景を写真に撮ったとしてみよう(図4)。その写真には吾妻橋に立つ撮影者の姿は写っていない。それでも、それがどこから撮影されたものであるのかは写真の光景から特定することができる。このように、視覚による世界把握には、それを見る主体の視点がどこにあるのかが示されている。そこで、この特徴を捉えて、世界把握の内

図4　有視点把握

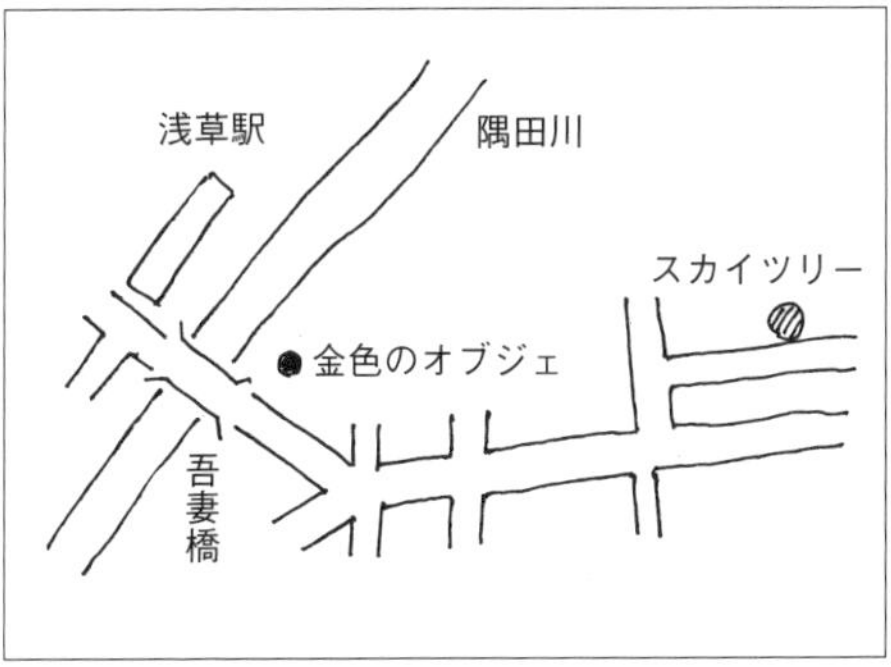


図5　地図(無視点把握)

にそれを把握している主体のあり方が示されているような把握の仕方を「有視点把握」と呼ぶことにしよう。

他方、私たちは無視点的に世界のあり方を考えることもできる。たとえば地図などはそうである。吾妻橋とスカイツリーと金色のオブジェの位置関係を地図に描くとき、その地図にはそれを把握する主体のあり方は示されてはいない。いわば、地図はどこから見られたものでもない（図5）。

そのことは、鉄道路線図のような、必要な関係や構造を図示したもの、いわゆる概念図を考えてみれば、明らかだろう。鉄道路線図において山手線を真円に描いたとして、山手線が真円に見える視点などありはしない。鉄道路線図には、駅の関係をそのように把握している主体がどこにいるかといったことはいっさい示されてはいない。[24] そこで、主体のあり方を示唆することなく成立しうるこうした世界把握を、「無視点把握」と呼ぶことにしよう。

この点に関連して、航空写真と地図の違いが興味深い。航空写真は上空から見られた光景――すなわち有視点把握――である。他方、地図は航空写真を簡略化したものではない。たとえば、正確に長方形のグラウンドがあるとしよう。地図であれば、その形を表わすために地図上に正確な長方形を描くこともできる。しかし、上空から眺める場合には、それは正確な長方形にはならない。グラウンドの真上から眺めたとしても、真下がもっとも近い距離にあり、端にいくにしたがって遠くなるため、それは正確な長方形ではなく遠近法的に歪んだ形となる。航空写真に可能なかぎり忠実な地図であっても、そうした歪みが補正され、幾何学的な長方形――つまりどこから見られたのでもない長方形

——が描かれている。地図は、航空写真とは異なり、あくまでも無視点的な概念図なのである。

一点注意しておきたい。「世界を無視点的に把握する」ということで、知覚に基づかずに無視点的な仕方で世界をいきなり認識することができるなどと言いたいわけではない。町の地図を描くのも、町を歩きまわって知覚することに基づくか、あるいは航空写真に基づくだろう。無視点把握とは、知覚によらない認識能力といった何か神秘的な力のようなもののことではない。どのような経路で認識したにせよ、私たちは、地図のような認識主体と切り離された形での世界把握を、実際にもっているのである。

私たちは有視点把握と無視点把握をともに携えながら生活している。たとえば私はいま部屋の中にいる。パソコンの画面から目を離して窓を見れば、そこからは外の景色が見える。近くに目を向ければ乱雑な机の上が見える。それらは、ここから見られた風景であり、有視点把握にほかならない。他方、私は自分の部屋の机や書棚の配置を把握している。そしてそれはどこかある地点から見られた眺めとして把握しているのではなく、むしろ地図として、無視点的に把握している。

あるいは言語の内にも、有視点把握と無視点把握はともに見出される。「ここ・あそこ」「左・右」といった表現はある視点からのみ意味をもつ表現であり、それに対して「引出しの中」「東京都千代田区」「東・西・南・北」といった表現は無視点的なものとなる。[25]

そこで私は、「世界は無視点的にも有視点的にも把握される」と主張したい。このテーゼは、「あたりまえ」に思われるだろうか、それとも「おかしい」と思われるだろうか。私としては、あたりまえだという答えを期待する。たとえば私たちは町の様子を、ある視点から眺めた光景として有視点的にも、また地図として無視点的にも、捉える。それは私たちの生活上の平凡な事実ではないか。だが、第I部の袋小路は、まさにそれを受けとめそこねたことから始まっていたのである。実際、私たちの中には、このテーゼを自明視する考え方と、それを否定する考え方の両方が同居しているように、私には思われる。

物理学を考えてみよう。物理学の世界描写は無視点的である。それはどこから見られたものでもない。(私たちは素粒子を知覚することはできない。)そしてそのことは物理学の描写の客観性を意味するものとも解されるだろう。逆に言えば、有視点把握は主観的とみなされるのである。たとえば私たちはさまざまな富士山の姿を見る。しかし、富士山はそれを知覚する主体が存在しなくなったとしても、いまと変わりなくそこにある。私たちはそう考えるだろう。知覚主体と独立に存在する富士山こそ、富士山の客観的なあり方であり、私たちはそんな客観的な富士山を十人十色に見る。こうして私たちは、袋小路のひとつ、知覚と実在の二元論へと強く誘惑される。

知覚と実在の二元論に従うならば、知覚とは主体の意識のスクリーンに映じた像——知覚像——である。それゆえ、「ここから富士山が見える」といった描写は、私の意識にどのような知覚像が生じているのかを報告したものとなる。すなわち、二元論に従えば、有視点把握とは世界そのものの現われではなく、私の意識状態の把握なのである。それに対して私がここで出発点として見定めたテーゼは、有視点把握と無視点把握をともに並び立つ二つの様式の世界把握とする。有視点把握は意識状態の把握ではなく世界のあり方の把握であり、けっして主観的なものではなく客観的な世界把握である。

有視点把握を客観的な世界把握の一様式とみなす私のテーゼの正当性を、議論のこの段階で十全に示すことはできない。それは、私がこれから展開する議論の全体が腑に落ちるかどうか、そこに開ける新たな哲学的風景が納得のいくものになるかどうかに、かかっている。だが、そうであるとしても、私のテーゼがけっして私たちの日常的な実感から乖離したものではないということだけは指摘しておきたい。たとえば私が大学の教室の窓際に立ち、「ここからスカイツリーが見える」と言うとしよう。いったい誰がそれを私の意識状態の報告だと思うだろうか。その発言を聞いた別の人が私の隣に立ち、「ほんとだ。こんなところからもスカイツリーが見えるんだ」と言う。そのとき、教室の窓からスカイツリーが見えるということを、どうして「主観的」と言わねばならないのか。私たちの日常的な実感に従うならば、その窓からスカイツリーが見えるということは、世界のあり方についての客観的なことがらではないだろうか。

## 6-2 眺望点とは何か

私の見通しでは、世界の有視点把握と無視点把握のあり方およびその関係を見てとることによって、「心」を巡る難問の重要な部分が解きほぐされてくる。そこで、しばらくは「世界を有視点的に把握するとはどういうことなのか」、そして「有視点把握と無視点把握の関係はどのようなものなのか」を検討していくことにしたい。まずは、有視点把握における「視点」とは何かを考えよう。

最初に強調すべきは、視点もまた世界の中にあるということである。たとえば、吾妻橋に立てばスカイツリーが見える。そして吾妻橋は、スカイツリーと地続きの同じ世界の中にある。視点とは、その知覚風景が開ける場所であり、あくまでもこの世界の中の一地点にほかならない。

だが、へたをするとこの単純明快な事実は哲学的に歪曲されてしまうかもしれない。つまり、視点は知覚風景を超越している、というのである。写真にはそれを撮影したカメラは写されていない。知覚風景に視点はけっして登場することがない。すなわち、視点は風景の一部ではない。それは風景を超越している。だが、私はここでそのような深遠めかしたことは何ひとつ述べていない。なるほど、吾妻橋からスカイツリーを見るとき、その光景には吾妻橋は含まれていない。しかし、吾妻橋から少し離れれば、今度は吾妻橋を見ることができる。ある知覚風景の視点は、また別の地点からの知覚風景の中の一地点となりうるのである。私がこの視点から見ている風景の任意の地点が、また別のもうひとつの視点となりえ、私はそこからなんらかの光景が開けるだろうことを了解している。だからこそ、私たちは、「ここからはよく見えないが、あそこからはよく見えるだろうから、もっと近づいてみよう」と考え、あるいはこれから登る山頂を見て、「あそこからは三百六十度のパノラマが開けるんだ」などと言いもするのである。

視点と知覚風景は同じ空間に属している。これは、深遠ではないが、私がこれから為そうとしている議論にとって決定的に重要な事実である。先取りして少し述べておけば、視点と知覚風景が同じ空間に属しているからこそ、私たちは自ら場所を移動して視点を変えることができる。すなわち、近づいたり遠ざかったりまわりこんだりできるのである。そして、同一の対象を視点を変えつつ知覚するということが、知覚にとって本質的となる。しかし、その議論に入る前に、「視点」とは何かをより正確に押さえておこう。

まず視覚に即して述べよう。おおざっぱに言えば、視覚における視点とは、そこから見ればその風景が見える、その位置にほかならない。だが、位置だけではなく、方向も考慮すべきだろう。同じ位置に立っていても、向いている方向が違えば異なる風景が見える。すなわち、その風景が見えるような位置および方向、これが視覚における視点にほかならない。

視覚以外の知覚様態の場合について確認しておこう。他の知覚様態において「視点」に対応するものは何か。聴覚の場合には、それは主として耳の位置だろう。耳がどの方向を向いているかということも聴覚のあり方に関係するが、その関わり方は視覚よりも薄いと思われる。嗅覚の場合には、基本的に鼻の位置が視点となる。たとえば甘い香りの果物があったとして、鼻を近づければにおいは強くなり、遠ざければ弱くなり、十分に距離をとればにおいはしなくなる。触覚の場合には、皮膚が何と接触しているかが視点に対応し、味覚の場合には、舌が何と接触しているかが視点に対応している。[26]なお、食べ物を食べたときの香りやにおいにおける嗅覚は、味覚と同様に考えられるだろう。その場合には、鼻の位置というよりも口の中に何を入れているかが視点に対応するものとなる。

そこで、視覚以外の知覚様態も含む形で「視点」という概念を一般化しておこう。まず、すべての知覚様態に共通するものとして、知覚的な——すなわち有視点的な——世界のあり方を「眺望」[27]と呼ぶ。そして、視覚における視点に対応するもの（どこにいて、どちらを向き、何と接触しているのか）を「眺望点」と呼び、眺望一般に関して、ある主体がある眺望点の位置を占めることを、その眺望点に「立つ」と言うことにする。すなわち、ある眺望点に立つとは、具体的にはある地点に立ってある方向を向くことであり、ある対象に触れることであり、あるいはある対象を舌の上にのせることである。以下では、多少ラフな言い方ではあるが、これらを一括して、「眺望点とは対象との位置関係である」と言うことにしよう。[28]

私は公園のベンチに腰かけてお茶をひと口飲む。そのとき私には、公園の情景が見え、子どもたちの声が聞こえる。そして尻のあたりにベンチの硬さを感じ、また、口にしたお茶の香りと味を味わう。このように視覚的・聴覚的・触覚的・嗅覚的・味覚的に立ち現われたいっさいが、そのとき私が経験した眺望である。

## 6-3　虚想論——見えている面を見えていない面の思いが支える

知覚の眺望構造に関して私が確保したいと考えているテーゼは、無視点把握と有視点把握の相互依存性である。つまり、無視点把握が成立していなければ有視点把握は成立しえず、逆に有視点把握が成立していなければ無視点把握も成立しえない。このテーゼを手に入れるために、まず大森荘蔵の「虚想論」から出発することにしたい。虚想論を踏まえ、そこからさらに展開していくことによって、無視点把握と有視点把握の相互依存性というテーゼをめざそう。

私たちの身のまわりのもののほとんどは「立体」である。机、建物、人、街路樹等々、私たちはさまざまな立体を見ている。大森は、この「立体を見る」とはどのようなことなのかを問題にする。[29] 私たちは立体を見ることに慣れすぎていて、いまさら「それはどのようなことか」などと問われても、何をどう答えてよいのか分からないかもしれない。しかし、この問いを通して、私たちが「見ているもの」は無数の「見ていないもの」に支えられていることが分かるだろう。

たとえば、鎌倉の大仏を正面から見るとしよう。立体の大仏を見るということは、その正面の姿だけがすべてではないとみなしているということである。正面からはこう見えているが、横からはなんらかの横向きの姿が、そして後ろからは背面が見えるはずだと考えている。大森はそれを「思いをこめる」という独特の言い方で表現する。すなわち、大仏の正面の視覚的眺望が立体の大仏の正面であるためには、大仏の側面、背面等々の視覚的眺望の思いが、その正面の姿の内にこめられていなければならないのである。

もちろん、実際に後ろにまわってみてはじめて分かることも多い。鎌倉の大仏の背中には二つの窓が開いているが、そんなことは背後から実際に見てみないと分からない。だが、そこにはおおまかに言って「大仏の背中」と描写できるような姿があるだろうことは、立体の大仏を正面から見ているとの内にすでに含まれている。もし、背後にまわったときに「大仏の背中」と記述しうるような何ものも見えてこなかったならば、私たちは当惑する。もし大仏の背面が剝き出しのベニヤ板であったならば、それは大仏の書割であり、私たちは正面から見たときにそれが立体の大仏に見えたのはまちがいだったと考えなおす。背後にまわったときに大仏が姿を消してしまったならば、幻覚に襲われているのではないかと疑いもするだろうし、ちょこんと座ったタヌキの姿が現われたりしようものなら、すっかり当惑してしまうに違いない。正面からの大仏の姿が「立体の大仏の正面」という意味をもつためには、側面や背面の眺望に対するある程度の、すなわちそれを「大仏の側面」「大仏の背面」と記述しうるような眺望が得られるはずであるという程度の、了解が不可欠なのである。[30] これが、「正面の眺望には側面や背面の思いがこめられている」ということにほかならない。

とはいえ、「ある眺望点からの視覚的眺望に他の眺望点からの視覚的眺望の思いがこめられている」といっても、けっしてある眺望点からの眺望を見ると同時に他の眺望点からの眺望を表立って想像しているということではない。そのように意識的に他の側面を想像することもないわけではないが、ふだん何気なく立体を見ているとき、たとえばこちらを向いている人物の姿に対して、その後ろ姿を意識的に想像するというようなことはほとんどないだろう。しかし、人物をある眺望点から見ているときでも、立体の人物を見ているかぎり、私たちはそこに他の眺望点からの姿の思いをこめているのである。

この「思い」をもう少し詳しく検討しよう。こめられている思いのひとつは、予期である。私はいま大仏の正面を見ているが、これから背後にまわれば「大仏の背中」と記述しうる眺望が得られるだろうと予期している。これも、表立って「後ろにまわれば大仏の背中があるはずだ」などという予測を口にするわけではない。しかし、後ろにまわったときにもし大仏の背中がなかったならば、私は当惑する。この当惑は、私が暗黙の内に大仏の背面の視覚的眺望を予期していたことを意味しているだろう。

さらに、正面から背後にまわって背面を眺めてみよう。今度は逆に正面の思いがその背面にこめられていることになるが、そのときには、予期だけでなく、「さっきは正面が見えていた」という記憶もそこにはこめられている。

予期は未来の眺望に関わり、記憶は過去の眺望に関わる。だが、立体の知覚を成り立たせる「思い」は予期と記憶だけではない。大仏の正面を見るとき、私たちは、いまこのときにも大仏は背面の眺望をもっていると考えているだろう。未来の眺望でも過去の眺望でもなく、いま現在の背面の眺望である。それゆえ、それは予期でも記憶でもない。「もしいま背後から見たならば、しかるべき背面の眺望が得られただろう」という、反事実的な思いである。大森荘蔵はいま現在のこの思いを「虚想」と呼んだ。

> 机の現在ただ今の背面の知覚的思いはこの現実世界の思いではなく架空の虚なる思いである。だがこの虚なる思いがこの実の世界で実の働きをする。すなわち、この虚なる思いがこめられていてこそ机の知覚正面はまさにこの机の実なる知覚正面であるのである（つまり、机は机として見える）。この虚なる思いの実の働きを「虚想」と呼ぶのである。[31]

私は大森のこの洞察を受け継ぎたいと考えている。ただし、この反事実的な思いを「現実世界の思いではなく架空の虚なる思い」と言わざるをえない大森の立場を引き受けようとは思わない。大森がそれを「架空の虚なる思い」とするのは、いま現在の大仏の背中がいま現在の私の経験では捉えられないからである。逆に言えば、大森にとっていま現在の私の経験こそが「実の世界」のすべてとされる。つまり、ここには「独我論的な経験主義者」と呼びうる大森の考え方が反映している。だが、私は独我論的な経験主義に立ちたいとは考えていない。それゆえ、大森の虚想論を大森のいる場所から眺望論のもとへと移植したいのである。

眺望とは、私の経験のあり方ではなく、有視点的に把握された世界のあり方にほかならない。いま現在の大仏の背面の眺望が私には絶対に経験できないものであろうとも、だからといってその眺望が架空の虚なるものとなるわけではない。それはあくまでも現実の大仏についての思いであり、いささかも「虚」なる思いではない。それゆえ、「虚想」といういかにも大森らしい魅力をもった言葉は避けることにしよう。そして、なんのおもしろみもない言い方になってしまうが、「現在の他の眺望点からの眺望に関する了解」[32]のように言うことにしたい。

立体を見ること——あるものを「立体」という意味のもとに見ること——は、いま見えている面だけでなく、いま見えていない無数の面に対する（過去・現在・未来の）了解がこめられてはじめて成立する。これが、大森の虚想論から私が受け継ぎたい洞察である。

## 6－4　眺望の複眼的構造

虚想論は視覚の場面での議論であった。しかも、立体の知覚ということに依拠していた。それゆえ、たとえば聴覚の場合には虚想論をそのまま当てはめることは難しい。ここでは、虚想論の洞察を他の知覚様態（聴覚、触覚、嗅覚、味覚）へと拡張し、知覚一般についてのテーゼを手に入れるよう試みてみたい。

### 6－4－1　立体を知覚する

視覚以外の様態で立体の知覚が可能になるものは何だろうか。立体の知覚ということに意味をもたせることができるならば、そこでは虚想論に対応する議論が立てられることになる。

そのような観点から挙げられるのは、触覚だろう。人の体をさわるとする。私たちはそのとき立体である人体をさわっている。触覚だけに頼って人体を知覚することを考えればいっそうはっきりするだろう。私はいまその人の体の正面をさわる。そのとき、その人にはいま私がさわっていない背中があることを、私は了解している。すなわち、その背中の（現在と未来の、あるいは過去の）触覚的眺望に対する了解がそこにはこめられている。机であれ、箱であれ、私はそれらを立体という意味のもとにさわる。そうである以上、その物が私に与える触覚的眺望はいま私がさわっている面だけに尽きるものではない。その物体は私がいまさわっていない面をもち、その触覚的眺望の了解が、いまそれを立体という意味のもとにさわることを支えている。触覚のこの構造は、虚想論にそのまま対応していると見ることができる。

## 6-4-2　距離を知覚する

だが、触覚には立体の認知とは言えない側面もある。たとえば尻に感じるベンチの硬さや指先に感じる磁器のなめらかさなどは立体の知覚ではない。あるいは煎餅のパリパリ感や山芋のぬめりといった食感も、立体であることとは無関係である。また、聴覚、嗅覚、味覚にも、立体の知覚は成り立っていない。（オーケストラの演奏を聴くときなど、音楽を「立体的に」聴いていると言えそうな場合もあるが、音の場合は基本的に音源から同じ音が空間を球面状に均等に拡がるため、多くの場面では音に対しては正面も背面もないことになる。）それゆえ、こうした様態の知覚に対しては虚想論の議論をそのまま適用することはできない。

まず、聴覚について考えよう。音の場合に注目すべきは、その音の聞こえ方には「近い－遠い」があるということである。ウグイスの鳴き声が聞こえる。ウグイスの姿は見えていなくとも、遠くから、あるいは近くから、鳴き声が聞こえてくる。だがこれは、考えてみるとなかなか不思議なことではある。

「大きい音は近くにあり、小さい音は遠くにある」と言いたくなるかもしれない。しかし、少し考えれば、それは単純すぎることが分かる。聴力検査をしたことがあるだろうか。防音室に入りヘッドホンをつけ、無音の中で耳を澄ませているとさまざまな大きさの音が間隔をあけながら聞こえてくる。その音は、どのくらい離れたところから聞こえてくるだろう。少なくとも私には、それは遠い近いを言うことのできない音に聞こえる。遠くもないし近くもない、距離をもたぬ音が、さまざまな大きさで聞こえてくる。だとすれば、音の大小だけでは、音の遠近は出てこないということである。

それに対してウグイスの声の場合には、私たちはそれを遠くに、あるいは近くに聞く。聴力検査の場合とどこが違うのか。それは、私たちがウグイスのことをある程度は知っているからにほかならない。たとえば、右の方でウグイスの鳴き声がかすかに響き、それに答えるようにして左の方でもっと大きくウグイスの声が響いたとしよう。そのとき私たちは、まず遠くでウグイスが鳴き、次により近くで別のウグイスが鳴いたと考え、けっして同じ距離にいる小声のウグイスと大声のウグイスが鳴きかわしたとは考えない。なぜだろうか。なぜそう考えないのか。それはウグイスの鳴き方として不自然だからである。ウグイスというのはだいたいどれも同じくらいの大きさで鳴き、その大きさもだいたいこの程度だということを、それほど精確ではないにせよ、知っている。だから、小声のウグイスと大声のウグイスが鳴きかわしたなどとは考えないのである。

あるいは、選挙カーの音（ウグイス嬢の声）がだんだん大きく聞こえてきたとする。私たちはそのとき選挙カーが近づいてきたと考え、停まっている選挙カーがしだいにスピーカーの音量を上げたとは考えない。それは、「選挙カーというものは一定の音量で街なかを走りまわっているものだ」という通念を私たちがもっているからにほかならない。

こうした確認をより理論的に捉えなおしていこう。私たちは多くの場合に、音において距離を知覚している。そのさい、聞こえてくる音の大きさを左右する要因として、少なくとも二つのことが区別される。ひとつは音源が発する音それ自体の大きさであり、もうひとつは音源とそれを聞いている場所との距離である。[33] つまり、〈音源が発する音〉が大きければその分だけ音は大きく聞こえ、〈眺望点と対象との距離〉（以下、たんに「距離」と書こう）が近くても、その分だけ音は大きく聞こえる。これを「関数」として捉えるならば、聞こえる音の大きさは〈音源のあり方〉と〈距離〉という二つの要因の関数になっていると言うことができる。ウグイスの鳴き声や選挙カーの事例においては、音源のあり方は一定であるという想定が働き、聞こえる音の大きさは距離だけの関数として捉えられていたわけである。

聞こえる音の大きさが距離の関数になっていることは、「音源に近づけば音は大きくなり、遠ざかれば小さくなる」という経験を無数に重ねることによって知られる。音を発している対象が近づいてくるのが見える。そして近づくにしたがってその音が大きくなる。こうした経験が重要なものとなる。そしておそらくはもっと重要なのは、自分自身が移動して聞く位置を変化させるという経験だろう。ある方向から音が聞こえる。音のする方に歩いて行く。音がしだいに大きくなり、音源が特定できる。私たちは、こうした経験を通して、聞こえる音の大きさと距離の間に相関があることを知るのである。

いま取り上げたのは、一方のウグイスは他方よりも近いとか、選挙カーが近づいてくるといった、距離の変化や差異の知覚であったが、日常的に耳にする多くの音の場合、さらに距離そのものの知覚もある程度成立している。一羽のウグイスの鳴き声を聞くときでも、私たちはそれを「近くから」あるいは「遠くから」という距離をこめて聞く。それが可能であるためには、「ウグイスの鳴き声はこのくらいの距離で聞けばこのくらいの大きさで聞こえる」ということが知られていなければならないだろう。もちろん、ここで距離の知覚と言っても、正確に何メートルということが知覚されるわけではなく、それは多かれ少なかれラフなものでしかない。たとえば雷鳴などは、「近い」か「遠い」ぐらいしか言えないかもしれない。しかし、その音を「近くから発せられた」あるいは「遠くから発せられた」という意味のもとに聞くことができるためには、「この対象から発せられる音は、この距離ではこのくらいの大きさに聞こえる」という了解を、かなりおおまかにであれ、もっていなければならない。

ここには、虚想論に対応する構造がある。虚想論は、視覚の場面において、対象を立体という意味のもとに見るために他の視点からの視覚的眺望の了解を要求した。それに対していま確認されたのは、聴覚において距離の知覚が成立するためには、聞こえる音の大きさを〈音源のあり方〉と〈距離〉という二つの要因の関数として捉えていなければならない、ということである。そしてその関数をある対象に即してより精確に知っているならば、その対象の発する音における距離の知覚もそれだけ精確なものとなり、おおざっぱにしか知らないのであれば、距離の知覚もおおざっぱなものとなる。いずれにせよ、ある音が「近くから発せられた」あるいは「遠くから発せられた」という意味をもって聞こえるためには、私はたんにその眺望点からの聴覚的眺望を受けとるだけでなく、他の眺望点からの聴覚的眺望の了解をもそこにこめていなければならないのである。

ここでひとつ哲学的な疑問が生じるかもしれない。聞こえる音の大きさを〈音源のあり方〉と〈距離〉という二つの要因の関数として捉えるとき、そこでは「聞こえる音」とは別に「音源の発している音それ自体」が区別されている。だがそれは、「音の知覚像」と「実物の音」という二元論的想定にほかならないのではないか。いったい、聞こえてくる音とは別の「音それ自体」とは何なのか。

二元論に陥らないように、ここで私たちは慎重に語らなければならない。言うまでもなく、聞こえてくる音とは別の「音それ自体」なる何かがあるわけではない。音は必ずある眺望点から聞かれる音である。だが、聞こえてくる音の大きさが変化するとき、私たちはその変化の原因に対して少なくとも〈音源のあり方〉の変化と〈距離〉の変化という二つの要因を考える。枕元にある目覚まし時計のアラーム音がだんだん大きく聞こえるようになるとき、私たちは、自分と目覚まし時計の距離は一定であり、アラーム音それ自体の大きさが変化したと考える。あるいは、選挙カーの声が大きく聞こえるようになってきたとき、私たちは、選挙カーの声自体は一定の大きさなのだが選挙カーが近づいてきたのだと考える。こうした考えにおいて、「アラーム音それ自体」とか「選挙カーの声自体」とは、もちろん聞こえてくる音とは別のものではない。私たちはここで二元論的な発想をとる必要はない。ある音が〈それ自体として〉一定であるとは、「自分と対象との距離が一定に保たれれば聞こえてくる音の大きさも一定である」ということを意味している。逆に、ある音の大きさが〈それ自体として〉変化するとは、「自分と対象の距離が一定であるにもかかわらず、聞こえてくる音の大きさが変化する」ということを意味している。それゆえ、たとえば選挙カーの声が大きくなってきたときに、「声自体の大きさは一定なのだが、選挙カーが近づいてきた」と考えることとは、「もし一定の距離にとどまっていたならば聞こえてくる声の大きさも一定だったのだろうが、近づいてきているので大きく聞こえるようになってきたのだ」と考えることにほかならない。[34] そしてこのように考えることは、けっして私たちを二元論へと導くようなものではない。

距離の知覚は、聴覚だけに成立するものではない。視覚においても距離の知覚は成立しており、むしろ視覚の方が聴覚よりも精度が高い距離の知覚が可能である。あるいは、嗅覚においても、距離の知覚はある程度（一般にあまり高い精度ではないと思われるが）成り立っている。これら他の様態の知覚においても、聴覚の場合と同様に、眺望のあり方は〈対象のあり方〉と〈眺望点と対象との距離〉という二つの要因の関数になっており、その関数を対象に即して具体的に知っていることが、その対象をなんらかの距離のもとに知覚することを可能にしている。そして、距離の知覚の精度は、その関数をどのくらい精確に知っているかに依存している。

ここで、立体の知覚と距離の知覚に共通する構造として、「ある眺望点からの眺望は他の眺望点からの眺望の了解がこめられてはじめて成立する」という構造が取り出せるだろう。そこで、虚想論の拡張として捉えられるこの構造を、眺望の「複眼的構造」と呼ぶことにしたい。

### 6-4-3　対象の性質を知覚する

以上は、立体や遠近という、空間の観点から眺望と眺望点の関係を捉えるものであった。だが、空間という観点からは捉えにくい様態の知覚も存在する。味覚を考えよう。味覚に対しては、立体ということも遠近も意味をもたない。あるいは、先にも述べておいたように、触覚の場合でも硬さやなめらかさなどの知覚には、立体も遠近もない。また、さまざまな食感や、食べ物を食べたときに口内で感じる香りなどは、広い意味で味を構成する要素とみなされるだろう。こうした様態の知覚は、空間という観点からは捉えがたいものとなっている。では、こうした知覚において複眼的構造はどうなっているのだろうか。

知覚は対象に関わっている。しかもその対象とは、抽象的な（あるいはイデア的な）何ものかでも、意識の内に存するとされるような心的な何ものかでもなく、世界の中に位置をもつ個々の物ないしできごと（私の机の上にあるコーヒーカップ、墨田区押上一丁目にあるスカイツリー、華厳の滝、[35]近所に落ちた雷、等々）にほかならない。そして世界の中に位置をもつ対象は、さまざまな眺望点から知覚されうる。それゆえ、複数の眺望は同一の対象のもとに関係づけられ、まとめあげられることになる。立体の知覚や距離の知覚が複眼的構造をもつのは、それゆえであった。

　味覚もまた、知覚の一様態として、対象に関わっている。まずそのことを確認しておこう。私たちは、その味を確かめることで、対象について何ごとかを知る。飴を一つ口に入れ、ハッカ味が口に広がるとき、私たちはその飴がハッカ味であることを知る。ハッカ味であることはその飴の性質であり、ことさらな言い方をするならば、それはその対象（飴）のもつ客観的な性質（ハッカ味）にほかならない。

　そのとき、一個の飴を最後まで舐めるには時間がかかるということが重要な意味をもってくる。つまり、味覚の眺望点を考えるにあたって、これまでのように空間的な位置関係だけを取り上げるのではなく、時間的な関係を捉えなければならないのである。たとえば、一個の飴玉を五分かけて舐めたとしよう。最初に口に入れる。ハッカの味が口に広がる。そして私には、「これからしばらくこのハッカ味がするだろう」という予期が生じる。いわば、その予期がこめられてはじめて、最初に口に飴を入れたときの味覚的眺望が「一個の飴の味」として意味づけられうるのである。あるいは舐め始めて一分後の飴の味であれば、その時点における味覚に、それまでの一分間の味の記憶とこれから舐め続けたときの味の予期がこめられることになる。ある時点における味覚的眺望はその時点だけで孤立し独立しているのではなく、他の時点での味覚的眺望の了解がこめられてはじめて、その一個の飴の味として立ち現われうる。ここに、味覚における時間的な複眼的構造が見出される。

また、私たちはときに飴玉を口から出したり、再び口に入れたりもする（棒つきの飴を考えるとよいだろう）。そうして、一個の飴の味が断続的に味覚的眺望として立ち現われる。そのさい、連続的に舐めていたときと同様に、これら複数の時点における味覚的眺望は無関係のものとして孤立しているわけではない。それらはすべて「その一個の飴」がもっている味として、まとめあげられているのである。あるいは、一杯のコーヒーを飲むときのことを考えてもよい。私たちは、一杯のコーヒーをある程度の時間をかけ、何口かに分けて味わい、そうしてその一杯のコーヒーの味を言いもする。たとえば十五口で一杯のコーヒーを飲んだとしよう。そしてその一杯のコーヒーの性質として味を言うとき（このコーヒーはかなり苦い）、m回目に口に含んだときの味覚的眺望とn回目に口に含んだときの味覚的眺望は無縁のものではありえない。それら複数の時点における味覚的眺望が、同一のコーヒーの味として関係づけられ、まとめあげられているのである。

このように複数の時点における眺望が同一の対象のもとに関係づけられ、まとめあげられるということは、味覚だけではなくすべての様態の知覚に認められる。たとえば鎌倉の大仏を見るときにも、ふつう私たちは一定の時間をかける。大仏に近づいたり、背後にまわったりするにも時間がかかる。

一時点に立つことができるのはふつうは一つの視点だけでしかないため、異なる視点からの眺望は異なる時点におけるものとなる。それゆえ、一つの対象のあり方を知覚するときには、基本的に、複数の時点における眺望が同一の対象のもとに関係づけられ、まとめあげられることになる。そうして、ある時点の眺望は他の時点の眺望の了解をこめられて成立するのである。

あらゆる様態の知覚は時間的な複眼的構造をもっている。味覚もまた、それが知覚であるかぎり、すなわちなんらかの対象の性質（一個の飴玉のハッカ味、一杯のコーヒーの苦み、等々）の知覚であるかぎり、その同一の対象のもとに無数の眺望点が時間的に関係づけられ、まとめあげられていなければならない。

時間的な複眼的構造に関して、一点補足をしておこう。運動や変化の知覚（あるいは静止や無変化の知覚）もまた、時間的な複眼的構造を要求する。たとえばメロディの知覚を考えてみよう。メロディの知覚は、ある一時点のみに眺望点を固定して成立しうるものではない。その直前のメロディの記憶と、いま聞いている音の次の展開の予期とが合わさってはじめて、メロディの知覚が成立する。[36] 同様のことは、運動の知覚、たとえば犬が走っているのを見るときにも言える。あるいは味覚の場合でも、ハッカ飴の中にチョコレートが入っているというような場合、その味の変化を味わうには時間的な複眼的構造が必要である。

では、味覚は空間的な複眼的構造をもたないのだろうか。なるほど、一個の飴をさまざまな角度と距離から味わうなどということは、ナンセンスである。しかし、空間的な複眼的構造をまったくもたないというわけではない。舌が対象に触れるとその対象の味がする。単純化して言えば、対象が舌と接すればその対象の味が現われ、離れれば味はしなくなる。[37] 味覚の場合には、主体と対象の距離はたんに〈接している〉と〈離れている〉の二つしかない。それでもそれは、最小限ではあるが、なお空間的な特徴と呼んでよいだろう。[38] そこで、〈対象の性質〉と〈舌が対象に接しているか否か〉という二つの要因の関数として、味覚的眺望を捉えることができる。飴玉を口から出すと味がしなくなる。そして私たちは、それは飴の性質が変化したからではなく、舌と飴との空間的な位置関係が変化したからだと考えている。

ここに、味覚の眺望がもつ空間的な複眼的構造を見出すことができる。飴を舐めているとき、もしそれがひどくまずいものだったら、私はそれを吐き出すだろう。それはつまり、舌と対象との位置関係を変化させることによって、味覚的眺望を変化させようとしているのである。そして、「口から出せば味はしなくなる」ということは飴を舐めている間中ずっと了解されている。逆に、飴玉を口から出したときにも、口に入れていたときの味の記憶、および「口に入れれば再びあの味がする」という未来と現在の可能的な味覚の了解がこめられているだろう。

## 6―5　無視点的な地図に有視点的な眺望を描き込む

知覚が複眼的構造をもつことを踏まえて、有視点把握と無視点把握の関係の考察へと向かうことにしよう。あらかじめ議論の筋道を示しておくならば、こうである。有視点把握は複眼的構造の了解をもたねばならない。ところが複眼的構造を了解するには無視点把握が要求される。それゆえ、有視点把握には無視点把握が必要である。逆に、無視点把握は時々刻々変化する有視点把握に従って、より細密に描き込まれ、更新《アップデート》される。すなわち、無視点把握は有視点把握に基づいている。かくして有視点把握と無視点把握は相互に依存して成立している。そこで、無視点的に把握された世界了解に有視点的な眺望をこめた総合的な世界把握を、「眺望地図」と呼ぶことにする。そして私は、眺望地図が私たちの世界認知の基底に存していることを指摘したい。以下、順を追って見ていこう。

立体を見る場面を考えよう。一脚の椅子をある位置から見ている。すでに論じたように、この眺望点からの椅子の眺望には他の眺望点からの椅子の眺望の了解がこめられている。ここで、いささか奇妙なことを考えてみよう。私に多数の写真が手渡される。その写真にはさまざまなアングルからの椅子の姿が写っている。近くから、遠くから、前から、横から、斜めから、あるいは上からの写真もある。では、こうした写真を集めることによって、私はそこから一脚の立体の椅子を捉えることが可能になるだろうか。

これらさまざまな（理想的には無数の）アングルからの椅子の写真をもとにして、一脚の立体の椅子を構成することができると思われるかもしれない。だが、無数の写真を集めただけでは、一脚の椅子を構成するために決定的に重要なことが欠けているのである。それらの写真は、同一の椅子を写したものでなければならない。あまりにも当然のことなので見落とされやすいが、異なる椅子の写真をいくら集めても、一脚の椅子を捉えることなどできはしない。ところが、私に渡されたのはただ多数の写真だけでしかない。なるほどそれらはアングルの違いこそあれ、よく似ている。しかし、それが同一の椅子なのか、それともよく似た別の椅子なのか。写真だけをいくらまじまじと見ていても、分からないだろう。

写真だけでは足りない。その写真がどの位置からどの方向を撮影したものなのかが、ここで決定的に重要なこととなる。撮影の位置と方向を矢印で表現してみよう。矢印の始点がカメラのある位置であり、矢の向かう先がカメラを向けた方向である。つまり、この矢印は眺望点（知覚する位置と方向）のあり方を表わしている。そして、これらの写真が同一の椅子の写真であるためには、矢印はその矢の先においてすべて一点で交わっていなければならない。

図6のような了解が、一脚の椅子を——立体という意味のもとに——見るには不可欠なのである。そして私たちは、これらの眺望点からどのような眺望が得られるかの了解を（おおまかにであれ）もっている。いわば、図6のそれぞれの眺望点に眺望を貼りつけた地図をもっているのである。無視点的な地図に眺望点とそこからの眺望を描き込んだそのような地図こそ、私が「眺望地図」と呼ぶものにほかならない。たとえば、グーグルマップを利用したことのある人は、そのストリート・ビューを考えるとよいだろう。グーグルマップでは、地図上にそこからの眺望が埋め込まれており、私たちはその地点からどのような眺望が得られるかを知ることができる。[39] 同様に、図6で言えば、その矢印の

始点、すなわち椅子を見ている位置に、そこからその矢印の方向に見える椅子の姿を描き込むことになる。椅子を撮影した写真があるならば、それを撮ったカメラの位置とカメラを向けた方向を矢印で表現し、カメラのある位置にそこから撮った椅子の写真を貼りつけておくわけである。

鎌倉の大仏を見る場面を考えてみよう。いま私は正面から大仏を見ている。そのとき、横にまわれば「大仏の側面」と呼びうる姿が現われるだろうという了解がその知覚には伴っている。そしてまた、背後にまわれば「大仏の背面」と呼びうる姿が現われるだろうという了解も伴っている。つまり私は、その地点からならば大仏がどう見えるかという眺望を地図上に描き込んだ了解――大仏についての眺望地図の了解――をもっているのである。

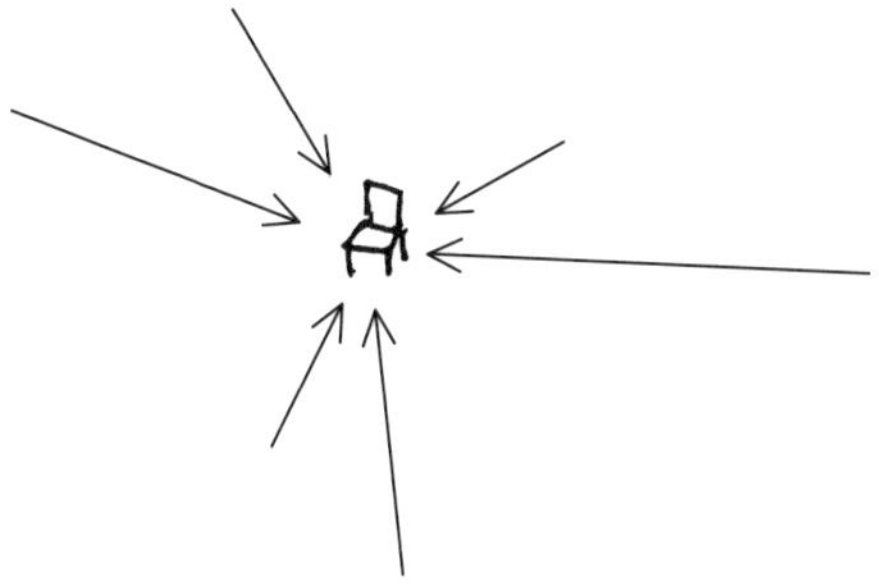

図6

距離の知覚においても事情は同様である。一般に眺望は〈対象のあり方〉と〈眺望点〉との関数になっている。そこで、眺望点の特徴の内、〈眺望点と対象との距離〉に注目し他の要因を固定して考え、さらに対象のあり方も固定して考えるならば、眺望は距離だけの関数として捉えられ、距離の知覚が成立することになる。音の例で言うならば、ウグイスの鳴き声が一定であるという想定のもとに、ウグイスの声の大きさがウグイスと私がそれを聞く位置との距離の関数と捉えられる。そして、大きい鳴き声は

「近くから」という意味のもとに、小さい鳴き声は「遠くから」という意味のもとに、知覚されるのである。ここにおいて、距離の知覚が成立しているためには、眺望と距離の関数が了解されていなければならない。これは眺望地図を形成する。すなわち、地図上に示された眺望点に、対象からの距離に応じた眺望を描き込むのである（音を「描き込む」というのは、もちろん比喩的な意味であるが）。ウグイスだけに注目し、もっとも単純化して描いてみるならば、それは図7のような同心円状に音が「描き込まれた」地図になるだろう。ウグイスから遠ざかるにしたがって、より小さな鳴き声が「描き込まれる」ことになる。

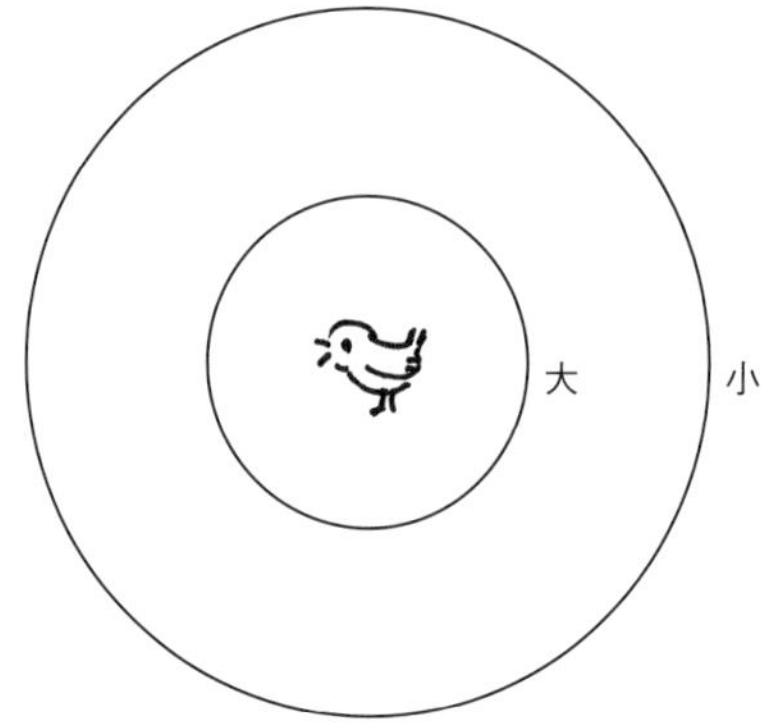


図7

時間を考慮すると事情は多少複雑になる。時間的な複眼的構造を考えるときには、眺望地図もたんに一時点だけのものではなく、時間軸をもつものにすることが必要となる。いわば、四次元的な地図を考えなければならない。すなわち、時間軸に沿って、その時点における空間的な眺望地図を並べるわけである。この四次元的な眺望地図において、知覚主体と対象との位置関係は変化していく。大仏のような対象であれば動くのは私だけだが、散歩している犬を目で追うような場合には対象の位置も変化することになる。そこにおいて、複数の眺望が同一の対象についてのものであるためには、その眺望点は動いていく対象を追跡するものでなければならない。図6の場合には、対象は静止した椅子であったから、矢印の先も静止した一点に向かうことが要求されたが、対象が動いている場合には、矢印の先は運動する対象に向かい、それを追跡するものでなければならないのである。

　味覚の場合は、眺望地図はきわめて単純なものとなる。味覚的眺望の眺望点は対象との接触であるから、その対象のところに、それが舌に触れたときに感じられる味を描き込む。それが味覚に関する眺望地図である。たとえば一個の飴玉を五分かけて舐めているとする。それは、たんにハッカ味が五分間続いているということではない。私はあくまでもこの飴玉の味を味わっている。そして、「このハッカ味はこの飴玉の味なのだ」という私の思いは、その飴玉にハッカ味が描き込まれた眺望地図の了解にほかならない。味覚的眺望もまた、眺望地図の了解に支えられているのである。

　かくして、視覚・聴覚・触覚・嗅覚・味覚というすべての様態において、知覚は眺望地図に支えられていると言える。ある眺望点から知覚された眺望は、必ずある対象（一脚の椅子、一羽のウグイス、一個の飴玉等）についての知覚である。そして、それがある対象についての知覚たりうるためには、その眺望点からの眺望だけが断片的に与えられるのであってはならない。その特定の眺望点からの眺望は、複眼的構造をもつものとして、他の眺望点からの眺望と関係づけられなければならない。すなわち、眺望地図と関係づけられねばならない。そして眺望地図とは、無視点的な地図上の諸地点に、そこを眺望点とする眺望を描き込んだものである。それゆえ、知覚の成立が眺望地図に支えられているということは、世界の有視点把握が無視点把握に支えられているということを意味している。

すべての様態の知覚において、有視点把握は無視点把握に支えられている。これが、ここまでの結論である。

## 6-6　眺望地図はより詳細に描き込まれ、更新される

私たちは日常生活において、眺望地図の了解のもとに認知し、行動している。それゆえ、眺望地図はある程度安定したものでなければならない。たとえば、私は自分が勤めている大学の構内や建物の中について、ある程度安定した眺望地図をもっている。駅を降りると時計台が見える。大学構内に入っていくと銀杏並木が見え、私の研究室のある建物が見える。そして私の研究室のドアを開けると、乱雑に置かれた本に囲まれた乱雑な部屋の様子が目に入ってくる。私はこうしたことを、いま自宅にいながら思い描くことができる。つまり、私はこうした一連の眺望が描き込まれた眺望地図をもっており、そしてその地図は、いま述べた程度の粗さにおいてであれば、それほど大きな変化なくある程度安定した形で成り立っている。

しかし、すべての地点について、そのすべての詳細に関して、眺望地図が安定しているということはありえない。ある程度安定したあり方の中で、眺望地図は時々刻々と変化している。そうした眺望地図の変化には、少なくとも二種類のタイプが考えられる。ひとつは「細密化」という仕方の変化で

あり、もうひとつは、世界の時間的変化に対応した眺望地図の「更新《アップデート》」である。

鎌倉の大仏を見ることを事例にとり、まず眺望地図の「細密化」から見ていこう。はじめて鎌倉の大仏を訪れ、いまその正面に立ったとする。あなたはまだ鎌倉の大仏の側面も背面も見たことはないのだが、それでも、その大仏が立体に見えているかぎり、その正面の姿には側面や背面の眺望の了解がこめられている。つまり、この段階ですでにあなたは、きわめておおまかではあるけれど、その大仏に関する眺望地図（眺望地図Aとする）を手にしている。

次にあなたは大仏の横に移動する。それがまさに「大仏の側面」と記述しうる姿であることは眺望地図Aの了解の通りであるが、眺望地図Aはあくまでもおおまかなものにすぎず、そこに描かれていないことも新たに見出される。たとえばあなたは、大仏の横顔を見上げたときに、耳に大きな穴があいているのを見つけるだろう。[40] そのとき、あなたの眺望地図はより詳細なものに細密化されることになる（眺望地図B）。さらにあなたは大仏の背後にまわりこむ。眺望地図Bの了解の通り、そこからは「大仏の背面」と記述しうる姿が見える。しかし、実は大仏の背中には二つの窓が開き、あたかも背中に四枚の小さな羽がついているかのように見える。こうして、鎌倉の大仏に関するあなたの眺望地図Bはいっそう詳細なものに細密化されるのである（眺望地図C）。

このように考えるならば、日常生活のあらゆる場面で、新たなものを知覚するたびに眺望地図はより細密なものになっていくことになる。

ただし、たんに一方的に細密化するばかりではない。眺望地図の役割は私たちの認知と行動を導くことにある。それゆえ、そもそも描き込まれる内容は関心に応じて取捨選択されるだろう。また、弱い関心しかもっていないことがらはいずれ忘れ去られるに違いない。つまり、細密化と同時に、消去も行なわれるのである。日常生活において働いている眺望地図は、多かれ少なかれおおまかなものにとどまっているというのが実情であるだろう。

眺望地図の変化のもうひとつの形が「更新」である。日常生活における認知と行動を導く眺望地図は、ふつうの地図のように地形や建造物といったある程度安定的なものだけを取り上げればよいというものではない。本棚の本を取るときにも、食卓で食事をするときにも、私たちは知覚に頼って行動し、そして知覚は眺望地図の了解に支えられている。それゆえ眺望地図には、本棚の本や食卓の皿なども記載されなければならない。ところが、本棚の本や食卓の皿などはその配置や状態を容易に変化させる。私が本棚から一冊の本を取り出すだけで、あるいは私が皿から一切れの玉子焼きを取り上げるだけで、それに応じた眺望地図の更新が必要となる。あるいはまた、街なかに出ればさまざまなものがあわただしく動いている。それに合わせて、私の眺望地図もあわただしく更新されねばならない。渋谷駅前のスクランブル交差点のような難所を人にぶつからずに渡りきるには、この時々刻々の眺望地図の更新がよほど的確に為されていなくてはならないだろう。

細密化は未知であったことがらを知ることによってより詳細に描き込んでいく形の変化であり、更新は世界のあり方が変化するのに応じて地図を改訂する形の変化である。眺望地図は無視点的な地図に眺望点とそこからの眺望を描き込んだものであるが、細密化にせよ更新にせよ、新たな眺望に出会うことにより、たんに描き込まれる眺望が変化するだけではなく、そのベースとなる無視点的な地図も変化する。描き込まれる眺望が細密になるとともに地図も細密化し、描き込まれる眺望が更新されるとともに地図も更新される。

地図の細密化も更新も、知覚による新たな情報の取り込みがなければ不可能である。かくして、無視点把握は有視点把握に依存していると言える。逆に、前節で論じたように、有視点把握は無視点把握に依存している。したがって、有視点把握と無視点把握は相互に依存しあっていると結論できるのである。

## 6-7　知覚の理論

眺望論の理論化が一段落したところで、現在位置を確認しておくために、知覚に関する私の理論全体のイメージを示しておこう。私が「知覚の理論」と呼ぶものは、私たちが実際にそれに従って生きている了解を明示的かつ整合的に取り出したものにほかならない。それはけっして自然科学的な理論でも、また哲学的な理論でもない。それゆえ、脳に関する科学的な知見に訴えることはないし、一元論や二元論といった哲学的立場に関わることもない。ただ、さまざまなことを認知し、行動し、生活していくために知覚を秩序だったものとして捉える、そのような生活上の理論である。

私たちは知覚を対象・空間・身体・意味という要因から捉えている。すなわち、何を、どこから見ているのか、そのとき視力はどのくらいなのか、また、その対象にどのような意味を与えているのか、といった観点から、知覚を捉えている。私たちはすでにそうした暗黙の理論的了解のもとに生きているため、対象・空間・身体・意味という要因から捉えられた秩序を自明のものとしているだろう。それゆえ、その秩序をもたない「知覚」（というよりもむしろ「知覚以前」）という想定はたんなる哲学的フィクションにすぎない。しかし、イメージをもってもらうため、いまその哲学的フィクションを語ってみよう。

私に与えられるのは、なんらかの秩序が見てとられる以前の、完全に無秩序な現われである。それは「光と音の戯れ」とでも言うのが近いものであろうが、「光と音の戯れ」という意味さえもちはしない。想像をいっそう純化するため、音だけの世界を考えた方がよいかもしれない。[41] まだ意味をもたず雑音でしかない音の中に生まれる。私はそこで生きていかねばならない。それが無秩序な雑音のままであれば、適切な行動への指針がまったく示されず、私は死んでしまうだろう。生き延びるため、私はこの無秩序な音の継起の内に秩序を見出さねばならない。おおまかに音の種類がタイプ分けされるだろう。そして同じタイプの音が大きくなったり小さくなったりするのを経験する。あるいはあるタイプの音が他のタイプの音に変化するのを聞く。そうした経験を通して、音の変化を対象・空間・身体・意味という要因で分析するようになる。たとえば、あるタイプの音が徐々に小さくなっていくとしよう。それは対象が発する音が小さくなったのだと考えることもできるし、私が対象から遠ざかったのだと考えることもできる。この一事例だけではそれは確定しない。私は私の経験の全体がどうすればよりよく秩序づけられるかを模索するだろう。そうして見出した結果が、いま私が受けとっているこのような知覚である。

あるいは、この哲学的フィクションを人間という単位で考えるならば、個人のもとで考えるよりは少しだけリアルな想像に近づくかもしれない。はるか昔、音だけの世界に人間が誕生する。そこで人間たちは生き延びるため、その音の現われの継起に秩序を見出そうとする。首尾よく生き延びてきた人間たちは、やがて言語を使用するようになる。言語は、その語彙体系や構文のあり方において、人間たちが見出してきた秩序を反映させるだろう（たとえば、主語－述語構造をもつといったことは、そうした秩序の反映の結果である）。そんな人間社会に生まれた子どもは、人間以外の動物たちと同様に言語によらずに世界の秩序を捉えもするだろうが、同時に、その社会の言語を学ぶことによって、人間たちが見出してきた秩序を引き継ぐことになる。人間たちは時間をかけてこの音の世界を理論化し、その理論は言語のあり方に組み込まれて伝えられるのである。[42]

その理論を、ひとことで「知覚のあり方は対象・空間・身体・意味に関わる要因の関数である」と表現することができる。こうした要因が決まれば知覚のあり方も決まる。そしてこれ以外の要因は不要であると私は論じたい。

私たちがこのような秩序のあり方をどうやって見出してきたのかという哲学的フィクションをここでさらに語るつもりはないが、一点だけ注意を述べておこう。私の考えでは、ここでは経験主義者のように考えるべきではない。カントに従ってとは言わないが、カント的に考えるべきである。つまり、私たちは経験に基づいて「空間がある」という判断に到達するのではない。経験を秩序づけるために空間が必要なのである。同じことは対象と身体にも言える。経験の内に見出された秩序に基づいて、「対象」や「身体」という観念を獲得するのではない。対象・空間・身体という枠組はそもそも経験を秩序づけるために要請される。そして私たちはそこに、自分たちの生活や実践に応じた意味を付与していくのである。

## 6—8 知覚的眺望は身体に依存しないのか

ここまで、私は知覚の場面において眺望論を論じてきた。それはすなわち、身体と意味に関わる要因を固定して、対象および空間に関わる要因と知覚のあり方との関数関係を捉えようという議論であった。そして、空間に関わる要因として取り出されたものが、対象との位置関係として規定された眺望点である。記号で書いた方がイメージしやすいという人もいるだろうから、そのような人のために、記号で表わしておこう。知覚のあり方をP、対象のあり方をo、対象との空間的位置関係をs、身体に関わる要因をb、意味に関わる要因をmとする。[43] それらの関数関係を次のように書くことができる。

$$P = f(o,s,b,m)$$

身体に関わる要因bと意味に関わる要因mが固定されるとき、知覚のあり方Pは対象のあり方oと対象との空間的位置関係sだけの関数となる。そして、oとsだけの関数として捉えられる知覚の側面を、私はここまで論じてきたのである。（私たちはこの後に身体という要因を考慮し、感覚的眺望についても論じることになるので、ここまでたんに「眺望」と呼んできたものは正確には「知覚的眺望」と呼ぶべきである。）

この点の理解が得られていないと、眺望論に対して疑問が生じることにもなるだろう。知覚的眺望は〈対象のあり方〉と〈対象との位置関係〉だけに依存する。だが――と疑問が出されるかもしれない――、スカイツリーの前に立っても目を閉じていたら見えないだろう。あるいは視神経が正常に機能していなければ見えはしない。ところが知覚的眺望は〈対象のあり方〉と〈対象との位置関係〉だけに依存すると論じられている。すなわち、知覚的眺望は身体には依存しないとされる。しかし、身体に依存しない知覚などありはしないのではないか。身体に依存しない知覚ということで、いったい何を考えればよいというのか。

だが、この質問は誤解である。前節までの私の説明には、なるほどどこの誤解を誘うところがあったかもしれない。しかし、P = f(o,s,b,m) という関数関係が私の主張であることを理解してもらえたならば、もはやこのような誤解も生じないのではないだろうか。知覚のあり方Pは身体状態bにも依存する（どのように依存するかは次章以降で議論していく）。それゆえ、私は「身体に依存しない知覚」という容認しがたい知覚のあり方を想定しているわけではない。ここまでの眺望論の議論は、身体状態を固定した上で、対象との空間的位置関係sと知覚のあり方Pとの関数関係を捉えようとするものであった。そして、sとの相関のもとに捉えられる知覚の側面を、私は「知覚的眺望」と呼ぶのである。（すでに述べたように、身体に関する要因bに相関する知覚の側面は「感覚的眺望」と呼ばれ、意味に関する知覚の側面は「相貌」と呼ばれることになる。）

ひとつのアナロジーを述べてみよう。一人の人物に対して、大学教師であるといった社会的側面と、人間という種に特徴的な生物学的側面を区別したとする。そのような語り方をするときに、「大学の教師も言うまでもなく人間という生物である。そうだとすれば、生物学的なあり方に依存しない社会的側面ということで何を考えればよいのか」と質問されたとする。答えはこうだろう。「ある人物を大学の教師という社会的側面において捉えるとき、その人物が生物学的あり方をしていないと言いたいわけではない。ただ、社会的側面について語るとき、その人物の生物学的側面は問題にな<ruby>っ</ruby>ていないということなのだ。」

同様に、私は、「ある種の知覚は身体に依存せずに成立しうる」などと言いたいわけではない。身体が問題にならず、ただ対象との位置関係だけが問題になるような知覚の側面がある、と言いたいのである。たとえば、いま私に立体の大仏の正面が見えているとする。背後にまわれば大仏の背中が見える。このことを説明するのに必要なのは、そこに大仏があるという事実に加えて、私と大仏がどのような位置関係にあるのかということだけである。「大仏の背中を見るにはどうすればよいのか」という問いを立てるとすれば、答えは「背後にまわりなさい」というものであり、視力や視神経の話をするのは筋違いでしかない。これに対して、「では視神経はなくてもよいのか」という疑問は的を外している。

あるいは、私には大仏の正面が見えているが、側面から大仏を見ている彼女には、大仏の横顔が見えているに違いない。これに対しても「なぜ彼女には大仏の横顔が見えているのか」という問いを立てたならば、私と彼女が対象に対してとっている位置関係の違いによって答えることになる。二人の視力の違いといったことは、そこでは問題にならない。

## 6-9 他人と同じものを見る

本章の最後に、知覚的眺望論において他人の知覚がどのように位置づけられるかを見ておこう。まず、いささか気楽な語り方をさせていただきたい。知覚的眺望とは〈対象のあり方〉と〈対象との位置関係〉の関数として捉えられる知覚の側面であるから、私と他人が同じ知覚的眺望を経験することにはなんの困難もない。私と彼女がともに吾妻橋に立ち、スカイツリーの方を見ていたならば、二人はともにスカイツリーの知覚的眺望を経験している。

とはいえ、これはやはり気楽すぎる語り方であり、私と他人が同じ知覚的眺望を受けとっていると言えるためには、いくつかの前提が満たされていなければならない。第一に、そもそも知覚的眺望に対する感受性がなければならない。スカイツリーが見えるためには相応の視力が必要とされる。そしてここにはまだ懐疑論が入り込む余地がある。ある主体に知覚的眺望に対する感受性があるかどうかはどうすれば分かるのか。動物も知覚的眺望を受けとるのだろうか。そして、他人はどうなのか。ある眺望点に立っている他人がそこからの知覚的眺望を受けとっていると、どうして分かるのか。この問題については、第12章「他我問題への解答」で論じることになる（そこでは動物やロボットの知覚についても論じる）。

第二に、知覚的眺望には私が「相貌」と呼ぶ側面がある。たとえば、時計を見てもそれが時間を計る道具だと知らない人であれば、時計を知っている私たちとはその見え方は異なるに違いない。あるいは複雑な機械を同じ場所から見たとしても、その機械を使いこなしている人とどういう機械なのかまったく分からない人とでは、そこに見てとられるその機械やさまざまな部品のもつ意味が異なり、それゆえその見え方はかなり異なったものとなるだろう。このように、どのような意味が見てとられるかによって異なりうる知覚の側面を、私は「相貌」と呼ぶ。同じ眺望点に立っていたとしても、私と他人は異なる相貌を経験しているかもしれない。

しかし、こうした点については第9章「相貌と物語」で改めて論じることにしたい。ここでは、知覚的眺望論の構図を押さえておくため、他人が知覚的眺望に対する感受性をもっていることは前提にする。また、相貌に関しても私と他人で共有されているものとする。たとえば、吾妻橋から見えるそれは私にも彼女にも「スカイツリー」という相貌をもっているとしよう。そうした前提が認められるならば、私と彼女がともに吾妻橋に立ち、スカイツリーの方を向くとき、二人はともにスカイツリーを見ていると言えるのである。つまり、ここまで論じてきた知覚的眺望論に関して言えば、そこには懐疑論が入り込む余地はない。

だが、そうだとしても、懐疑論者がそもそも知覚的眺望論に納得しないことが考えられる。「知覚的眺望論は懐疑論を締め出している。それゆえ、知覚的眺望論はまちがっている」、そう論じるかもしれない。――私は彼女ではない。だから、私は彼女の見ている眺望を見ることはできない。このことは受け入れざるをえない真理ではあるまいか。だとすれば、まちがっているのはその真理から目を背けようとする知覚的眺望論の方である。

懐疑論者は、「私の眺望」「彼女の眺望」のように、眺望を特定するのに「誰がその眺望を受けとっているのか」が関わってくると主張する。同時に同じ眺望点に立っていたとしても、「私が受けとる眺望」と「彼女が受けとる眺望」は別だと考える。だからこそ、「私は彼女ではない」という正しい前提から、「私は彼女の眺望を経験することができない」という結論を導く。つまり、眺望論が知覚的眺望を〈対象のあり方〉と〈対象との位置関係〉の関数として捉えるのに対し、その捉え方では足りない、さらに〈誰が〉という要因が必要だ、と論じる。いわば、一人称と二人称・三人称の間に絶対的な断絶を見てとり、この人称性を眺望点に反映させなければならないと主張するのである。

しかし、どうして〈誰が〉という人称的な要因を加えなければならないのだろう。知覚的眺望論は、たとえば立体の知覚を問題にする。そして、ある眺望点からの立体の知覚が成立するためには、他の眺望点からの眺望の了解がこめられねばならないと論じる。ここで了解されるべきは、知覚的眺望が〈対象のあり方〉と〈対象との位置関係〉の関数になっていることである。それはあくまでも非人称的な了解である。立体の知覚が成立するためには、〈誰が〉という要因は不要でしかない。

さらに、知覚的眺望が〈誰が〉という人称的要因に左右されると考えてしまうと、懐疑論は避けられなくなる。私が受けとる眺望と彼女が受けとる眺望は、私が彼女ではないという理由だけで、異なるものとなり、それゆえ私は彼女の眺望を経験できないことになる。このような理論化以外にまったく選択肢がないというのであれば、その帰結として出される懐疑に悩むのも理解できる。だが、もし懐疑を引き起こさない理論化が可能であるならば、何も懐疑を引き起こす理論にしがみついている必要はない。

懐疑論者は、ことは理論化の問題ではないと言うだろうか。私が他人の眺望を経験できないこと、これは反駁不可能な「論理的な真理」である、と。――「私の眺望」とは「私が見ている」ということであり、「彼女の眺望」とは「彼女が見ている」ということなのだ。たとえ同じ視点から見ようとも、あなたが彼女ではない以上、あなたがその視点に立てばそれは「あなたが見ている」のであり、彼女が立てば「彼女が見ている」ものとなる。あなたはあなたが見るものしか見ることはない。彼女が見ているものを、あなたが見るならばそれはあなたが見ているのであって、彼女ではない。

なるほど、懐疑論者のここまでの議論にはとりたててまちがったところがない。あなたはあなたが見るものしか見ない。それはその通りである。論理的に正しい。まちがっているのは、この同語反復的な真理から、「あなたは彼女と同じ眺望を経験しえない」とか「あなたには彼女がどのような眺望を経験しているのか分からない」という結論を示唆するところである。たとえば、「あなたはあなたが行く場所にしか行かない」と言ったとしよう。これも論理的に正しい。私は自分が行かない場所には行かない。だが、そこから、「あなたと彼女が同じ場所に行くことはありえない」という結論は出てこないし、「あなたには彼女がどこに行くのか分からない」ということも導かれはしない。あるいは、彼女は彼女が食べるものしか食べないし、私は私が食べるものしか食べない。だが、だからといって、彼女と私が同じものを食べることができないわけではない。[44] 同様に、その眺望は彼女が経験しているのであり、そして私は彼女ではないけれども、しかし、私は彼女と同じ眺望を経験することができるし、また、彼女がどのような眺望を経験しているかを知ることもできる。

「そうじゃない！」懐疑論者のいらだつ声が聞こえるような気がする。「行く」とか「食べる」は私にとって、私が行くことでも他人が行くことでもあり、また私が食べることでも他人が食べることでもある。だが、「知覚する」は私にとって、私の知覚経験でしかありえないのだ、と。しかし、それはけっきょく、「知覚的眺望を決定する要因として〈誰が〉を入れなければならないのだ」と繰り返しているにすぎない。「どこに行くか」や「何を食べているか」は、〈誰が〉に左右されない。誰もがスカイツリーに行くことができるし、君が飲んでいるそのコーヒーは誰でも飲むことができる。だが、と懐疑論者は言う、「何を見ているか」は違う。それは〈誰が〉見ているかによって異なったものになるのだ。

見逃してはならない。このやりとりにおいて、懐疑論者はすでに当初自分が立とうとしていた地点から滑り落ちている。振り返ってみよう。懐疑論者は、「私は他人の見ている眺望を見ることはできない」ということは論理的真理であるから、それに反する眺望論はまちがっている、と論じたのだった。なぜ論理的真理なのか。そう問うと、懐疑論者は、「私は私が見るものしか見ない」、これが論理的真理だからだ、と答える。だが、「私は私が行くところにしか行かない」という論理的真理からは「私は他人と同じところには行けない」などという結論は出ない。知覚の場合だけどうして「私は私が見るものしか見ない」という論理的真理から「私は他人と同じ眺望を見ることはできない」ということが帰結するのか。そしてこの問いに対して、懐疑論者は、知覚的眺望を決定する要因には〈誰が〉を入れなければならないからだ、と答えるのである。このやりとりから明らかになったことは、なるほど「私は私が見るものしか見ない」は論理的真理であるが、「私は他人と同じ眺望を見ることはできない」はけっして論理的真理などではない、ということである。それはやはり、けっきょくのところ、知覚的眺望を理論化するさいには〈誰が〉という要因を加えなければならない、という理論的提案にほかならない。

だとすると二つの選択肢が示されていることになる。一方は、知覚的眺望を〈対象のあり方〉と

〈対象との位置関係〉の関数として捉える理論、もう一方は、知覚的眺望を決める要因として〈誰が〉という人称性を入れねばならないとする理論である。そして、後者は懐疑論を引き起こし、前者にはその危険性はない。だとすれば、進む道は一つではないだろうか。

知覚的眺望論において、「私が見ている」が意味するのは、その眺望点に立っているのが私だということである。そして、懐疑論者が示唆するような、それ以上の意味――私は、私だけに経験可能な知覚の経験主体である――などありはしない。知覚における眺望点とは、対象との位置関係（どこにいて、どちらを向き、何と接触しているのか）であり、誰もがその眺望点に立ちうる。そして、知覚的眺望に対する感受性をもった主体Aがある眺望点に立ち、そこからの知覚的眺望を受けとるとき、「Aが知覚している」と言われる。「私は吾妻橋からスカイツリーを見ている」とは、「私は吾妻橋の上に立ってスカイツリーの方を向いており、その眺望点からはスカイツリーの眺望が開けている」ということを意味している。「私はコーヒーを味わっている」とは、「私はコーヒーを口に含み、その眺望点からはコーヒーの味と香りという眺望が開けている」ということを意味している。つまり、ここに見られるのは「私が-見る」という関係ではない。私は見る主体ではなく、電車に乗り、歩き、吾妻橋に立ち、スカイツリーの方を向く主体、あるいはコーヒーカップを手にとり、それを口まで持ってきて、コーヒーを飲む主体、つまり、行為主体なのである。[45] ふつうの言葉で語るならば、「私は吾妻橋からスカイツリーを見ている」とは、「私は吾妻橋に立っている。そして吾妻橋からはスカイツリーが見えている」ということにほかならない。吾妻橋からはスカイツリーが「見えている」のであり、それに加えてさらに「私が見る」と言いうるような何ごとかを為す必要はない。

だからこそ、知覚的眺望論のもとでは、「あなたはあなたが見るものしか見ない。それゆえ、あなたは彼女と同じ眺望を経験することはできない」とか「あなたはあなたが見るものしか見ない。それゆえ、あなたは彼女がどのような眺望を経験しているのか分からない」という論証は誤ったものとして却下される。なるほど私は私が立つ眺望点にしか立たない。だが、だからといって、その眺望点に他人が立てないわけではない。それは、私が私の行く場所にしか行かないからといって、その場所に他人が行けないわけではないのと、まったく同じである。

# 7 感覚の眺望構造

## 7－1 痛みを眺望として意味づける

他人の痛みについての哲学問題に向かおう。「痛み」を〈この感覚〉として意味づける考え方を、私は「感覚説」と呼んでおいた（5－3）。たとえば、自分の手をつねり、そこに生じた特定のタイプの感覚、それを「痛み」と名づける。それはとくに問題のない、実際に私たちがやっていることのようにも思われる。しかし、すでに論じたように、感覚説にはどうしようもない困難がある。「痛み」を〈この感覚〉として意味づけると、「他人の痛み」ということに意味を与えられなくなるのである。簡単に振り返っておこう。

「痛み」の意味は〈この感覚〉であると考えてみる。たとえば私の腕に生じたこ、の、感覚である。このタイプの感覚が私の足に生じれば、私は足が痛いということになり、私の腹に生じれば、私は腹が痛いということになる。では、他人が腕を押さえて痛みを訴えているときはどうか。私はそれを「彼女は腕が痛い」と描写する。そしてそこにおける「痛い」という語は〈この感覚〉として意味づけられる。だが、ここでいっさいの常識を排して、ただ想定されたことだけを文字通りに捉えよう。〈この感覚〉が彼女の腕に生じる。それはつまり、彼女の腕に私が痛みを感じているということにほかならない。「痛み」の意味を〈この感覚〉として意味づけるとき、痛みはすべて私が感じるものとなってしまい、他人の痛みに意味を与えることができなくなってしまうのである。感覚説は、いったい何を見落としているのだろうか。

ここでも、対比のために、「ほくろ」という語を考えてみよう。「ほくろ」の意味にとって、「誰にとって」とか「どこから見られた」といったことはまったく問題にならない。つまり、「ほくろ」は無視点的に意味づけられているのである。そして感覚説は、「痛み」を「ほくろ」と同じ仕方で、無視点的に意味づけようとしていた。感覚説の誤りはそこにあった。「痛み」は有視点的に意味づけられねばならない。痛みの現われは有視点的な世界把握、すなわち眺望の一種なのである。感覚説はこの点を見落としていた。

私たちの言語に含まれる語句のほとんどは無視点的に意味づけられている。たとえば、「犬」「海」「雨」といった普通名詞は無視点的に意味づけられる。だが、その中に有視点的にのみ意味づけられる語句が混在しており、しかも形だけからは無視点的な意味をもつのか有視点的な意味をもつのかは分からない。たとえば、「上・下」は地球上の重力方向に対して規定されるため、無視点的な意味をもっているが、「左・右」はある位置に立ちある方向を向いたときにのみ意味をもち、有視点的である。それゆえ、たんに「宝永山は富士山の右にある」とだけ言ったのではまだ意味が定まっていない。「静岡側から見る人にとって、宝永山は富士山の右にある」のように眺望点も示さなければ、それは有意味な文にはならないのである。他方、「富士山の山頂は宝永山の山頂よりも上にある」はこのままで意味の確定した文になっている。

「ほくろ」は無視点的な意味をもつため、「私の腕にほくろがある」と言えば、それで意味は定まる。しかし、「痛み」の場合には、「左・右」と同様に、たんに「彼女の腕に痛みがある」とだけ言ったのでは、実は意味はまだ定まっていないのである。彼女の腕に痛みがあるとして、それを誰が感じているのか。もちろん通常は彼女の腕の痛みは彼女本人だけが感じる。しかし、先に為したような想像においては、彼女の腕に彼女以外の人が痛みを感じることも可能である。そのような可能性を排除するためには、たんに「彼女の腕に痛みがある」とだけ言うのではなく、「彼女は腕に痛みを感じている」と言わねばならない。「ある」という言い方では伝えられず、「感じている」という言い方によってはじめて伝えられる感覚のこの特徴は、感覚が有視点的に意味づけられねばならないことを示唆している。

知覚的眺望がそうであったように、「痛み」もまたある眺望点から開ける眺望として、理解されねばならない。「痛み」の意味とは、たんに〈この感覚〉ではなく、眺望点と感覚との関数なのである。それゆえ、〈この感覚〉を彼女の腕に想像するのでは、彼女の痛みの想像にはならない。私は、むしろ眺望点を私の立っている眺望点から彼女の立っている眺望点へとシフトしなければならない。

他人の痛みを想像するとは、痛みの場所を私の身体から他人の身体へと移動させることではなく、眺望点を移動させることなのである。

では、「眺望点を移動させる」とはつまりどういうことなのだろうか。痛みの眺望点とは、何なのだろうか。

議論を進める前に、用語を整えておこう。これ以後、私は「眺望」という語を知覚だけでなく感覚も含める仕方で用いる。それゆえ、とくに知覚だけに限定するときには「知覚的眺望」と言い、感覚だけに限定するときには「感覚的眺望」と言うことにする。知覚的眺望は知覚のひとつの側面を取り出したものであった。知覚そのものは対象・空間・身体・意味という要因に依存する複雑なことがらであるが、その中でとりわけ眺望点の関数としての側面を、私は「眺望」として取り出したのである。それゆえ感覚的眺望もまた、感覚という現象の中でその眺望点の関数となる側面を取り出したものとされねばならない。問題は、感覚的眺望の眺望点とは何か、である。

それに対して、ある哲学者たちはそれを認識主観、すなわち「それを見ているのが私である（彼女である）」ということに求めようとするかもしれない。私が感じているこれは私の痛みである。そしてそれを彼女の腕に移したとしても、私の痛みを彼女の腕に移したというにすぎない。私は、彼女の腕に生じた私の痛みを想像するのではなく、彼女の痛みを想像しなければならない。つまり、彼女の痛みを想像するとき、私は想像の中で彼女にならなければならない。この曖昧な言い方に対しては、まだとりたてて問題は生じていない。しかし、他我問題に囚われた哲学者たちは、おそらくさらにこう続けるのである。だが、私は彼女ではない。私が彼女のような人間になると想像することはできる。しかし、それはあくまでも私が彼女のようになるのである。私は彼女ではないし、彼女ではありえない。そして論理的に不可能なことは想像することもできない。私は想像の中であっても、私であるしかない。それゆえ私には彼女の痛みを想像することはできない。想像できるのはただ、彼女のようになった私の痛みでしかない、と。

眺望点という言葉を用いて述べなおしてみよう。痛みが眺望であるとして、その眺望点は——彼らの言うところに従うならば——〈私〉〈あなた〉〈彼女〉である。私は〈私〉という眺望点から、あなたは〈あなた〉という眺望点から、彼女は〈彼女〉という眺望点から、それぞれ痛みを感じる。それゆえ、私が彼女の痛みを想像するには、私は想像の中で〈彼女〉という眺望点に立たなければならない。だが、それは不可能である。私は想像の中でも〈私〉という眺望点を脱け出すことはできない。それゆえ、私には彼女の痛みを想像することはできない。実際、大森荘蔵は、他我問題についての考え方を変化させつつも、終生このような考えから離れることはなかった。

> 他人の痛みをわたしが痛むことはできない。それは事実的にできないのではなく論理的にできないのである。つまり、他人とわたしという分別に意味がある限り、他人の痛みをわたしが感じるということは意味をなさないのである。[46]

他人が見ている赤の感覚とか奥歯の痛みについても私にはそれらを知ることもできねば想像することもできない。想像しているつもりになっているのはいつも私の赤の経験であり私の痛みでしかない。いつも自作自演できるだけなのである。[47]

私は先に知覚的眺望論において、知覚的眺望を決定する要因に〈誰が〉を入れることを拒否した。知覚的眺望は〈対象のあり方〉と〈対象との位置関係〉の関数であり、誰が知覚するのかということは知覚的眺望のあり方には関わらない。それゆえ、「私は私の知覚的眺望しか経験しえない」ということは、知覚的眺望論においては成立しない。

感覚に関しても、同じことを繰り返したい。とはいえ、「痛み」の場合には、「私の痛み」「あなたの痛み」「彼女の痛み」という言い方は日常言語においてけっしておかしな言い方ではない。そして、「私が感じることができるのは私の痛みだけだ」ということは同語反復的な、それゆえ論理的な真理にも思われる。そのことから、「私は彼女の痛みを感じることはできない」ということもまた論理的真理であると考えられ、論理的に不可能なことは想像することもできないので、「私には彼女の痛みを想像することもできない」と結論されることになる。

だが、日常の言い方において私たちが「私の痛み」と言うとき、それはたんに「私が感じている痛み」という意味でしかない。それゆえ、「私が感じることができるのは私の痛みだけだ」は「私が痛みを感じているときだけ、私は痛みを感じる（私が痛みを感じていないときには、私は痛みを感じていない)」という、文字通りの同語反復にすぎない。この空虚な真理から「私は彼女の痛みを感じることはできない」ということは導かれはしないし、「私は彼女の痛みを想像することもできない」という結論が出てくるわけでもない。それは、「私がオムレツを食べているときだけ、私はオムレツを食べている」という同語反復から「私は彼女が食べているオムレツを食べることができない」とか「私は彼女がどんなオムレツを食べているのか想像することもできない」といったことが論理的真理として帰結するわけではないのと、同様である。

あるいは、痛みを感じる主体たる〈私〉は「超越論的主観」であると言われるかもしれない。正直に言って私にはそれがどういうことなのかよく理解できないのだが、そのときその〈私〉はこの世界を超越し、この世界の内部の存在者ではないということになる。そうであれば、他の主観たる他人はもはや私が有視点的に把握したこの世界の中には登場しえなくなる。もし眺望点がそのような主観であるならば、他人の立っている眺望点に私も立ちそこから開ける眺望を受けとる可能性は、原理的に閉ざされてしまうことになるだろう。これは、すでに袋小路と見切った道へと後戻りすることでしかない。

袋小路を逃れるために、私が眺望点のあり方に対して要請したいのは、「眺望点とは誰でもそこに立ちうるようなものでなければならない」ということである。ただし、ここで「立ちうる」と言われる可能性は事実上の可能性ではなく、いわば原理的な可能性である。たとえば、私は自分が火星に降り立ち、その風景を目にしている場面を想像することができる。事実上は私にとって火星に降り立つことは無理であるが、少なくとも有意味に想像することはできる。言い換えれば、「眺望点とは、任意の人がそこに立つ可能性を論理的に排除してしまうようなものであってはならない」のである。眺望点に対するこの要請を「眺望点の公共性」と呼ぶことにしよう。たとえば、スカイツリーの眺望が開ける眺望点のひとつは吾妻橋であるが、吾妻橋には誰でも立つことができる。そこには私と他人との間の論理的な断絶など存在しないし、また、超越論的主観のようなものも必要ではない。

では、感覚的眺望の眺望点とは、何だろうか。花子は腕が痛いが、太郎は痛くないという場面を考えてみよう。二人のこの違いを説明する眺望点は何か。花子はある眺望点に立っている。それゆえ腕が痛い。他方太郎はその眺望点にはいない。その違いが、花子は腕が痛くて太郎は腕が痛くないことを説明する。しかも、その眺望点は「公共的」であり、原理的に太郎もまた立ちうるものでなければならない。ここまで問いを詰めてくると、私にはもはやただ一つの答えしか思いつかない。身体状態である。

たとえば花子は腕を擦りむいているが、太郎はそうではない。だから、花子は腕が痛いが、太郎は痛くない。あるいは、私は腕にかゆみを感じているがあなたは感じていない。私は蚊に刺されたが、あなたは刺されていないからである。あたりまえのことをことさらに確認していると思われるだろう。私は、こうしたことがあたりまえであるのは、これが感覚に関する私たちのア・プリオリな了解だからであると言いたい。すなわち、「痛み」「かゆみ」といった感覚を表わす言葉の意味の内に、それが身体状態に起因するということが含まれていると思うのである。

なぜ私は腹が痛いのか、その原因が何であるのかは調べてみないと分からない。だが、このように痛みを感じているからには、何か身体状態に原因があるはずだ、そのことは探求に先立って、すなわちア・プリオリに了解されている。だからこそ、私たちはこのア・プリオリな了解に反するかのような事例に困惑するのである。たとえば「幻肢痛」と呼ばれる現象がある。腕を切断された人が、ありはしない腕の箇所に痛みを感じるというのである。だが、この場合でさえ、私たちは痛みと身体状態とのア・プリオリな連関図式を守ろうとするだろう。そして、幻肢痛のような現象に対しては、その人の神経ないし脳状態に原因を求めようとするのではないだろうか。あるいは、「心因性疼痛」と呼ばれるような症状がある。さしあたり確たる原因が分からず「心因性」と称してはいるが、この場合もやはり、けっきょくは脳神経的なレベルでの原因の究明がめざされるのではないだろうか。二人の人物の一方が痛みを感じ、一方が感じていないときに、それでもその二人の身体状態になんらその痛みの有無に関連する違いが見出されないとするならば、私たちはそのことに当惑するだろう。たとえただちには分からなくとも、何か身体的な違いがあるはずだという前提のもとに、探求を進めるに違いない。

感覚と身体状態との間に成り立つ、このア・プリオリな連関図式こそ、感覚の眺望構造にほかならない。つまり、感覚的眺望の眺望点とは、身体状態なのである。

眺望論は、こうして「痛み」の意味を感覚的眺望と身体状態の関数において捉える。振り返ってみれば、感覚説は、身体状態とのア・プリオリな連関から痛みを切り離し、その感覚の現われだけで

「痛み」を意味づけようとしていた。また、行動主義は感覚説とは逆に、感覚の現われを切り捨て、身体と行動のレベルだけで「痛み」を捉えようとしていた。感覚説は「身体なき感覚」として「痛み」を意味づけようとし、行動主義は「感覚なき身体」として意味づけようとした、と言ってもよいだろう。だが、他我問題の袋小路から抜け出て、私たちの日常の健全な実感を取り戻すためには、感覚と身体の連関を切断することは許されない。感覚説も行動主義も、ともに感覚の有視点性をその意味の内に取り込みそこねていた。私たちは、感覚が有視点的であることをたしかに押さえ、その眺望構造のもとに感覚を意味づけなければならない。

## 7-2 他人の痛みを知る

### 7-2-1 他人の痛みを知ることはときにたやすい

眺望は眺望点の関数であるから、他人の経験している眺望を知るには、私もまたその眺望点に立てばよい。知覚的眺望の場合には、それはさほど困難なことではないだろう。視覚の場合であれば、その人のいる位置に私も立ち、その人と同じ方向を向けばよい。他の様態の知覚の場合も、他人と同じ眺望点に立つことはそれほど難しくはない。そうして、私は他の人と同じ鳥の声を聞き、同じ手ざわりを感じ、同じにおいを嗅ぎ、同じ味を味わっていると言うことができる。

感覚的眺望の場合も、他人の感覚的眺望を知るには、その人と同じ眺望点に立てばよい。だが、感覚の場合にはその眺望点は身体状態である。それゆえ、他人と同じ眺望点に立つとは、他人と同じ身体状態になることを意味し、それはそれほど簡単なことではないようにも思われる。

具体的にいくつかの事例を考えてみよう。蚊に刺されるとかゆくなる。私たちは経験からそのことを知っている。それゆえ、花子が蚊に刺されたとき、きっと彼女はかゆいだろうと考える。まったく日常的な場面である。これをことさらに眺望論の語り方で語ってみよう。私たちは、蚊に刺されてかゆくなった経験を重ねることによって、「蚊に刺された」という身体状態と「かゆみ」という感覚的眺望の相関を知る。それゆえ、花子が蚊に刺されたという身体状態にあれば、花子にはかゆみという感覚的眺望が現われていると考えるのである。あるいは、同様の例であるが、「擦り傷ができている」という身体状態と「ヒリヒリした痛み」という感覚的眺望の相関を、私たちは経験から知っている。そこで、太郎に擦り傷ができているならば、彼にはヒリヒリした痛みという感覚的眺望が現われていると考える。こうした事例では、他人と同じ眺望点＝身体状態に立つということにあまり困難は感じられないだろう。蚊に刺されて赤くなった花子の腕を見て、私たちは「かゆそう」と思い、擦りむいて血をにじませている太郎のひざを見て、「痛そう」と思う。これらの眺望点と感覚的眺望の相関に関しては、私たちは熟知していると言ってよい。

他方、神経痛の痛みや尿管結石の痛みのように、誰もが経験するわけではない感覚もある。出産の痛みなどは、男性には経験できない痛みである。このような場合、それを経験したことがない者にとってはその眺望構造もまた未知でしかない。それはたとえば、十国峠に立ったこともそこからの映像を見たこともない者には十国峠からの眺望が分からないのと同様であり、あるいは、ドリアンを食べたことも嗅いだこともない人間には、その味もにおいも分からないというのと同様である。私たちは、知覚であれ感覚であれ、その個々の眺望構造の実際を経験によって知るしかない。

だが、逆に言えば、私たちは世界の眺望構造の具体的なあり方を経験によって知ることができるのである。そしてそれに基づいて、私は他人が経験している知覚的ないし感覚的な眺望を知ることができる。眺望点xに立って眺望yを享受した経験によって、私は、「眺望点xからは眺望yが開ける」という世界の眺望構造に関する知識を得る。そしてある人が眺望点xに立っていることを確認したとき、この眺望構造の知識に基づいて、その人もまた眺望yを受けとっていると判断するのである。もっと平たいあたりまえの言い方をしよう。私は大学の教室の窓からの景色をよく知っている。だから、その窓辺に人が立っているのを見るとき、その人にもその景色が見えていると考える。私は大福が甘いということを知っている。だから、大福を食べている人には甘い味がしているだろうと考える。また私は蚊に刺されたときのかゆさを知っている。だから蚊に刺された人を見るとかゆいだろうと考えるのである。

### 7-2-2 眺望論は類推説とどこが違うのか

私は、眺望論に立った以上の議論が、類推説と変わりないものに思われてしまうのではないかと危惧する。類推説は、他人に関する観察可能な外面的ことがらを証拠として、他人の内面的なことがらが推測できると論じる。その推測の基礎となるのは私自身の経験である。たとえば、蚊に刺されたとき私はかゆさを感じ、そこを掻く。そこで、蚊に刺されてそこを掻いている他人を見たときに、その人も私と同様のかゆさを感じているだろうと推測するのである。これはいま論じた眺望論の議論とどこが違うのだろうか。

類推説は、私の経験から他人の経験を類推しようとする。それに対して、眺望論は世界の眺望構造の知識をもとに、任意の主体の経験を捉える。たとえば蚊に刺されてかゆくなるという経験をしたときに、類推説は、そこで知られるものは観察可能なことがら（状況とふるまい）と私の経験との相関である、と主張する。他方、眺望論においては、そこで知られるものは「蚊に刺されるとかゆくなる」という世界のあり方にほかならない。つまり、類推説は私が経験によって知るのはあくまでも私の経験のあり方だと考え、眺望論は経験によって私は世界のあり方を知ると考えるのである。

他我認識の問題は、私の心から他人の心へといかにして橋渡しをすればよいのかという形で立てられていた。私が直接知りうるのは自分の心のあり方だけである。では、私はどうやって他人の心のあり方を知りうるのか。類推説は「私の場合から他人の場合への類推による」と答える。だが、「私から他人へ」という、この思考法は袋小路でしかない。そこで、その発想と訣別したところで、私たちは眺望論を考えてきたのである。

蚊に刺され、かゆくなった。この経験が教えるのは、けっして「蚊に刺されると私の場合にはこういう感覚が生じることになる」という私についての知識ではない。それは、この世界についての知識である。たとえば、横浜にある港の見える丘公園に行き、そこからスカイツリーが見えることを知ってちょっと驚く。それは、私の経験に固有な主観的な何ごとかについての発見ではなく、港の見える丘公園からの眺望についてのささやかな発見である。だからこそ、私は、その公園に行こうとしている人に「あそこからもスカイツリーが見えるんだ」などと教えたりもするだろう。はじめてドリアンを食べ、その味を知る。はじめて尿管結石になり、その痛みを知る。こうしたことは、世界の眺望構造についての、客観的な知識なのである。

それゆえ、ある眺望点xに関して、そこから眺望yが開けることを私は知っており、ある人がその眺望点xに立っていることを知ったならば、私はその人が眺望yを受けとっていることを知る。これが、知覚的眺望であれ感覚的眺望であれ、私が他人の眺望を知る知り方にほかならない。

類推説は私の経験から出発する。それゆえ「痛み」という語も私の経験に基づいて意味づけられるしかない。つまり、類推説の場合には「痛み」の意味は私が経験する〈この痛み〉として意味づけられるのである。これはまさに私が「感覚説」と呼んだ考え方にほかならない。そして5-3「「痛み」の意味は〈この感覚〉ではない?」において論じたように、感覚説をとると「他人の痛み」ということに意味を与えることさえできなくなる。他方、感覚説を否定し、「他人の痛み」に意味を与えるように、「痛み」という概念を捉え、理論化したものが眺望論である。ここに、類推説と眺望論の違いがある。

### 7−2−3 他人の痛みを知ることはときに難しい

他人がどのような眺望を経験しているかについて、私たちの知識は不十分なものにとどまる場合も多い。第一に、眺望構造の知識が十全でない場合がある。つまり、その眺望点からどのような眺望が開けるのか、まったく知らないわけでもないが、完全な知識をもっているとも言えない場合である。知覚的眺望の例で言えば、私は大学の教室の窓から見える景色をよく知っているつもりではあるが、何が見えるかを完全に把握しているわけではない。それゆえ、あなたがその窓から外を見ているとき、私はあなたの見ている眺望を完全に知ることはできない。あるいは私はドリアンを食べたことがない。それゆえドリアンを食べている人を見たとしても、その人がどのような味を経験しているのか、私には分からない。感覚的眺望の場合も同様に、私は尿管結石になったことがなく、その眺望構造をまだ知らない。それゆえ、あなたがそうした痛みに苦しんでいるとき、私はそれがおおまかに「痛み」と呼びうる感覚であることは理解するが、どのような痛みであるのか、その詳細は完全には分からない。この分からなさは、他人が立っている眺望点の眺望構造についての分からなさによるものである。

第二に、ある人物がどのような眺望点に立っているかが十分に把握できないという場合も多い。知覚的眺望点の場合には、ある人がどこに立ってどちらを向いているか、何に触れているか、何を食べているかといったことは、それほど困難なく知ることができる。だが、感覚的眺望の場合には、ある人がどのような身体状態にあるかはそれほどはっきりしない場合の方が多いだろう。もちろん、蚊に刺されたとか、はっきりそれと分かる擦り傷があり血もにじんでいるといった場合には、その眺望点たる身体状態はかなり明らかであると言える。[48] だが、ただ腹痛がするとか、あるいは頭痛がするなどといった場合、その痛みが何か身体状態に起因するものであることまでは理解しても、それがどのような身体状態であるかは、本人でさえよく分かっていないのがふつうだろう。

このような眺望構造についての知識の不十分さと眺望点についての知識の不十分さは、そのまま他人の眺望についての知識の不十分さに反映される。それゆえ私は、他人が何を知覚しているか、どういう感覚をもっているか、完全に分かるわけではない。だが、これはけっして他我認識の懐疑のような哲学的な（そして不健全な）疑いではない。他我認識の懐疑は、他人が何を見ているのか、どういう感覚をもっているのか、いっさい分からないという完全な不可知論であった。他方、いま浮かび上がってきた他人の心の分からなさは、けっして完全な不可知論ではない。ある人が立っている眺望点を特定することができ、その眺望点の眺望構造を知っているならば、私はその人の眺望も知ることができる。眺望構造と眺望点についての知識が不十分であるならば、その分だけ他人の眺望についての知識も不十分となる。そして、眺望構造について私が無知であるか、その人がどういう眺望点に立っているかが分からない場合には、私にはその人の経験している眺望も分からない。このように、そこには連続的な推移がある。そして、他人の知覚と感覚について、よく分かる場合もあれば、分からない場合もあり、その中間の不完全なさまざまな程度の知り方があるというのは、日常の私たちの実感に寄り添っているものと言えるだろう。だが、これまでその実感を掬いとるような哲学的な説明は与えられてこなかったのである。

## 7-3 彼女の腕に私が痛みを感じていると想像すること

感覚説を批判するときに、私はこのような議論をした。私の腕に生じたこの痛み、この感覚をそのまま彼女の腕に想像する。しかしそれは、私が彼女の腕に痛みを感じている想像でしかない、と。ここで私たちは、「彼女が彼女の腕に痛みを感じている」という想像と、「私が彼女の腕に痛みを感じている」という想像を区別しなくてはいけない。

だが、ここには眺望論にとって考えなくてはならないやっかいな問題が潜んでいる。この二つの想像を区別するものは何か。ここまでの考え方からすれば、それは眺望点＝身体状態の違いであるように思われる。しかし、そうはいかないのである。彼女は腕を擦りむいた。そこで私は、彼女が腕に痛みを感じていると想像する。これが日常私たちがふつうに行なっている想像である。他方、感覚説批判という特殊な哲学的脈絡において、私はそれとはまったく異なる非日常的な想像として、「私が彼女の腕に痛みを感じている」という事態を考えた。この二つの想像において、腕を擦りむいているのはどちらも彼女である。彼女が腕を擦りむき、その腕に痛みが生じている。しかし、一方の想像では彼女がその痛みを感じており、もう一方の想像では私がその痛みを感じている。それゆえ、眺望点が私の論じるように身体状態であるならば、この二つの想像の違いは眺望点の違いではない。

もう少し粘ってみよう。脳状態まで考えれば、この二つの想像の違いを身体状態の違いとして説明できるのではないか。なるほど、擦りむいているのは彼女の腕である。しかし、彼女がその痛みを感じているときには彼女の脳が興奮し、私が感じているときには私の脳が興奮していると考えることができる。そうだとすれば、言うまでもなく脳も身体の一部であるから、この二つの想像は身体状態の違いとして、すなわち眺望点の違いとして説明できる。非常識な想像の場合は、彼女の腕に擦り傷があるにもかかわらず、常識に反して私の脳が興奮し、私が痛みを感じるのである。

いや、脳状態に訴えたところで、眺望論にとっての問題は解消しない。彼女が腕を擦りむき、その情報が彼女の神経を伝わって彼女の脳を興奮させたとしよう。ここまでは常識通りであったとしても、それに対してなお非常識な想像をすることができる。つまり、そのように彼女の脳が興奮したにもかかわらず、常識に反して、私が痛みを感じるという想像である。この場合には、彼女の腕に擦り傷があり彼女の脳がしかるべき興奮を示しているという身体状態に対して、彼女が痛みを感じているという常識的な想像と私が痛みを感じるという非常識な想像とが可能になる。そしてこの二つの想像の違いは、脳状態まで共有している以上、もはや身体状態の違いとしては説明されえない。それゆえ、感覚の眺望点を身体状態と考える以上、その二つの想像の違いは眺望点の違いではないと言わざるをえない。では、眺望論はこの二つの想像の違いを言うことができないのだろうか。

これに対して、「眺望論は私たちの眺望のあり方を説明するものであるから、このような非常識な想定を気にする必要はない」と考える人もいるかもしれない。だが、そうはいかない。問題は、「事実として私たちの眺望のあり方がどのようであるか」ということではない。いま問われているのは、感覚的眺望の眺望点を身体状態と考えることの妥当性である。他人の腕に擦り傷ができ、そして私がそこに痛みを感じるということは、なるほど私たちの世界では起こらないだろう。しかし、そのような珍事を想像することはできる。そして、私が退けようとしている考え――〈私〉や〈彼女〉を眺望点とみなす考え――であれば、私たちの世界の平凡な痛みのあり方とその珍事との違いを表現することもたやすい。彼女の腕に擦り傷ができている。私たちの世界ではその痛みは〈彼女〉という眺望点から開けるが、非常識な世界では彼女の腕にある痛みが〈私〉という眺望点から開けるのだ、と。だが私が展開している眺望論にはそのような言い方は許されない。眺望論は、あくまでも感覚の眺望点を身体状態として捉え、〈私〉や〈彼女〉を眺望点とみなす考えを誘い込むことなく、私たちの世界のあり方と非常識な世界のあり方の違いを表現できなければならないのである。

きわめて常識に反した想像を要求する議論であるから、ウォーミングアップとしてまず分かりやすい例で見ておこう。リンゴがあるとする。私はリンゴがどういう味のする果物であるか、知っている。もちろんそのリンゴが実際にどういう味なのかは食べてみなければ分からないが、それでもおおまかに「リンゴの味」と呼びうる味であることは分かるし、おおまかな範囲で「リンゴの味」がどういうものかも知っている。そこで、食べる前に、食べてみたときに生じるだろうその味を想像することができる。これはまったく常識的な想像であり、眺望論の言葉で言い換えれば、現在私が立っている眺望点（食べる前）とは異なる眺望点（食べてみたとき）からの眺望を想像しているということにほかならない。

これに対して、まったく非常識な想像も可能である。たとえば、そのリンゴ（外見だけそっくりに作ったまがいものではなく本物のリンゴ）を食べるとあんこの味がするということは、非常識ではあるが、想像することは可能だろう。そして、この非常識な想像は他の眺望点からの眺望を想像することではない。リンゴは、品種の差や個体差はあるにせよ、桃の味ともスイカの味とも違う（もちろんあんこの味とも違う）「リンゴの味」と呼びうる範囲の味がする。それが、私たちの世界の眺望構造である。それゆえ、リンゴが「リンゴの味」と呼びうる範囲を逸脱し、あんこの味がするという想像は、私たちの現実の眺望構造とは異なる眺望構造の想像となっている。それは私たちの世界の秩序とは異なる秩序の想像であり、だからこそ、非常識な想像なのである。なめらかに見える白磁の壺をさわったらサメ肌のような感触がするとか、東京都目黒区にある大学の教室の窓から外を見たら目の前にドーバー海峡が広がるといった荒唐無稽な想像もまた、私たちの世界の現実の眺望構造とは異なる別世界の眺望構造の想像にほかならない。

ここで私たちは、特定の眺望構造のもとに他の眺望点からの眺望を想像することと、そもそも異なる眺望構造を想像することとを区別しなければならない。前者は日常的に私たちが行なっていることであるが、後者は実際にはありえない非日常的な想像である。

私が彼女の腕に痛みを感じるという想像に戻ろう。これもまた、異なる眺望構造の想像であると考えられる。私たちの世界の眺望構造は、私の腕に擦り傷があるときには私だけが痛みを感じて他人は感じず、逆に他人の腕に擦り傷があるときにはその人だけが痛みを感じて私は感じない、そのようになっている。そこで、彼女の腕に擦り傷があり、それゆえ彼女は痛みを感じているはずだと想像するときには、この常識的な想像はあくまでも私たちの世界の眺望構造のもとで為されている。他方、彼女の腕に擦り傷があって私がそれを痛むという非常識な想像は、もはや私たちの眺望構造のもとで為された想像ではない。それはそもそも別の眺望構造を想像しているのである。

とはいえ、これはまだ問題を整理しただけであり、所期の目的をまったく達成してはいない。私たちの目的は、〈私〉や〈彼女〉を眺望点とみなす考えに陥らずに、いわば非人称的に、私たちの世界のあり方と非常識な世界のあり方を区別する、というものであった。ならば、「私が痛みを感じる」とか「彼女が痛みを感じる」といった言い方を不用意に使うことはできない。「私が痛みを感じる」とは、どういうことなのか。それを、身体状態を感覚の眺望点とする考え方のもとに明らかにしなければならない。

もう一度確認しよう。区別すべきは、「彼女が彼女の腕に痛みを感じている」という常識的な想像と「私が彼女の腕に痛みを感じている」という非常識な想像であった。前者は私たちの眺望構造のもとで他の眺望点のもとに開ける眺望を想像したものであり、後者は私たちのとは異なる不思議な眺望構造を想像したものである。どちらの場合も彼女の腕に擦り傷ができていることがその眺望点＝身体状態であることに変わりはない。それゆえ、痛みと身体状態だけを考えていたのでは、二つの想像を区別することはできない。

何が足りないのか。〈私〉や〈彼女〉といった認識主観？　そうではない。私たちはこの感覚的眺望に知覚的眺望を考え合わせねばならない。腕を擦りむいて痛みを感じている場合でも、私はただ痛みを感じているだけではない。当然のことだが、痛んでいるその腕を見てもいる。そして見えているその右腕に痛みを感じている。ここで取り上げねばならないのは、この平凡な事実である。

私たちの眺望構造における注目すべき特徴は、視野の限られた一部分のみに、私は痛みを感じうるということである。事実として、私はこの手には痛みを感じるが、この机にも、私の前にいる人の手にも、痛みを感じることがない。この特徴を、〈私〉や〈彼女〉といった認識主観なるものを眺望点としたくなる誘惑から可能なかぎり遠ざかる仕方で（それゆえかなり不自然な言い方で）述べなおしてみよう。私たちの視野の特徴として、少し首を下に向けると、視野の下の縁にかかる形で、二の腕あたりから先の腕や、胸のあたりから下の胴体と脚を見ることができる。（エルンスト・マッハは『感覚の分析』においてそのような絵を「首なしの自画像」と称して提示している。）そこで、その視野の正面に一人の人物の全身が見えているとしよう。

このような視野の場合、私たちの現実の眺望構造では、視野の縁にかかっている身体のみが、感覚の眺望点を与える。つまり、視野の縁にかかっている身体に属する腕に擦り傷がある場合には痛みが現われ、視野の正面にある身体に属する腕に擦り傷がある場合には痛みは現われない。知覚的眺望と感覚的眺望との間には、事実として、このような連動が成り立っている。

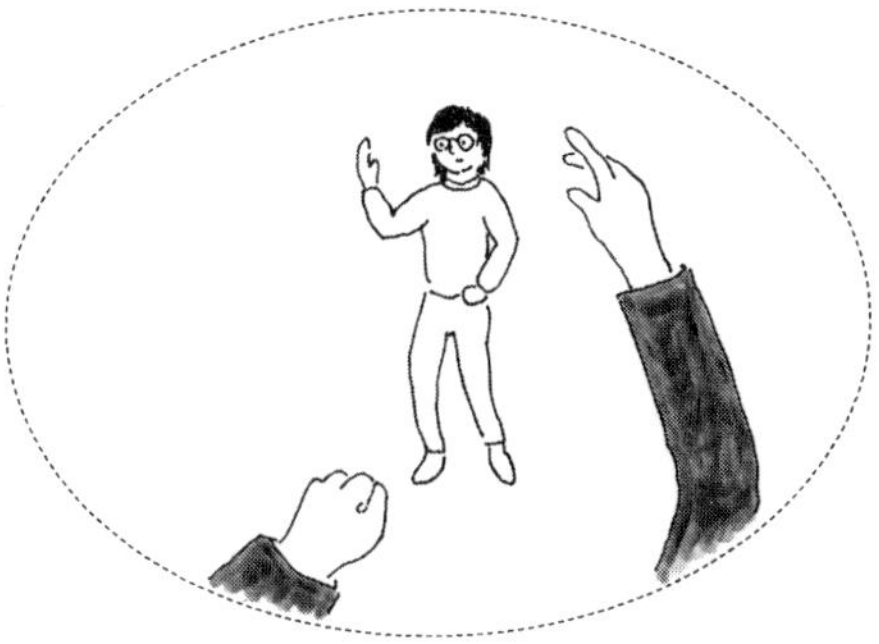
図8

そこで、先の二つの想像を、この知覚的眺望と感覚的眺望の連動という観点から語り出してみよう。まず、図8のような視覚的眺望が与えられる。そしてその視野の正面にある身体に属する腕に痛みを想像する。そのとき、その想像にはふだん私たちがしている常識的な想像と、哲学的な議論のために考えられた非常識な想像がある。常識的な想像の場合には、私はいわば彼女になりかわることになる。つまり、彼女の眺望点を知覚的眺望も感覚的眺望もすべて引き受けるのである。
視野の縁にかかっている身体（不用意な言い方をすれば「私の身体」）をAとし、その身体のある位置をaとする。また、視野の正面にある身体（不用意な言い方をすれば「彼女の身体」）をBとし、その身体のある位置をbとしよう。

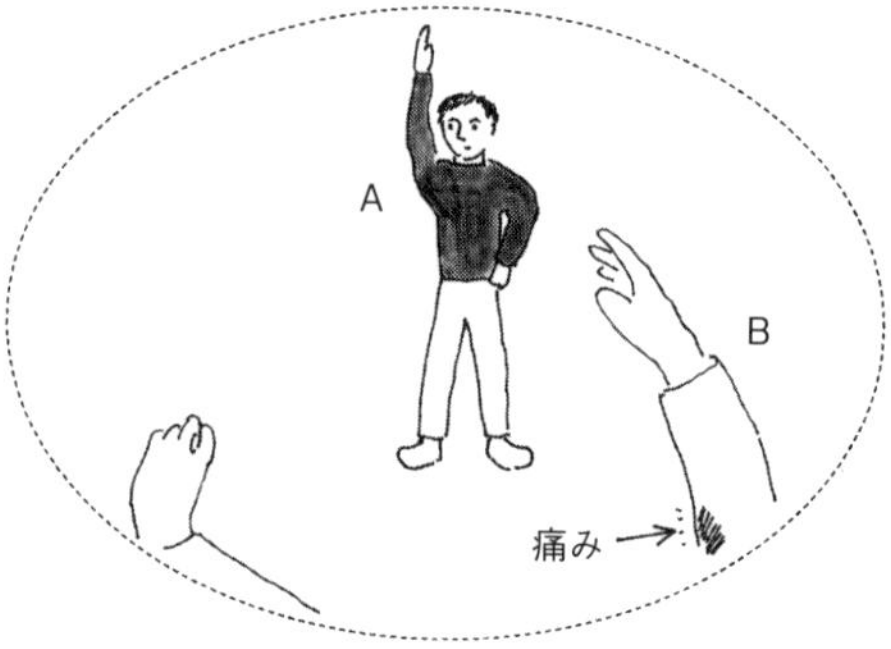


図9　他人の痛みを想像する常識的な想像――まず、彼女の立つ眺望点bからの視野を想像する。そこでは彼女の身体Bが視野の縁にかかっている。そして彼女の身体Bに属する腕に痛みを想像する。

常識的な想像の場合には、想像の中で私は彼女の位置bに立ち、そして想像の中で視野の縁にかかっている身体Bにある腕に痛みを感じている（図9参照）。つまり、彼女の目から見、彼女の腕に痛みを感じているところを想像している。

これに対して、非常識な想像の場合には、私は私のいまいる位置aからのこの視野のままで、正面に見えている彼女の身体Bにある腕に痛みを想像することになる（図10参照）。つまり私は、あくまでも私の目から見た彼女の腕に、痛みを感じているところを想像している。

どちらも彼女の腕であるが、常識的な想像の場合にはそれを視野の縁にかかる「この腕」と想像した上で、そこに痛みを想像し、非常識な想像の場合にはいま見ているとおり正面にある「あの腕」に痛みを想像するのである。

このように考えるならば、私が私の腕に痛みを感じる場合であれ、私が彼女の腕に痛みを感じるという非常識な場合であれ、それを「私」が感じているとは、つまりその痛みの感覚的眺望が私の知覚的眺望とともに現われているということにほかならない。

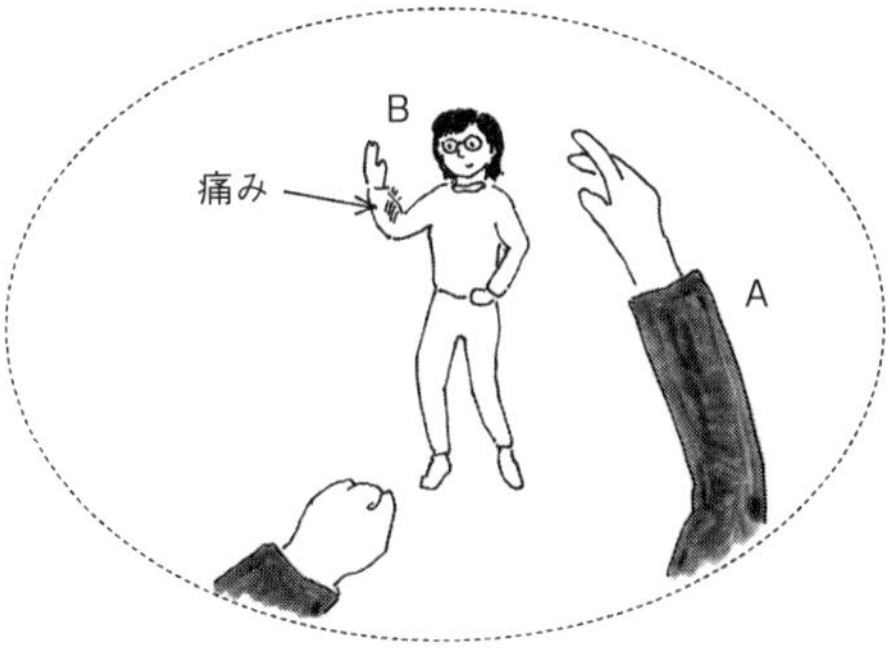


図10　他人の腕に痛みを感じるという非常識な想像——私の立つ眺望点ａからのこの視野のままで、彼女の身体Ｂに属する腕に痛みを想像する。

私の視野には、その視野の縁にかかる身体も、視野の正面にある彼女の身体も、あるいはそれ以外の椅子やテーブルといったさまざまな物も見えている。常識的には視野の縁にかかる身体にだけ感覚的眺望は現われるが、非常識な場合も考えるならばどこに痛みが現われてもよい。彼女の腕でもよいし、椅子の脚でもよい。私が受けとっているこの知覚的眺望とともに痛みが現われるならば、それはつまり私が痛いのである。

それに対して、彼女が受けとっている知覚的眺望とともに痛みが現われるならば、それは彼女が痛いということになる。それゆえ、彼女の感じているだろう痛みを私が想像するときには、私は彼女が受けとっている知覚的眺望を想像し、それとともに痛みの感覚的眺望を想像することになる。

誰が痛みを感じているのか、その感覚的眺望を受けとる主体は、その感覚的眺望とともに現われている知覚的眺望を受けとる主体なのである。

なんだ、やっぱり認識主観が出てきてしまった、そう言われてしまうだろうか。けっきょくは知覚的眺望を受けとる主体にしわ寄せがいっただけじゃないか。いや、そうではない。知覚的眺望における議論を思い出していただきたい。私は、前章の終わりにおいて、知覚的眺望において認識主観をお払い箱にしていた（6－9「他人と同じものを見る」）。私が吾妻橋からスカイツリーを見ているとき、それは、「私は吾妻橋に立ち、スカイツリーの方を向いており、そしてその眺望点からはスカイツリーの眺望が得られている」ということを意味している。ここにおける「私」は吾妻橋まで行き、そこに立ち、スカイツリーの方を向く、行為主体である。私は行為主体として眺望点sに立ち、そしてその眺望点sからは知覚的眺望Pが得られる。これが、「私はsからPを見る」ということの内実であり、「私」はけっして認識主観のようなものではない。なるほど私はあなたではない。しかし、そのことは私とあなたが一緒に吾妻橋に立つことを妨げはしない。私とあなたは連れ立って電車に乗り、浅草で降りて、吾妻橋まで歩いて行くだろう。そして二人でスカイツリーの方を見て、そこからの眺望をともに経験するのである。

以上の議論は視覚の場合を考えていたが、聴覚と触覚の場合についても同様に考えられる。[49] 聴覚の場合には、声が他者認知の大きな比重を占めるだろう。そして、向こうから聞こえてくる声と私が意のままに発することができる声との違いは歴然としている。この「私が意のままに発する声」が視覚における「視野の縁」に対応する。ここでも、「私」とは発声する主体、すなわち行為主体にほかならない。また、触覚の場合には、何かにさわっているときに、それは同時に自分の身体への抵抗としても感じとられている。あらゆる触知覚に伴うこの独特の身体感覚が、「視野の縁」に対応すると考えてよいだろう。この場合も、「私」とは手を伸ばし、指をあてがう行為主体たる私である。

私は、さまざまなものごとを知覚すると同時に、さまざまな感覚も感じている。街を歩きながら、建物や行き交う人々を見、人の声や車の音を聞くと同時に、私は軽い頭痛を感じ、また脚に少し疲れを覚えもする。そうした現われ全体において、私は、対象との位置関係に相関する側面を知覚的眺望と呼び、身体状態に相関する側面を感覚的眺望と呼んだのである。それゆえ、知覚的眺望点に立つ行為主体たる私は、たんに知覚的眺望を受けとるだけではない。それとともにそこに現われている感覚的眺望も受けとる。そして、感覚的眺望の受けとり手は、知覚的眺望の受けとり手と同じであり、行為主体としての私にほかならない。急ぎ足で歩いていて柱に足の小指をぶつけその痛さにうずくまるとき、そうして歩いていた私と別に痛みを感じる私がいるわけではない。小走りに歩いていたその私が、痛みを感じているのである。

## 7-4　私たちは同じ味を味わうことができるか

私とあなたはともにスカイツリーの眺望に出会うことができる。同様に、私とあなたが同じ料理を食べ、同じ味を味わうことも可能である。あるいは、ある店に行ったことのある者同士が、たとえ別々の機会に行ったのだとしても、それぞれが食べたその店のある料理の味について語りあい、共感しあうこともある。味は、ある程度客観的な性質であると言える。リンゴは客観的にリンゴの味がし、それは客観的にスイカとは違う味がする。だが、それも「ある程度」だろう。同じものであっても、体調によって異なる味になる。また、直前に何を口に入れていたかにも左右される。さらに、味覚の敏感な人も鈍感な人もいる。好みによって味覚そのものが違ってくるだろうし、ワインについて豊富な知識と経験をもっている人とそうでない人とではワインの味わいも相当違うだろう。

これは味覚にかぎったことではない。同じ場所から同じ方向を見ていても、視力によってその見え方は違う。関心のあり方によって注意の向け方も異なる。また、ある街をはじめて訪れたときと、土地勘ができてきたときとでは、同じ街かどに立ってもその見え方は異なるだろう。

こうした問題に、ここで部分的にアプローチすることにしたい。「部分的」というのは、この問題に対する踏み込んだ議論は第9章「相貌と物語」において展開されるからである。第9章において私は、眺望とは異なる側面として「相貌」と私が呼ぶものを取り上げ、眺望論と対をなすものとして相貌論を展開する。そして「人によって違う」という知覚の側面は、そのひじょうに多くの部分が相貌に関わるのである。ここでは、あくまでも眺望論の範囲で、それゆえ部分的に、同じ知覚的眺望点に立ちながらなお異なる知覚的眺望を経験しているように見える現象に対して考察を加えたい。

まず視力を例にとって考えていこう。視力が異なれば、見え方も異なる。たとえば、太郎（裸眼視力一・五）と花子（矯正視力〇・六）が同じ場所に立ち、同じ方向を向いているとしよう。太郎にははっきり見える向こうの看板の文字が、花子にはぼやけて見える。視力の違いは、こうした眺望の違いをもたらす。ここで、視力とは、身体状態に関わることである。太郎と花子は同じ場所に立ち、同じ方向を向いているのだが、視力という身体状態の違いのために、異なる眺望を経験している。

この事例が示していることは、いわゆる「知覚」と呼ばれることがらには、私が知覚的眺望と呼んできた側面と感覚的眺望と呼んできた側面がともに含まれているということである。二人の人物は異なる知覚経験をもちうる。その違いは多くの場合、知覚的眺望点（対象との位置関係）の違いとして説明されるだろうが、ときに二人の知覚経験の違いは感覚的眺望点＝身体状態の違いとしても説明される。[50]

感覚的眺望点から開ける眺望は感覚的眺望であるから、視力の違いによる見え方の違いは、感覚的眺望の違いということになる。向こうの看板がぼやけて見える。この知覚経験において、看板が見えるのは身体状態のせいではない。看板との位置関係によるものである。それゆえ、「看板が見える」というのは知覚的眺望の側面と言える。他方、それがぼやけて見えるというのは視力という身体状態に起因する。それゆえそれは感覚的眺望の側面にほかならない。あるいは、乱視の人にとって物が二重に見えてしまうというのも、同様に捉えられる。

こうした「ぼやけ」や「だぶり」を「感覚」と呼ぶことは、日常的な語感からはいささか外れているだろう。それゆえ私もこれを「感覚」と呼ぶべきだと提案しようとは思わない。ただ、そうした「ぼやけ」や「だぶり」は身体状態を眺望点とする眺望のあり方の一種だということを確認しておきたい。そしてその意味において、私はそれを感覚的眺望と呼ぶのである。

知覚への感覚的眺望の混入は、視覚だけではなく、あらゆる様態の知覚に見られるものにほかならない。だが、とりわけ味覚は知覚的眺望と感覚的眺望が渾然一体となっているように思われる。たとえばグレープフルーツを食べたとして、甘いものを食べた直後に食べると酸っぱく感じる。また、疲れているときには、他の人が酸っぱいと言うグレープフルーツも甘く感じるだろう。こうした違いは、対象との位置関係という意味での知覚的眺望点の違いではなく、身体状態の違いである。たとえば亜鉛の欠乏による味覚障害などは、視覚における視力の低下と類比的に考えることができる。しかし、病的な例を出さずとも、まったく日常的に、複数の人が同じものを食べても、完全に同じ味がするわけではないだろうというのは、私たちのごくふつうの実感だろう。

だが他方で、リンゴは客観的にリンゴの味をその性質としてもち、スイカの味でもあんこの味でもないというのも、事実である。これは、眺望論の観点からは、味覚が知覚的眺望と感覚的眺望の混成体であることとして捉えられる。味覚経験は、何を口の中に入れ舌の上にのせたかによって決まる知覚的眺望と、そのときの主体の身体状態がどうであったかによって決まる感覚的眺望の二つの側面からなるのである。

では、以上を踏まえて、「私たちは同じ味を味わうことができるか」という問いに答えよう。まず、「同じ」という語に注意しなければならない。「同じ」という語はかなり融通のきく言葉であり、また融通をきかさなければ日常的には使い道のない言葉である。だが、眺望論を潔癖にとると、「厳密には同じ眺望を複数の人が経験することはできない」と言いたくなってしまうかもしれない。というのも、複数の人が厳密に同じ眺望点を共有することはできないように思えるからである。立っている位置や向いている方向も厳密に同じというわけではないし、食べ物も厳密に同じものを食べることは不可能である。（あなたが食べたそのリンゴのひとかけらを、私はもう食べることはできない。）

しかし、そうしたヘラクレイトス的厳密さは、私たちの日常の実際からはかけ離れている。眺望論の最大のポイントは、私と他人との眺望の違いを眺望点の違いとして説明しようとするところにある。それゆえ、眺望の違いが問題になっていないところでは、眺望点の違いを厳密に言いたてようとすることにポイントはない。眺望論は、二人が同じ場所から同じ景色を見ているという日常の健全な実感を否定するものではないし、さらには「いま私はかつてあなたが目にしたのと同じ光景を見ているのだ」という、たいそうロマンチックでもありうる思いに水を差すものでもない。私と他者の経験する眺望の違いが主題化され問題にされるとき、その違いは必ず眺望点の違いとして説明されるということ、そしてその眺望点とは（知覚的眺望点であれ感覚的眺望点であれ）、誰でもそこに立てる公共的なものであること、これが眺望論の骨子である。

たとえば大福を食べるということは誰にでも可能な公共的なことであり、その知覚的眺望点に立てば、そこからは誰にでも大福の甘さが知覚的眺望として立ち現われる。それゆえ、私はあなたが味わった大福の、それと同じ甘さを味わうことができる。その大福を私も食べてみればよいのである（残っていたならば）。

しかし、味覚は他の知覚様態よりもずっと感覚的眺望の側面が大きい。つまり、それを食べた主体の身体状態に起因する側面が大きい。その場合、知覚的眺望を共有しつつも、なお私とあなたとでその味覚の内に異なる感覚的眺望が入り込んでくるだろう。この感覚的眺望の側面が強調されると、二人が同じものを食べてもけっして同じ味がしているわけではないと言いたくもなる。だが、それを強調しすぎて、私たちは絶対に同じ味を味わうことができないと言ってしまっては、日常的な実感から乖離してしまうのはもちろん、眺望論の観点からも誤りである。感覚的眺望の違いが主題化され問題にされて、そしてそれが身体状態の違いに帰せられるとしても、そこにはなお知覚的眺望点が共有され、それゆえ知覚的眺望が共有されているという側面がある。かくして眺望論は、「私たちはある程度同じ味を味わえるが、ある程度その味は人によって違いもする」という日常の平凡な実感を、あくまでも哲学的な議論として、手に入れるのである。

以上の議論において、感覚的眺望はいわば知覚的眺望に混入する「異物」と言える。知覚的眺望に関しては共有されるが、感覚的眺望が異なるため、眺望全体としては複数の人でまったく同じとは言えなくなる、というわけである。では、感覚的眺望自体は共有されうるのだろうか。たとえば、私たちは同じ痛みを痛むことができるのだろうか。

眺望論の答えは、「もちろんできる」というものである。感覚的眺望点は公共的であり、誰でもその眺望点に立つことができる。蚊に刺されれば誰でもかゆくなり、尿管結石になれば誰でも痛い。身体状態を共有すれば、異なる人物であっても同じ感覚的眺望が開けることになる。だが、これに対して、「複数の人が同じ身体状態になることはありえない」と反論されるだろうか。それゆえ複数の人が同じ感覚的眺望を経験することはありえない、と。

これに対しては、「同じ」という概念が融通のきく概念であることを繰り返しておきたい。たとえば、誰でも尿管結石になる可能性はある。つまり、私とあなたがともに尿管結石になったことがあるならば、私とあなたは「同じ」病気にかかったことがあるということになる。そしてそれが同じ身体状態だと言いうる程度において、私とあなたは「同じ」痛みを経験したのである。あるいは、蕁麻疹を経験した者同士が、そのかゆさについて語る。二人は「同じ」かゆさを経験した者同士と言えるだろう。

## 8　知覚的眺望と感覚的眺望

以上で眺望論の理論的骨格は示し終えた。要点をまとめておこう。

眺望は眺望点の関数として定義される。

眺望点は「誰でもその眺望点に立てる」という意味で公共的である。

対象に対する時間・空間的な位置関係の関数である眺望を知覚的眺望と呼び、身体状態の関数である眺望を感覚的眺望と呼ぶ。

眺望｛知覚的眺望……対象との位置関係を眺望点とする
　　　感覚的眺望……身体状態を眺望点とする

そこで本章では、眺望論のいくつかの帰結を見てみることにしよう。

## 8−1　知覚と感覚の区別

まず、「知覚」と「感覚」の違いについて述べておきたい。しかし、そのように言うと首を傾げる読者がいるかもしれない。知覚というのはつまり知覚的眺望であり、感覚は感覚的眺望であって、その違いをいままで述べてきたのではないのか、と。いや、そうではない。このような誤解を避けるためにも、少し概念上の整理をしておかねばならない。

日常的には「知覚」ないし「知覚する」という語はあまり使われることがない。むしろ私たちは「感覚」および「感覚する」という語をかなり広範囲のことがらに当てはめているように思われる。ちなみに、『新明解国語辞典 第七版』(三省堂)では、「感覚」を「見たり聞いたりさわったりして、大小・形・色・音・臭い・味などの状態や物事の性質を知る働き」とし、「知覚」を「感覚器官が外界の事物をとらえ、それが何であるかを見分けること。また、その働き。視覚・聴覚・嗅覚・味覚・触覚など」としている。ほぼ同じようにも思われるが、感覚は「状態や物事の性質を知る働き」であり、知覚は「外界の事物をとらえ、それが何であるかを見分けること」としている点に多少の違いが見られる。また知覚の方が少し堅苦しい言い方になっているのも、なんとなく雰囲気が出ているかもしれない。

心理学でも、「知覚」と「感覚」の区別に対する確定した定義があるわけではない。きわめておおまかには、感覚は単純であり、知覚はより高次であると言えるが、何をもって「単純－高次」とするかは、意味の豊かさを問題にするか、神経メカニズムのあり方を問題にするか、情報処理過程を問題にするか等によって異なってくる。あるいは、知覚と感覚の区別をやめてすべて「知覚」と呼ぶことにするやり方も見られる。[51]

こうした状況の中で、私は「知覚」と「感覚」に対する新たな定義を提案しようとは思わない。そうした経験のすべてを「知覚」と呼んでもかまわない。ただその経験の内に、知覚的眺望と感覚的眺望という二つの側面があることを指摘したいのである。知覚的眺望と感覚的眺望という二種類の別個の経験があるというのではなく、窓の外を見ているという一つの経験の内にも、知覚的眺望と感覚的眺望という二つの側面が存在している。[52]視覚・聴覚・触覚・嗅覚・味覚は基本的に対象との位置関係によってその経験のあり方が決定され、それゆえ知覚的眺望としての性格を強くもつが、しかし視力や聴力といった身体状態も無視できない要因となるため、感覚的眺望もそこに混入している。逆に、痛み・かゆみなども、純粋に感覚的眺望であるとはかぎらず、知覚的眺望の側面をもつことがある。たとえば、「指先の痛みで手にした枝に棘があることを知る」などは、痛みで対象のあり方を知覚していると言えるだろう。

「知覚的眺望」と「感覚的眺望」は、私が哲学的分析のために導入した概念であるから、異なる概念として明確に定義されている。だがそのことはけっして、「知覚＝知覚的眺望」「感覚＝感覚的眺望」として「知覚」と「感覚」を定義しなおすことを意味してはいない。知覚的眺望と感覚的眺望という概念は、一つの経験の二つの側面を表わす概念なのである。そこで、知覚的眺望と感覚的眺望という概念を用いて、あえて「知覚」と「感覚」を眺望論の観点から規定してみるならば、知覚的眺望の側面がより大きい経験を「知覚」、感覚的眺望の側面がより大きい経験を「感覚」とし、その間には連続的な推移があると考えることができるだろう。そのような観点から、一応の分類として、視覚・聴覚・触覚・嗅覚・味覚に関わる経験を「知覚」とし、痛み、かゆみ、くすぐったさ、めまいなどを「感覚」と分類することができるだろう。

## 8―2　「見まちがい」と「痛みまちがい」

知覚と感覚では、誤りの可能性において興味深い違いが見られる。また、知覚における誤りの内実を明らかにしておくことは、第10章「素朴実在論への還帰」で錯覚論法に立ち向かうための準備となるだろう。

見まちがいや聞きまちがいはそれほど珍しいことではない。一本の縄を蛇の姿に見てしまったり、書かれてある文字を見まちがえたり、あるいは、人の話を聞きまちがえたりする。それに比べると、触覚、嗅覚、味覚のまちがいは、ないわけではないだろうが、少ないように思われる。さらに、「痛み」だと「痛みまちがい」ということはないようにも思われ、「かゆい」や「くすぐったい」だと「まちがい」という言葉と結びつけるのも難しい。「かゆみまちがい」という日本語はないだろうし、「くすぐったい＋まちがい」は日本語もどきさえ作れない（「くすぐったまちがい」）。では、こうした違いは何に由来するのだろうか。

### 8-2-1　どうしてその眺望が「見まちがい」とされるのか

眺望論において、眺望の誤りがどう捉えられるのかを考えよう。まず、二元論や一元論の場合を簡単に振り返っておきたい。

第Ⅰ部で述べたように、意識（知覚像）と実在（実物）の二元論では、正しい知覚とは実在と適切に対応する知覚像のことであり、実在と適切に対応しない知覚像が誤りとされる（対応説）。だが、二元論の構図においては、私たちは実在世界を経験することはできず、外界の懐疑が帰結することになる。

他方、意識一元論では、整合的なまとまりをなす知覚イメージは正しい知覚であり、孤立する断片的知覚イメージは誤った知覚であるとされる（整合説）。たとえば、縄を蛇に見まちがえた場合、蛇に見えた知覚イメージは縄に見えている他の多くの知覚イメージとつながらず、孤立してしまうため、誤りとされる。一元論のもとでは懐疑論は発生しないが、しかし、すべては〈いま私が意識していること〉において捉えられねばならないため、いま私が意識していないものの存在（隣室の机等々、そして他人の意識）が捉えられなくなってしまう。

では、眺望論ではどうだろうか。山道を歩いているときに、向こうに道を横切る蛇の姿が見える。しかし、近づいてみると一本の縄だった。このとき、どうして蛇の眺望が誤りとされ、縄の眺望が正しいとされるのだろう。最初に私が立っていた眺望点をaとしよう。そこで私は蛇を見た。近づいた眺望点をbとしよう。そこからは私は縄を見た。ならば、それをそのまま、正しいも誤りもなく、「眺望点aからは蛇の眺望が得られ、眺望点bからは縄の眺望が得られる」と記述しておしまいにしては、だめなのだろうか。

私たちは眺望地図を描かねばならない。このことがここで関わってくる。眺望地図とは、無視点的な世界把握に眺望点とそこからの眺望を描き込んだ世界把握であり、眺望地図を描くことの内には無視点的な世界のレイアウト――どこに何があるか――を描くことが含まれている。縄を蛇と見まちがえた場面に即して言うならば、「同一位置に縄と蛇が同時に存在することはない」というのが私たちの世界把握の基本了解（世界像）であるから、眺望地図を描くにあたって私は山道のその場所に蛇がいるのか縄があるのかを決めねばならない。そのさいの基準は、どちらが私たちの認知と行動をよりよく導くかというプラグマティックなものである。私はまず向こうに蛇がいるものとしての経験をもつ。そこで少し大回りしながらこわごわとその脇を通り過ぎようとする。そのさいには、私は蛇がいる眺望地図を描き、それに従って行動している。ところが、近づいてみると縄があるものとしての経験に変化する。しかも、それ以後はずっと縄の眺望が得られ、つついてみてもたしかに縄の感触が得られる。そこで私は、おそるおそる大回りした私の行動が不適切だったと苦笑いして、先ほどの蛇のいる眺望地図を縄がある眺望地図へと改訂するだろう。

縄がある眺望地図に基づけば、眺望点aからも眺望点bからも縄の眺望が得られるはずである。しかし、私は眺望点aにおいて蛇の眺望を経験した。これは縄がある眺望地図に反する経験である。かくして、眺望点aにおける蛇の眺望は誤りとされることになる。

より一般的に述べておこう。私たちは、私たちの認知と行動をうまく導くという観点から眺望地図を描く。[53] その結果、確定した眺望地図に反する眺望が出てくることがある。それが、誤った眺望とされるのである。[54]

### 8–2–2　どうして「痛みまちがい」は考えにくいのか

以上のことは、知覚的眺望が複眼的構造をもっていることに関係している。6–4「眺望の複眼的構造」において私は、「他の眺望点からの眺望の了解がこめられることによって、ある眺望点からの眺望が成立する」という構造を複眼的構造と呼んだ。眺望点aにおける蛇の眺望は、「他の眺望点においてもしかるべき蛇の眺望が得られる」という了解がこめられることによって成立している。だからこそ、眺望点aにおける蛇の眺望は、その場所に縄があるとされる眺望地図に反するものとなるのである。もし、眺望点aからの眺望と眺望点bからの眺望が無関係に成立しうるのであれば、「眺望点aからは蛇の眺望が得られ、眺望点bからは縄の眺望が得られる」ということですますこともできただろう。

各眺望点からの眺望が互いに独立に成立し干渉しあわない、そういうあり方を、複眼的構造と対比して、「単眼的構造」と呼ぶことにしよう。一つの眺望点からの眺望だけでその眺望は成立しうるので、「単眼的」というわけである。誤りは複眼的構造における複数の眺望の間の齟齬として現われるため、単眼的構造の場合、その眺望はもはや誤りえないものとなる。「その眺望点からはその眺望が得られる」、それでおしまいである。他の眺望点からどのような眺望が得られようとも、その眺望点からその眺望が得られたことは傷つかない。

単眼的構造か複眼的構造かは、0か1かの截然としたものではなく、グラデーションをもっていると考えられる。すなわち、ある眺望点からの眺望がどのくらい多くの他の眺望点からの眺望とどれほど密接に関係しあうかには、程度の差がある。それゆえ、明確に「単眼的／複眼的」と分類するのではなく、「より単眼的－より複眼的」のように規定する方が適切だろう。

まず6－4で論じた知覚の複眼的構造のあり方をまとめておこう。

時間的な複眼的構造……対象の時間的な同一性に関わる

空間的な複眼的構造
対象と接している／離れている
距離の知覚に関わる
立体の知覚に関わる

視覚は、対象の時間的な同一性、距離の知覚、立体の知覚という側面をもっており、もっとも複眼的である。他方、味覚は、対象の時間的な同一性と〈対象と接している／離れている〉という最小限の空間的な複眼的構造しかもたない。それゆえ、知覚的眺望の中ではもっとも単眼的なものとなっている。

感覚的眺望はどうだろうか。感覚的眺望の眺望点は身体状態であるから、対象との位置関係という空間的な複眼的構造はもちえない。

では、時間的な複眼的構造はどうか。痛みを味覚と対比してみよう。棒つきの飴を口に入れたり出したりする。味は飴の性質であるから、私が舐めていなくとも、その飴はハッカ味である。飴玉を口に入れたり出したりして味覚が断続的なものとなったとしても、飴が物体として持続している間は飴の性質としてのハッカ味も持続している。それゆえ、断続的なハッカ味の眺望が一個の飴の性質として関係づけられる。では、痛みにもそのような時間的な複眼的構造が認められるだろうか。

ここで私たちは、「痛みを感じる」と「ハッカ味を味わう」がよく似た形の表現であることに騙されないようにしなければいけない。「ハッカ味を味わう」であれば、味わっていないときにもその飴はハッカ味という性質をもっている。だが、「痛みを感じる」はそうではない。感じていないときには、痛みは存在しない。

「犬が走る」と「風が吹く」という表現の違いを考えてみると示唆的だろう。「犬が走る」の場合は、走っていなくとも犬は犬である。だが「風が吹く」の場合は、吹いていない風ということに意味を与えることができない。「走っていない犬が校庭にいる」という言い方には意味があるが、「吹いていない風が校庭にある」は無意味でしかない。同様に、「痛みを感じる」もまた、痛みと感じることを切り離すことはできない。「感じられていない痛みが腕にある」は無意味でしかない。

一個の飴を味わう場合には、飴という一個の対象の性質として複数回のハッカ味がまとめあげられる。それゆえ飴という対象は、誰もそれを口に含んでいないときでも、ハッカ味という性質をもっているとされうる。だが、痛みの場合には「感じられていない痛み」は端的に存在しない。つまり、痛みはなんらかの対象の性質というわけではない。[55] それゆえ、複数回の痛みが同一の対象の性質としてまとめあげられることもなく、断続的な痛みはたんに複数の独立した別々の痛みというにすぎない。このことは、「かゆい」や「くすぐったい」等、他の感覚的眺望に関しても言える。「感じられていないかゆみ」や「感じられていないくすぐったさ」は意味をもたない。「かゆい」や「くすぐったい」もまた、対象の性質ではない。感覚的眺望は、対象の同一性に関わる時間的な複眼的構造をもたないのである。
　だが、感覚について完全に単眼的とは言いきれないだろう。６－４でも示唆しておいたが、時間的な複眼的構造の中には、対象の同一性に関わるもの以外の複眼的構造もある。たとえば変化の把握である。眺望の変化を捉えるには、ある程度の過去の時点の眺望の了解と未来の眺望の予期が必要となる。そしてこのような複眼的構造であれば、感覚的眺望の場合にも認められると考えられる。[56]痛みがだんだん強くなってきたと感じることもあるだろう。そして、こうした場面では感覚的眺望も誤りうると言えるかもしれない。たとえば、本当に痛みが強くなってきたのか、たんにもうがまんが限界に近づいているだけなのか、自分でもよく分からず「痛みが強くなっているような気がする」という言い方をすることは考えられるだろう。この場合には、私たちは「もしかしたらまちがいかもしれない」ということに意味を認めていることになる。[57]
　以上のことが、「痛みまちがい」は考えにくいということを説明する。「見まちがい」や「聞きまちがい」はふつうに考えられ、触覚・嗅覚・味覚のまちがいはあまりふつうではないと思われ、そして、痛さ・かゆさ・くすぐったさのまちがいはありうるのかどうかさえ疑わしく思われる。こうした事情は、眺望論の観点から、より複眼的なものは誤りがふつうに考えられ、単眼的であればあるほど誤りが考えにくくなる、と説明できるのである。
　このことに関連して少し補足しておきたい。私たちは、ときに「もっとよく見てごらん」と言う。知覚はすべて「もっとよく……」ということが意味をもっているだろう。「もっとよく聞こえるように近くに寄ろう」「もっとよく嗅いでごらん」「もっとよくさわってみてごらん」「もっとよく味わって食べなさい」、等々。他方、「もっとよく」と「痛さ」「かゆさ」「くすぐったさ」の組み合わせはまともな日本語にすらならない。このこともまた、複眼的／単眼的という区別に関係している。「もっとよく見てごらん」といった言い方は、「観察する」ということに関わっている。観察するということのひとつの重要な側面として、眺望点を変えつつ、ある対象についてのさまざまな眺望を得るということがある。もっと近づいて見る。角度を変えて見てみる。触覚の場合であれば、対象との接触をしっかり確保し、一つの対象のさまざまな箇所に触れる。こうした場合、主体が自分の意のままに眺望点を移動できるということが決定的に重要となる。その意味において、空間的な複眼的構造は特別な重要性をもっている。時間的な眺望点を意のままに移動することはできないし、身体状態も基本的には自分の意のままになるようなものではない。他方、少なくとも生活の範囲内であれば、私たちは空間の中を自由に移動することができる。このことと、知覚的眺望が空間的な複眼的構造をもっていることから、知覚的眺望に対しては「もっとよく見てごらん」等々の言い方が可能になるのである。[58]

そして、より詳細かつ正確な認知が問題になるところでのみ、「もっとよく……」という言い方も為されるのであろうから、このことは誤りの可能性と密接に関係している。誤りえないような経験は、そのときのその経験で完結しており、「もっとよく……」という促しは意味をもたない。

### 8—2—3 他人は私の痛みを否定できるか

感覚の場合に誤りの可能性が考えにくいということは、感覚がきわめて単眼的であるという事情だけによるものではない。かりに視覚が完全に単眼的であったと考えてみよう。つまり、ある位置からある方向を向いて見えた眺望はそれだけで完結しており、他の眺望点からの眺望とはまったく関係しないと想定してみる。それでも、眺望点には公共性がある。すなわち、その眺望点に立てるのは私だけではない。だとすれば、同じ眺望点に立った複数の人の報告が食い違うことも起こりうることになる。事実として視覚は複眼的であるから、単眼的視覚の具体例を考えることはできないが、それに多少は近いものとして、走っている列車の窓から何が見えたかで私と同乗者とで食い違うといった場合を考えることができるだろう。いま牛がいたと私が言い、彼女はいやあれは馬だったと言う。しかし走る列車に乗っているため、近づいてよく見ることもできない。それでも、少なくともどちらかがまちがいとされねばならない。かりに視覚が単眼的であったとしても、このような場合には誤りということが意味をもっている。

では感覚的眺望の場合はどうだろうか。単眼的視覚という仮想的事例の場合のように、同じ眺望点から複数の人が異なる眺望報告を行ない、少なくとも誰かはまちがえているはずだといった場面を考えることができるだろうか。たとえば、二人が同じものを食べてノロウイルスに感染し、同様の胃腸炎を発症したとしよう。しかし、一人は腹痛を訴えたが、もう一人は吐き気はあるが腹痛はないとする。そのとき、身体状態としては同じ胃腸炎にかかっており、ほぼ同じ感覚的眺望点に立っていると言うことができる。それにもかかわらず、腹痛の有無に関する二人の眺望報告はまったく異なってている。これを二人の内どちらかがまちがえているものと考えることはできるだろうか。直感的に言って、できないように思われる。ここには知覚の場合とは異なった事情がある。

こんなエピソードを考えてみよう。私は医者に痛みを訴える。医者は私の身体を調べるが、何ひとつ痛みの原因が見出せない。そこでその医者はこう言うのである。「あなた、ほんとは痛くないはずだ。」いや、私はたしかに痛みを感じているのだ。それを、「ほんとは痛くないはずだ」などと言う権利は、他人には――たとえ医者であっても――ないだろう。

私が「痛い」と冷静にかつ誠実に報告している以上、他人には私のその発言を否定することはできない。感覚的眺望には、このような当人ならではの権威性がある。他人からの訂正を受けつけない、こうした当人の権威性は、現代哲学の議論においてしばしば「一人称権威」と呼ばれる。では、どうして感覚的眺望は一人称権威をもつのか。どうして私が「痛い」と言ったならば他人はそれを訂正できないのだろうか。

眺望点を共有できないから？　いや、眺望点は公共的であらねばならない。それが懐疑論を避けるために眺望論が選んだ道であった。感覚的眺望点は身体状態であり、複数の人が同じ身体状態になることは可能である。それゆえ、感覚の一人称権威を説明するポイントは、眺望点の共有不可能性にあるのではない。問題は、他人の眺望点のあり方をどうやって知るかという点にある。

知覚的眺望点の場合、ある主体がどこにいて、どちらを向いているのか、あるいは何に触れているのか、何を口に入れているのかは、第三者的に知りうることである。それゆえ、知覚的眺望には一人称権威は存在しない。知覚的眺望点が共有されていることは客観的に確かめられ、その上で眺望について相容れない報告が為されたならば、少なくともどれかの報告がまちがっている。

それに対して、感覚的眺望点である身体状態の場合には、そう単純にはいかない。たとえば、腕に擦り傷ができていることや蚊に刺されたことなどは、第三者的に知ることができる。あるいは、胃潰瘍や尿管結石であれば、本人よりもむしろ医者の方がよく分かるだろう。だが、痛みを感じている私の身体を医者が調べて、どこにも原因を見出せなかった場合に、「あなたは痛みを感じるような身体状態にはない」と断定できるだろうか。いや、感覚がなんらかの身体状態によって引き起こされていることは、「痛み」という概念に関わるア・プリオリな了解である。私が痛みを感じ、あなたが痛みを感じていないとき、その違いは私とあなたの身体状態の違いによって説明されねばならない。もし身体状態のチェックポイントが百個しか存在しなかったならば、その百個を全部調べてみた結果として、「あなたは痛みを感じるような身体状態にはない」と言うこともできるだろうが、身体状態のチェックポイントは無数にある。医者はそのすべてを精査し尽くせるわけではない。だとすれば、「原因はない」と言いきることはできない。原因が見つからなかったならば、「もっとよく調べてほしい」と言うまでである。

感覚的眺望点である身体状態に関して、私は、いつでも、「もっとよく調べてほしい」と要求することができる。これが、感覚的眺望の一人称権威の正体にほかならない。他人が異を唱えようとするときに、「もっとよく調べてほしい」と制することができる。私がこのように痛みを感じているからには、その感覚的眺望を引き起こす原因となる身体状態が何かあるはずだ。私は、痛みと身体状態との連関についてのア・プリオリな了解に基づいて、「もっとよく調べてほしい」と言える。そう要求できるということは、「痛み」という概念に含まれるア・プリオリな権利なのである。

知覚的眺望の場合であれば、私とあなたが同じ眺望点に立ちながら、異なる眺望を報告してしまうという場面もありうる。そしてその場合は少なくともどちらかがまちがっている。しかし、感覚的眺望の場合にはそういうことは起こりえない。というのも、私とあなたが異なる感覚的眺望を報告したならば、必ずどこか私とあなたの身体状態には違いがあるはずだからである。

眺望論のこうした説明を、「デカルト主義的」と言いうる考え方と対比しておこう。デカルト主義的な考え方によれば、感覚は意識主体たる〈私〉と結びついている。感覚だけではない。知覚もまったく同様に、意識主体たる〈私〉と結びつけられる。感覚も知覚も、〈私〉のみが経験しえて他人にはまったく知りえない私の意識内に生じた私秘的《プライベート》なことがらとされる。

これに対して眺望論は、「意識の私秘性」といった観念と手を切り、空間と身体という観点から、眺望の一人称権威のあり方を説明する。ある主体が対象とどのような空間的位置関係にあるかは、第三者的に完全に把握しうるものであり、それゆえ知覚的眺望には一人称権威は存在しない。他方、感覚的眺望には一人称権威があるが、それはしかし意識の私秘性に由来するものではない。ある主体がどのような身体状態にあるかは、第三者的な観察によってある程度知りうるが、しかし、完全に知り尽くせるわけではない。それゆえ、私は自分の身体状態に関して「もっとよく調べてほしい」と要求する権利をもっている。ここに、感覚的眺望の一人称権威が成立する。

眺望論は、知覚と感覚における一人称権威のあり方に対して、デカルト主義的な捉え方とはまったく異なる捉え方を提示するのである。

## 8―3　知覚因果は成り立たないが感覚因果は成り立つ

### 8―3―1　感覚因果は二元論の困難を免れている

3―2「実物はどこにあるのか」で論じたように、知覚因果説は原因となる実物とそれによって引き起こされた結果である知覚像の二元論を要請する。だが、二元論に従うと実物と知覚像の間に時間的関係がつかなくなるため、因果関係を言いたてることもできない。つまり、知覚因果説は矛盾を内包した考え方なのである。他方、私はこれまで感覚的眺望は身体状態が原因となって引き起こされると論じてきた。そこで、私のこの立場は一貫しないと批判されるかもしれない。知覚因果を否定するならば、感覚因果も否定すべきではないのだろうか。

二元論の困難を振り返っておこう。知覚像と実物を区別したとして、私たちが経験するのはすべて知覚像である。時計を見る。正午であるとする。では、正午を指している時計の知覚像の原因となる時計は何時なのか？　それは知覚像の原因であるから、知覚像が生じた時刻よりも過去であると考えられる。ではどれほど過去なのか？　答えようがない。私たちが知覚像の時計で計測しうるのは知覚世界の時間である。それとは別に実在世界の時間というものもあるのだとかりに認めるとしても、知覚世界と実在世界の間の「時差」を計測するという考えにはもはやなんの意味も与えられない。

かくして、知覚因果説が二元論を要請する以上、知覚因果説は時間的関係がつかないものに因果関係を認めようとしていることになる。

他方、感覚因果にはこのような困難は見出されない。なるほど感覚因果も、原因（身体状態）と結果（感覚的眺望）を二つ立てる。だが、両者は一つの世界の中で生じた二つのできごとである。たとえば指先に針を刺し、痛みを感じる。実物と知覚像の二元論の場合には、私たちに与えられるのは知覚像だけであり、実物は知覚像の背後に認識不可能なものとして退くしかなかった。他方、私たちは指先に針が刺さったのを知覚することができる。感覚因果において原因はけっして認識不可能なものとして背後に退いたりはしていない。それゆえ、指先に針が刺さったことと痛みを感じたことの間に時間的関係をつけることもできる。あるいは蚊に刺されてかゆくなる。この場合も、蚊に刺されたという身体のあり方を知ることはできる。それゆえ、「蚊に刺されて少ししたらかゆくなってきた」のように、原因と結果の時間差を把握することができるのである。

## 8―3―2　心身因果だからといって否定されるには及ばない

知覚因果説が否定される理由は、知覚因果が心身因果――心的なものごとと物理的なものごとの間の因果関係――だからではない。もし心身因果というだけで否定されるのであれば、同じ理由で感覚因果も否定されることになるだろう。だが私は、たとえば「指を針で刺したことが原因で痛みの感覚が生じる」といった感覚因果を否定しようとは考えていない。そしてこれは心身因果であるから、私はこのような心身因果をむしろ積極的に認めたいと考えている。

現代物理学に従うならば、心身因果は少なくとも二つの点で認めがたいものとなる。第一に、物理学は物理的な因果関係しか認めない。物理的なできごとが非物理的なできごとを結果として引き起こすような因果関係は認めがたいのである。それゆえ、心身因果は否定される。

第二に、心身因果は近接作用[59]ではない。指に針が刺さり、その刺激が電気信号に変換されて神経を伝わり、脳を興奮させる。ここまでは近接作用であるが、脳が興奮して指先に痛みが生じる。脳から指先までは一メートルほどある。それゆえこれは遠隔作用である。あるいは、身体状態が原因でめまいが起こるといった場合、めまいは空間的にどこで生じているとも言えないため、遠隔作用とさえ言いがたい。そして知覚因果の場合には、すでに論じたように(3―2)、原因と結果は空間的位置関係をもちえない。それゆえ知覚因果は遠隔作用でさえありえない。したがって、近接作用ではない心身因果は、物理学の観点からは否定されるのである。

なるほど現代物理学は心身因果を許容しないような因果概念をもっている。しかし、そもそも物理学は物理現象を説明するための科学であるから、そこに心身因果が収まる場所をもたないのは当然のことと言えるだろう。むしろ私としては、因果概念が本来私たちの生活の中で培われてきたものであることをだいじにしたい。実際、私たちは日常的に感覚因果をふつうに語っているのである。「蚊に刺されてかゆい」「尿管に結石が詰まったことが激痛の原因だった」「花粉が原因で目がかゆい」「昨夜の深酒が原因で頭がガンガンする」等々。私は、こうした日常的な語り方を捨て去る必要はないと考える。

知覚因果が批判されるべきなのは、それが懐疑論を帰結する二元論を伴うからであって、心身因果を主張しているからではない。それゆえ、知覚因果は否定されるが、だからといって感覚因果まで否定される必要はない。

### 8－3－3　因果の観点から知覚と夢を比較する

夢はどうだろうか。夢に関して、私の議論は私たちの常識に反する帰結をもっているようにも思われる。夢を見るメカニズムはまだ完全に解明されたわけではないが、しかし、私たちは夢と脳状態には因果的な関係があると考えている。それが私たちの常識的な理解だろう。だが、知覚因果説を否定する私の議論は、同型の議論によって夢と脳状態の因果関係も否定してしまうのではないか。

二元論において知覚像と実物の間に時間的関係がつけられないのと同様に、夢の場合にも、夢の中の時間は夢を見ている身体の時間とは関係がない。夏の海辺の夢を見ている私が、実は冬のベッドの中にいたりする。その点で知覚の場合に私が指摘したことが夢の場合にも当てはまっているように思われる。夢の内容と脳状態の間に時間的関係をつけることができないのだとすれば、その間に因果関係を立てることもできないだろう。

だが、この点に関して夢と知覚は決定的に異なっている。二元論における知覚像と実物の場合と異なり、夢の場合には、夢の内容を把握しうるだけではなくその夢の原因となった脳状態も私たちは把握できる。それゆえ、そこに因果関係を立てることもできるのである。たとえばこんな実験が考えられるだろう。睡眠中の人の脳に刺激xを与え、その直後にその人を起こす。そして「いまどういう夢を見ていたのか」と尋ねる。するとyという内容の夢を見ていたという報告が為される。こうした実験を繰り返せば、脳に与える刺激xと夢の内容yとの間に因果関係が見出せるかもしれない。

なるほど、夏の海辺の夢を冬に見ることはありうる。つまり、夢の中の時間と夢の外の時間――すなわちその夢を見ている現実の時間――は、異なりうる。しかし、両者は目覚めによって結びつくのである。睡眠中の人を起こしてみよう。その人はたとえば「いままさにごちそうを食べようとしていたのに！」と見ていた夢を報告する。この「いま」は、夢の中の「いま」だろうか、それとも起こされた現実世界の「いま」だろうか。両方だろう。夢と現実をつなぐすべては、この「いま」にかかっている。この「いま」は夢の中の「いま」でもあり、目が覚めたばかりの現実の「いま」でもある。夢から覚めるそのときに、夢の中の「いま」と現実の「いま」が同じ時刻として結びつくのである。それによって、脳状態と夢は時間的関係をもつことになる。これが、脳状態と夢の間に因果関係を考えることを可能にしている。

それに対して知覚の場合はどうか。夢と知覚の最大の違いは、夢はいつか覚めるが、知覚から覚めることはないという点にある。[60] 私たちの「いま」は、ただ知覚世界における「いま」でしかない。その「いま」が、この知覚世界の原因となった実在世界において「いつ」のことなのか。たんにそれを知る手がかりがないというだけではない。知覚世界と実在世界の「時差」を計測する時計ということに意味を与えられない以上、そもそも知覚世界と実在世界に時間的関係を言いたてることができないのである。

あるいは、知覚に対しても夢の場合と同じ実験が可能ではないかと思われるかもしれない。ある人の脳になんらかの刺激を与え、「いま何が見えましたか」と尋ねる。すると、その人はたとえば「リンゴが見えた」のように答える。ならば、このような実験を繰り返せば、脳に与える刺激と知覚との間に因果関係が見出せるのではないか。——いや、その実験によって被験者が「見た」のは、あくまでも実在しないリンゴであり、それゆえリンゴの幻覚にすぎない。脳への刺激を中止すれば被験者は幻覚から脱する。そして「いまリンゴの幻覚を見ていた」と報告するだろう。その点で、これは夢の場合と同型である。

「時刻tにおいて刺激xを脳に与えたならば、内容yの夢ないし幻覚をそれより少し後に経験する」という想定は有意味であり、そこにおける原因と結果の間の時間差を計測することもできる。だが、知覚に対してそのような実験を考えることはできない。現実の「いま」と夢・幻の「いま」は目覚めによって同じ時刻として結びつけられるが、「覚める」ということが意味をもたない知覚の場合は、知覚世界の「いま」と実在世界の「いま」は接点をもちえないのである。

## 8-4　誰が知覚していなくとも知覚的眺望はそこにある

知覚因果説は、知覚的眺望を因果の結果（最終的には脳興奮の結果）として生じる意識経験であると考える。だが、眺望論に従えば、知覚的眺望は私が知覚することによって生じる意識経験などではない。知覚的眺望は誰が見ていなくとも世界のそこに、ある。吾妻橋からスカイツリーを間近に見る光景や、十国峠から富士山をのぞむ展望は、誰が見ていなくとも、そこにある。眺望論が含意するこの主張を、「知覚的眺望の実在論」と呼ぶことにしよう。ここで「実在論」とは、誰が経験していなくとも存在することを認める考え方を意味している。経験と独立に存在することが認められるようなものは「実在論的」と呼ばれる。通常の物に対しては、私たちはふつう実在論的に考えている。たとえば引出しの中のハサミやアマゾンのジャングルに立つヤシの木など、誰も知覚していないからといって存在しなくなるとは考えていない。それに対して意識経験は経験することによってはじめて存在する。すなわち、意識経験は実在論的ではない。それゆえ、もし知覚的眺望が意識経験であるならば、それは実在論的ではありえない。

だが、知覚的眺望は対象のあり方と眺望点の関数として捉えられる。それゆえ、対象が経験と独立に存在し、かつ眺望点も経験と独立に存在するのであれば、知覚的眺望もまた経験と独立に存在する、すなわち実在論的な性格をもつことになる。たとえば、吾妻橋からスカイツリーが見える。この眺望は、スカイツリーという対象と、吾妻橋という空間的な位置およびそこからの方向という二つの要因によって決定される。吾妻橋もスカイツリーも、誰が知覚していなくとも存在する。また吾妻橋とスカイツリーの空間的な位置関係も、誰かがそれを知覚しているか否かに左右されはしない。対象と眺望点がともに実在論的なのであるから、その二つの要因によって決定される知覚的眺望も実在論的である。すなわち、吾妻橋からのスカイツリーの眺望は、誰が知覚していなくとも存在する。

では、見ることによって知覚的眺望が生じるのではないのだとすれば、知覚的眺望を「見る」とはどういうことなのだろうか。これに対して、「見る」とはそこに実在する眺望を主体の意識の内に取り込むことである」のように答えてしまっては、眺望論の求めているものはすべて失われてしまうことになる。吾妻橋からはスカイツリーの眺望が開ける。そして私は吾妻橋に立ち、その眺望を受けとる。私はこれまでしばしば「受けとる」という言い方をしてきた。しかし、「受けとる」という言い方も、何かを意識の内に取り込むことに類するニュアンスを帯びてしまうかもしれない。だとすれば、むしろ「出会う」と言おう。私はその知覚的眺望のある眺望点に立ち、そしてそこからの眺望に出会う。これが、「知覚する」という経験にほかならない。知覚経験とは、眺望点において知覚的眺望と出会う経験なのである。

この大福は甘い。それは、誰が食べていなくともそうである。私が食べることによってはじめて甘さという味覚的眺望が生じるのではなく、甘さという味わいはその大福とともにある。私はその大福を口に入れ、その甘さと出会うのである。同様に、ウグイスは誰が聞いていなくとも鳴き声を（たんなる空気の疎密波ではなく、音として）響かせ、くさやは誰が嗅いでいなくとも独特の臭気を（たんなる化学物質ではなく、臭いとして）発しており、磁器の壺は誰が触れていなくとも（感触として）なめらかである。

他方、感覚的眺望にはこうした議論は当てはまらない。知覚的眺望との違いは、眺望点の性格にある。すなわち、知覚的眺望の眺望点である空間と、感覚的眺望の眺望点である身体状態に、眺望の実在論的性格に関わる決定的な違いがある。身体は必ず誰かの身体である。それゆえ、痛みを引き起こすような身体状態が生じているときには、誰かが痛みの眺望点にすでに立っていることになる。だが、空間の場合にはそうではない。吾妻橋という眺望点には、誰も立っていないことがありうる。主体不在の眺望点ということが、空間の場合には可能なのである。だからこそ、私たちはスカイツリーの眺望に出会うために吾妻橋まで赴き、あるいは富士山の眺望に出会うために十国峠に行く。それに対して身体状態の場合には、主体不在ということはありえない。眺望点たる身体状態が存在するときには、必ずその身体の持ち主がその眺望点に立っており、そこから開ける感覚的眺望を経験している。それゆえ、感覚的眺望の場合には、「誰にも感じられていない痛みがそこにある」といった実在論的語り方は意味をもたないのである。[61]

ここでこう問われるかもしれない。誰も知覚していなくても知覚的眺望が存在するというのであれば、知覚する生物がまったくいなくても知覚的眺望は存在するのか、と。——視覚器官はあくまでも視覚的眺望と出会うための条件であり、視覚器官が視覚的眺望を生み出しているわけではない。それゆえ、たとえ世界に生存する動物がウニやイソギンチャクばかりとなり、視覚器官をもった生物がまったくいなくなったとしても、視覚的眺望はなおそこに存在すると言うべきだろう。

だが、単純にそう答えてすませるわけにもいかない。向こうに一本の木が立っている。生物がいなければ、それを「木」という意味のもとに見ることはないし、「立体」という意味や「遠い／近い」という意味さえ成立していない。どういう意味のもとに見るかによって異なりうる知覚の側面を「相貌」と呼ぶが、生物がいなければいかなる意味も与えられず、それゆえいかなる相貌も成り立たない。そしていっさいの相貌を奪われた眺望——いっさいの意味内容をもたぬ眺望——など、もはや「知覚的眺望」の名には値しないだろう。

ならば、「一本の木」という意味をもった眺望は、知覚器官をもった生物がいなければ存在しないということになるのか。その通りである。たとえ知覚器官をもっていたとしても、「木」という概念をもっていなければ、私たちのような相貌は成立しない。つまり、私たちのような相貌をもった眺望は、私たちがいなければ成立しない。

しかし、そうだとすると、相貌をもった知覚的眺望は知覚主体の存在に依存し、実在論的とは言えないのではないか。いや、そうではない。たしかに、「一本の木」という意味をもった眺望はしかるべき生物の存在を前提とする。だが、私たちがこのように生きていて、「一本の木」という意味が成立しているのであれば、「一本の木」という相貌をもった眺望は誰が見ていなくとも存在する。私はいま部屋の窓から開ける「一本の木」という相貌をもった眺望に出会っているが、その眺望は私がそこを立ち去っても、そして誰ひとりそこにいなくとも、そこにある。この事情はふつうの物体と同じである。ハサミは「ハサミ」という概念を使用する人間たちがいなければ「ハサミ」という意味をもった物とはならない。しかし、だからといってハサミが実在論的ではないということにはならない。誰が知覚していなくともハサミは存在する。「ハサミ」という概念は人間が作ったものであるとしても、人間は「ハサミ」という概念を実在論的な性格をもった概念として作り、使用しているのである。そしてまったく同様に、「一本の木」という相貌は人間の活動によって形成されたものであるにしても、その相貌をもった眺望は誰が知覚していなくとも存在する。

## 8−5 色について

眺望論の最後に、色について考えてみたい。

考えるべき問題はいくつもあるが、まず、色が知覚的眺望に属するのか、感覚的眺望に属するのかを問おう。知覚因果説に従うならば、色は感覚的眺望であると考えられる。つまり、対象の表面の物理的特性に従って特定の波長の光が反射し、その反射光が私の眼に入り、網膜で電気信号に変換され、それが脳に伝わり、その結果、私に対象の表面が赤く見える、というわけである。そうして、色は最終的にはしかるべき脳興奮によって生み出された感覚的眺望であり、客観的な世界そのものは色をもたないことになる。

もし色が感覚的眺望であるとするならば、誰も見ていないときには赤いバラも赤くはないということになるだろう。私が見てはじめて、それは（私にとって）赤くなる。赤いバラが咲いている庭に私だけがいるとしよう。私はそのバラを見る。それは赤い色をしている。ところが、私がそのバラから目を離したとたんに、それは赤くなくなるというのである。

いや、私たちはもうこのような考え方からは離れていこう。色は身体状態に起因する感覚的眺望ではない。世界そのものが色に満ちている。——しかし、そう見定めたとしても、まだここには明確にしておかねばならないいくつかの問題がある。色は物の性質なのだろうか。暗闇でも物は色をもつのだろうか。「赤い」ということは「赤く見える」こととどのような関係にあるのだろうか。これらの問いはもちろん関連しあっている。まず、二つ目の問いから考えていこう。

## 8−5−1　赤いバラは暗闇でも赤いのか[62]

視覚的眺望は色に満ちている。そして、前節8−4で議論したように、視覚的眺望は実在論的であり、誰が見ていなくとも存在する。それゆえ、色は誰が見ていなくとも存在する。赤いバラは誰が見ていなくとも、赤い。

では、暗闇でも赤いバラは赤いのだろうか。誰が見ていなくとも赤いのであれば、暗闇で誰にも見えなくとも、赤いバラは赤いように思われる。だが、そうだろうか。音の例を考えてみよう。私たちは、宇宙空間において宇宙船が轟音とともに爆破されるところを、何気なく想像してしまうかもしれない。（映画では宇宙も効果音に満ちていたりする。）しかし、言うまでもないことだが、真空中では音は発生しない。たんに聞こえないというのではなく、そもそも音という現象が成立しないのである。色の場合も同様ではないだろうか。宇宙空間が真空であることを忘れてそこに爆発音を想像してしまうように、暗闇に光がないことを忘れ、そこに赤いバラを想像してしまうのではないか。暗闇のバラは赤くない。赤いリンゴは、箱に詰めて蓋をしたとたんにその赤さを失う。そして箱から出して光のもとに置いたとき、再びその赤さを取り戻す。そう考えるべきではないだろうか。

ここで、きわめて示唆的な現象が虹である。虹は、ひとことで言って、水滴のスクリーンに光が反射することによって生じる。それゆえ、光がなければ虹はできない。そしてまた、虹は誰が見ていなくとも発生する。たとえば、誰もいない原野に一人でいたとしよう。にわか雨が通りすぎ、地平線から地平線へとかかる半円状の虹が現われる。私はしばし見とれているが、ふと後ろを向く。そのとき、私の視野から虹が消えるが、虹そのものが消えたのだと考えるだろうか。十秒後にもう一度虹に視線を向ける。私が視線を向けたことによって再び虹が発生したと考えるだろうか。そんなふうには考えないだろう。誰が見ていなくとも、条件さえそろえば虹は発生する。私が後ろを向いていた十秒間にも、七色の虹はあの空にかかっていた。虹は、世界の中に実在する。

　虹と比較するために、私の前にある一個のコーヒーカップを考えてみよう。このコーヒーカップは実在する。つまり、誰が見ていなくとも存在する。そしてまた、光がなくとも、暗闇でも存在する。ただ、光がなければコーヒーカップを見ることはできない。つまり、コーヒーカップにとって光はそれを認識するための条件なのである。他方、虹にとって光は認識のための条件ではない。（「暗くて虹が見えない」というのはナンセンスである。）光は虹が存在するための条件にほかならない。

　色と光の関係はどうだろう。光は色を認識するための条件なのか、それとも色が存在するための条件なのか。なるほど、「真っ暗でバラの赤さが見えない」と言えるような気もする。しかし、そこには「暗闇でもバラはあいかわらず赤く、ただ私たちがそれを見ることができないだけなのだ」という想定が含まれている。そしてその想定は、真空中でも音がするという想定と同様に無意味でしかない。私たちはおそらく、「真っ暗でバラが見えない」という有意味な表現に引きずられて、「真っ暗でバラの赤さが見えない」にも意味があると考えてしまうのである。つまり事情は虹と同じであり、光は色にとって認識の条件なのではなく、存在の条件と考えねばならない。

虹は水滴のスクリーンに光が反射して生じる現象であるが、同様の言い方をするならば、バラの赤さもまた、バラの花びらで光が反射して生じる現象にほかならない。その意味では、私たちはふだんの光景において、いつだって、バラの赤さにおいて、木々の緑において、空の青さにおいて、七色どころではない多彩かつ微妙な色に溢れた「虹」を見ていると言ってもよいだろう。

## 8-5-2 色は物の性質か

### 8-5-2-1 色はほぼ物の性質である

では、色は物の性質なのだろうか。虹の色は物の性質ではない。七色に染まった雨粒が空に浮かび、七色の橋を作っているわけではない。だとすると、バラの赤さもそのバラの性質ではないと言うべきなのだろうか。

ここで私たちは、バラと虹との相違点に目を向けねばならない。バラの眺望は複眼的である。それはさまざまな距離と角度から見ることができる。他方、虹が有している複眼性は希薄なものでしかない。光と水滴の間に立ち、そして光源を背にして水滴の方を向いたときだけ、虹に出会うことができる。虹には側面も背面もありはしない。誰も虹の裏側を見ることはできない。このことが、虹から「物」としての身分を奪っている。(物には必ず裏がある。虹には裏がない。それゆえ虹は物ではない。）だが、バラはまちがいなく一個の物である。それゆえ、虹の色は虹という物の性質ではないとしても、バラの赤さはバラという物の性質であると考えることができるのではないか。

そもそも「物の性質」とは何だろうか。このやっかいな問いに深入りすることはできないが、目下の問題に関わるかぎりで考えておこう。物の性質とは、少なくとも、物そのものが変化しないかぎり変化しないようなものであると考えられる。「太郎は体重七十キロである」と「太郎は花子より重い」を比較してみよう。「体重七十キロである」は太郎の性質であるが、「花子より重い」は太郎の性質ではない。というのも、太郎のあり方に変化がなくとも、花子の体重が増えれば「太郎は花子より重い」から「太郎は花子より軽い」に変化しうるからである。他方、あたりまえであるが、太郎の体重が七十キロから六十五キロに変化したならば、それは太郎自身の変化を意味している。

同様に、物そのもののあり方に変化がないにもかかわらず、どの眺望点から知覚するかによって変化してしまうものは、物の性質とは言えない。遠くからは小さく見え、近づけば大きく見えるとしても、この「小さい」「大きい」は物そのものの性質ではない。また、知覚主体の身体状態によって変化するものも、物の性質ではない。たとえば、亜鉛の欠乏などによって引き起こされる味覚障害で、甘いはずのものを食べても苦く感じてしまうといった場合、その苦みは物の性質とは言えない。

では、色はどうだろうか。なるほど色は、見る角度によって微妙に変化したり、あるいは眼球や視神経を含む身体状態にも左右されるという側面をもっている。だが同時に、私たちはたしかに、見る位置にも見る人の身体状態にも依存しないような色について語るだろう。たとえば「東京タワーは赤い」とか「昨日太郎は赤いシャツを着ていた」のように言うとき、それは特定のどこかから見られた赤さではないだろうし、そしてまたそれを見る人の身体状態のことも考えてはいない。もちろん色覚が異なる人にとっては、東京タワーや赤シャツは異なる見え方をするだろう。だが、そのことは「東京タワーは赤い」や「昨日太郎は赤いシャツを着ていた」という発言の真理性を損ねはしない。このような場合、私たちは色を眺望点に左右されないあり方として捉えている。

しかし、光がなければ色は失われる。つまり、物自身に変化がないにもかかわらず、光の有無という環境の要因によって色は変化するのである。それゆえ、色を物の性質と言いきることはできない。そこで、色は「ほぼ物の性質である」といういささか奇妙な言い方をしてみたい。あるあり方が「物の性質」とされるかどうかは、厳密に線が引かれるようなことではなく、ある程度曖昧だと考えたいのである。ある性質は、特定の物のあり方に依存する度合いが大きいほど、その物の性質とされうる程度も大きくなる。その点において、形は完全に物の性質であると言える。そこに円形のマンホールの蓋があるとして、それが円という形を成すために光や空気のような条件が要求されるわけではない。円形の蓋は、暗闇でも真空中でも円形である。また、堅さ・柔らかさ・なめらかさ・ざらつきといったあり方も、その変化はすべてその物のあり方の変化を意味するため、完全に物の性質と言ってよい。物そのものには変化がないにもかかわらず、その物の形・堅さ・なめらかさが変化するということはない。

音についても考えてみよう。音はそもそも「物の性質」とは言いがたい。雷の音などは音源となる物があるわけではなく、むしろ落雷という「できごとの性質」と言うべきである。そして、音が存在するためには、振動を伝えるための空気のような媒質が不可欠となる。それゆえ音は、ほぼできごとの性質と言える。

味はどうか。大福は甘さという性質をもち、レモンは酸っぱさという性質をもっている。だが、舌の上にのせたものが水に溶けてはじめて味を感じるのであり、舌を完全に乾燥させ、水分を含まないものを舌の上にのせても味はしない。「完全乾燥状態での味」とは「真空中の音」や「暗闇の中での色」と同じくナンセンスなのである。それゆえ、味もまたほぼ物の性質である。[63]

しかし、こうした条件は、日常生活においては当然成立していると考えられている。色の話をするときには白色光の存在は前提としているだろうし、音の話をするときには空気の存在を当然のことと考えている。あるいは、食べ物は唾液と混ざって味を生み出すわけだが、唾液の分泌は健康な状態であれば当然のこととされるだろう。そのような前提のもとでは、色も音も味も端的に対象（物・できごと）の性質とされることになる。

以上のような考え方に対して、色を生じさせる傾向性[64]が物の性質なのではないかと言われるかもしれない。そう考えることもできるだろう。ただし、そのときだいじなことは、ジョン・ロックのようには考えないということである。形と色を例にとって考えよう。ロックは、物は形という性質はもつが、色という性質はもたないと考えた。色は私たちの心の内に生じる観念であり、物は色の観念を生み出す力能《パワー》をもつのである。そしてロックは、形のような性質に対しては「一次性質」、色の観念を生み出す力能に対しては「二次性質」という伝統的な用語をあてた。[65] こう考えるならば、私がいま「色を生じさせる傾向性」と呼んだものは、ロックが二次性質と呼んだ「色の観念を生み出す力能」であることになるだろう。

だが、この考え方はまさしく知覚因果説にほかならない。眺望論は知覚因果説を拒否するのであるから、ロックのように考えることはできない。それゆえ、色を生じさせる傾向性とは、色の観念を心の内に生み出す傾向性ではなく、あくまでも世界の中に色という現象を生じさせる傾向性と考えねばならない。

そのように捉えた上でなら、色を生じさせる傾向性を物の性質と考えることにとくに問題はないだろう。そして傾向性であれば、暗闇でも失われることはない。太鼓が、叩いていないときでも「叩けば音がする」という傾向性をもつように、赤いバラは、暗闇でも「白色光を当てれば赤く発色する」という傾向性をもっている。

だが、光の存在が暗黙の前提となっている日常の場面では、物の性質を傾向性に限定する理由はないと私には思われる。「そのバラは白色光を当てると赤さを生じさせる傾向性をもっている。そしていま白色光が当たっている。それゆえそのバラの表面において赤さという現象が生じている」のような語り方は、まったく私たちの日常の語り方ではない。私たちは日常生活において、光が当たっていることを当然のこととし、光の有無をとくに問題にせずに物の性質について語っている。そのような語り方の中では、色を生じさせる傾向性などではなく、まさにそこに生じているその色こそが物の性質なのである。

かくして、白色光の存在が前提される場面においては、色は物の性質であると言ってよい。白色光の存在が前提にされない場合でも、私たちの生活のほとんどが白色光のもとで為されていることを考えるならば、色はほぼ物の性質であると言えるだろう。

## 8－5－2－2　色という現象の一部が物の性質とされる

以下では、白色光の存在を前提として、「ほぼ」という遠慮がちな限定をとり、きっぱりと「色は物の性質である」と言うことにしよう。だが、そうだとしても、「色は物の性質としてのみ現われる」と言うことはできない。というのも、物の性質とは言えないような色の現われも見出されるからである。たとえば、赤い色のサングラスをかけて白いウサギを見たとしよう。そのときそのウサギは赤く見える。だが、その赤さはウサギの性質ではない。[66]
では、赤いサングラスをかけて赤いウサギが見えたとき、私は何に出会っているのだろうか。赤いウサギに出会っているわけではない。この状況を無視点的に――特定の眺望点から見られたのではない世界のあり方として――描写すれば、「私は赤いサングラスをかけて白いウサギの前に立ち、ウサギの方を向いている」となる。[67] 私が出会っているのは、このような状況である。そしてこの状況を有視点的に、私の眼の位置を眺望点として描写すれば、「私にはウサギが赤く見える」となる。これはけっして私の意識状態の描写ではない。「私は赤いサングラスをかけて白いウサギの前に立ち、ウサギの方を向いている」という世界の状況を有視点的に描写したものである。それゆえ、「私にはウサギが赤く見える」における赤さは、なるほどウサギの性質ではないとしても、なお世界のあり方としての赤さにほかならない。

このように、世界は色に満ちているが、その色の現われのすべてが物の性質とされるわけではない。この点に関して、人物の性格とのアナロジーで物の性質を考えることが有益である。私たちは人に対して「怒りっぽい」「わがまま」「照れ屋」等々の性格を捉える。ある人が怒りっぽかったとしても、しかしその人の言動のすべてが性格の現われであるわけではない。怒りっぽいという性格の現われとされるような言動は、その人の言動の一部分でしかない。私たちは、人とつきあうためにその人の言動においてある秩序を見出し、ある種の秩序をその人の性格として捉える。そして、怒りっぽい人には怒りっぽい人なりの対応をするのである。

物の性質も同様に考えることができる。私たちは、物とつきあうために知覚的眺望においてある秩序を見出し、ある種の秩序――世界のあり方の秩序の一部分――をその物の性質として捉えるのである。知覚的眺望は色に満ちている。色は意識経験ではなく、世界そのもののあり方にほかならない。そうした世界の現われにおいて、私たちはさまざまな秩序を見出す。物に性質を帰属するのも、そうした秩序のひとつなのである。そして、サングラスを通して見たときのウサギの赤さなどのように、物の性質という秩序に収まらない色もある。それゆえ、「色は物の性質か」という問いに対する答えを、こう言いなおさなければならない。色は物の性質でもある。

## 8-5-3　ある物が赤いことと赤く見えること

ある対象が赤く見えることは、その対象が赤さという性質をもっていることを必ずしも意味しない。しかし、両者は密接に関係している。色についての考察の最後に、ある物が赤いことと赤く見えることの関係を考えよう。

赤さという性質をもったものが赤く見えないというのは、どのような場合だろうか。まず最初に、言うまでもないが、適切な知覚的眺望点に立っていなければ赤いものであっても赤く見えない。あまり遠くにある家の屋根は、赤く見えないどころか、その家の屋根そのものが見えない。

また、距離と方向は適切であっても、主体と対象の間に不透明ないし半透明のものがあれば、赤い屋根が赤く見えないということが起こる。別の建物がその家を遮っている場合にはそもそも見えないし、赤以外の色のついたガラス窓やサングラスごしに見ているといった場合には、元の赤とは多少違った色に見えるだろう。そこで、主体と対象の間に視線を妨げるような不透明ないし半透明のものが存在しない場合、主体と対象の間は「透明」であると言うことにしよう。

さらに、赤さという性質をもったものが赤く見えない場合として、視力や色覚異常のような身体的原因も考えねばならない。そこで、①適切な知覚的眺望点に立ち、②主体と対象の間が透明であり、③関連する身体状態も適切であるとき、主体は「適切な知覚状況にいる」と言うことにする。

では、「主体が適切な知覚状況にいるときに、ある対象が赤く見える」ことと「その対象が赤い」ことはどのような関係にあるのだろうか。単純に考えれば、定義の関係だろう。すなわち、「ある対象が赤いとは、主体が適切な知覚状況にいるときにその対象が赤く見える場合であり、その場合にかぎる」とするのである。これで、「ある対象が赤い」ということの定義になっているだろうか。

いや、事情はそれほど単純ではない。主体が適切な知覚状況にいるとしても、なお見まちがえる可能性がある。見まちがいの原因はさまざまである。強い関心のバイアスがかかっていたり、恐怖心に駆られていたり、他の情報に攪乱されたりするといった場合もある。出血しているという思い込みのために、コーヒーの染みが赤く見えてしまうといったことも起こりうる。あるいはたんにうっかりとしか言えない場合もあるだろう。いずれにせよ、私たちはまちがいを犯す生き物である。

ならば、定義を修正して、「ある対象が赤いとは、主体が適切な知覚状況にいて、かつ見まちがいを犯していないときに、その対象が赤く見える場合であり、その場合にかぎる」としたらどうだろうか。だが、「見まちがいを犯していない」とは、知覚している内容が対象のあり方に一致するということにほかならない。その家の屋根が赤さという性質をもっているときに私にそれが赤く見えたならば、私は見まちがえていないとされる。それゆえ、「条件Cが満たされているときには、その経験は見まちがいではない」ということが成立するような条件Cを規定しようとしても、その内にはどうしたって「対象の色と一致する仕方で経験すること」といった条項が含まれてしまうだろう。つまり、この修正案はたんに「ある対象が赤いとは、主体が適切な知覚状況にいて、かつ対象の性質である赤さと一致する仕方で知覚しているときに、その対象が赤く見える場合であり、その場合にかぎる」というものとなる。これは「対象の色」を「対象の色と一致する経験」によって定義するものであり、同語反復《トートロジー》である。それゆえ、「ある対象が赤いとは、条件Cが満たされているときに、その対象が赤く見える場合であり、その場合にかぎる」という形の定義を与えることは諦めねばならない。私たちはそのような定義に使えるような条件Cを同語反復に陥らずに規定することはできない。

　では、「ある対象が赤さという性質をもっている」ことと「適切な知覚状況では赤く見える」ことの間には意味上の関係はないのだろうか。[68] そうは思えない。「赤い」ということはなんらかの仕方で「適切な知覚状況で赤く見える」ということと意味上の関係をもっているだろう。だが、それは定義に見られるような必然的な関係ではない。私たちはここで定義よりも弱い意味上の関係を考えるべきだろう。適切な知覚状況で赤く見えたからといってその対象が赤さという性質をもつとはかぎらないという、ある程度のたるみを認めながら、なおそこに意味上の関係が成り立つ。それはどのような関係なのだろうか。

　具体的な事例を通して考えてみよう。一軒の家の屋根が赤く見えたとする。それはあなたの視力ではっきり見えているし、あなたの色覚にも問題は認められない。視線を妨げるような半透明のものも不透明なものもない。すなわちあなたは適切な知覚状況にいる。そのときあなたは当然のこととして「あれは赤い」と判断するだろう。私たちもまた、あなたがそのように判断することをもっともなことだと考える。この「もっともなこと」という評価は、「絶対そうだとはかぎらないが、そう考えて当然」という評価である。ここに、いま私たちが求めている「定義より弱い意味上の関係」がある。「あの屋根は赤い」と判断する私に対して、誰かが、とくに私の判断を疑う理由をもっているわけでもないのに、たんに「すべての知覚は絶対確実なものではない」という一般的理由に基づいて、「君のその判断は絶対確実とは言えない。だから、赤く見えたからといってただちに「あれは赤い」と判断するのは早計というものだ」などと非難したならば、むしろ非難した人の方がおかしいとされるに違いない。

このことは、私たちが認識そのものよりも行動に価値をおいていることに関係している。たとえば信号が赤に変わるのが見えたとする。通常であれば私はそれを目にして、即座に「信号が赤に変わった」と判断し、足を止める。しかし、とりあえずはそのとき私にそう見えただけである。見まちがいかもしれない。だから、たんに「赤く見えた」ことから「いま信号の色は赤だ」と判断するのは、絶対確実な認識を求める態度からすれば、早計であるだろう。だが、そんなことを言って私の判断を非難するのは的外れである。私たちは状況の認知をもとに行動しなければならない。そのためには判断の正確さだけでなく、スピードも必要とされる。判断の正確さと素早さはある程度トレードオフの関係にあるため、私たちは適切なバランスを求めねばならない。正確さと素早さの適切なバランスという意味において、適切な知覚状況で赤く見えたときにそれを鵜呑みにしてただちに「それは赤い」と判断することは、誤りうるものではあるけれども、なお理にかなったこと、すなわち「合理的」なのである。[69] 誤りうることを鵜呑みにするのは不合理であると考えられてしまうかもしれないが、そうではない。誤りえない判断を求めて一歩も前に進めなくなることこそ、不合理だろう。

「ある対象が適切な知覚状況において赤く見えたこと」と「その対象が実際に赤いと判断すること」との間にあるこの合理的連関に、定義より弱い形の意味上の連関を見ることができる。つまり、この連関を合理的なものとみなさない人は、「赤」という語の意味を理解していないとみなされるのである。いま知覚状況の適切性は疑われていないとしよう。そして目の前のトマトが赤く見えている。しかしそれにもかかわらず、「このトマトは何色か」と尋ねられて「赤い」と判断しない人、あるいは「赤い」と判断することに躊躇する人がいたとしたら、その人は「赤」という語を用いた私たちの言語実践に参加できないに違いない。このような場面では色を尋ねられたならば躊躇することなく「赤い」と答えるべきなのであり、そのことは「赤い」という語の意味を構成する言語規則のひとつなのである。[70]

# 9 相貌と物語

## 9―1 問題の確認

私たちは、ふだんの何気ない場面において、自分が見ているものがけっしてたんなるイメージや像ではなく、実物そのものであることを疑っていない。だが、私たちはときに知覚においてまちがう。見誤りをし、錯覚に騙され、あるいは幻覚に襲われることもありうる。こうした知覚のまがいものとも言えるような経験において捉えられているものは、実物ではないと思われる。それはたんなる知覚もどきのイメージにすぎない。こうして私たちは、正しい知覚に対しては素朴実在論的に考え、知覚のまがいものに対しては二元論的に考えている。そして、その裂け目を利用して、正しい知覚の場合であれ誤った知覚の場合であれ、経験そのものとしては同じでありうるのだから、誤った知覚においても経験しているのが知覚イメージであるならば、正しい知覚において経験しているものも知覚イメージであらねばならないと、私たちを全面的な二元論へと導くのが錯覚論法であった。

だが二元論をとると、「実物はいつ、どこにあるのか」という時間・空間的位置の問題と「実在世界は認識不可能」という外界の懐疑に直面する。他方、一元論をとると、二元論の抱える問題は解消されるが、私にいま知覚されていない世界の実在性と他人の心が捉えられなくなる。では、世界と他我をどちらも手放さずにいるためには、どうすればよいのだろうか。

私は、哲学的な議論を尽くした上で、素朴実在論に立ち止まりたいと考えている。見ているものは実物そのものであるという私たちの素朴な実感を、私はけっして手放したくない。この実感に寄り添い、それを問題のない一貫した哲学的理論に育て上げること。そのために、ここまでは「眺望論」と呼ぶ議論を展開した。では、登山に喩えるならば、私たちはいまどのくらいまで登ってきたのだろう。そして、山頂まで、どう進んで行くべきなのだろうか。

眺望に関してであれば、私たちはそこにおいて世界と他我を手放さずにいることができる。知覚的眺望は実物そのものと出会うことであり、また、他人の眺望についても、それを知ることに原理的な困難はない。だが、そのように議論を展開するさいに、私はあくまでも正常で典型的な知覚のみを取り上げて論じてきた。見誤り、錯覚、幻覚といった場面については、まだ何ひとつ論じてはいない。それゆえ、錯覚論法の中心的な部分がまだそのまま問題として残されている。そして、素朴実在論に立ち止まりたいのであれば、錯覚論法の挑戦を完全に退けておかねばならない。だが、私の考えでは、それは眺望論の持ち分を越えているのである。私たちは知覚に含まれる眺望以外の側面を取り出して論じていかねばならない。

他我についてはどうだろう。眺望論は他我を十全な形で取り出しえているだろうか。いや、これについても、眺望論は「他者性」と呼ぶべきものの核心を取り出せないままでいる。眺望は眺望点の関数となる。空間的位置関係であれ身体状態であれ、その眺望点は原理的に誰でも立ちうるものであり、私はそのことを「眺望点の公共性」と呼んだ。ひとことで言えば、「眺望に対する感受性をもつものであれば誰でも、この眺望点に立てばこの眺望に出会える」という了解が、眺望と眺望点に関する基本了解にほかならない。なるほど、ここにはまだ「目の前の他人(あるいは動物やロボット)は眺望に対する感受性をもっているのか」という問題がある。そしてその問題については、第12章「他我問題への解答」で論じられることになる。だが、他我問題に悩んでいた人たちの核心に居座っていた「私は他者の眺望を経験しえない」。これは論理的真理である」という自他を隔てる絶対的な壁は、眺望論においてはもはや崩れ去っている。眺望論は「私」「あなた」「彼女」といった人称性を眺望点のあり方に組み込みはしない。その意味で、眺望論はあくまでも「非人称的」な理論である。だとすれば、私たちは眺望論において他者の他者性をも解消したのだと言わねばならない。

このこと自体は、他我問題を巡る従来の議論に対して否定的な、しかし大きな意味をもっている。大森荘蔵がその典型と言えるだろうが、これまで他我問題において「痛み」は中心的な事例とされてきた。他人の心の有無およびそのあり方を問題にする上で、痛みはもっとも単純な心的ことがらとして取り上げられてきたのだと思われる。だが、眺望論が正しいなら、感覚的眺望は身体状態の関数として捉えられるのであり、それは、その身体状態になれば誰にでもその感覚的眺望が生じるという公共的・非人称的なレベルに解消されるべきなのである。つまり、「痛み」は他者性の中心的事例ではない。実際、「他人の心」を論じるのに「痛み」がその中心的事例とされてきたというのは、私にはひどく不健全なことであったと感じられる。日常的な非哲学的実感に従うならば、「痛み」は「心」と呼びうることがらの中心的事例でも、「他者性」の核心でもないだろう。

だが、そうだとすると、他人の心、その他者性の正体を捉えるという課題のもとで、あるいはそもそも心とは何かという根本的な問いに対して、眺望論はまだ積極的なことをほとんど言っていないということになる。私たちは心の在りかを捉えるために、眺望論では捉えきれない新たな場面へと進んで行かねばならない。

心とは何か。この問いは、錯覚論法の問題とも結びついている。眺望論は、正しい知覚の場面では知覚的眺望を実物との出会いとして捉える。そこに知覚イメージのようなものは要求されない。実物がじかに現われている。だが、見誤り・錯覚・幻覚といった経験において、その眺望は実物そのものとの出会いではないだろう。だとすれば、それは世界の内にではなく、「心」の内に回収されねばならない。問題はその回収の仕方である。見誤り・錯覚・幻覚における眺望を収める場として「意識」を設定するのは、錯覚論法の思う壺である。私たちはそこから容易に、正しい知覚の場合にもその眺望は意識の内にあるという結論へと導かれてしまうだろう。意識と実在という二元論に陥ることなく、見誤り・錯覚・幻覚といった経験の居場所を確保しなければならない。

こうした問題に対して、私は「相貌」という概念を用いて答えたいと考えている。知覚的眺望はなんらかの意味をもっている。意味に応じて異なりうる知覚の側面を私は「相貌」と呼ぶ。そして私は、相貌においてこそ「心」と呼びうるものが見出され、相貌においてこそ「他者性」の核心が存しているると論じたい。それゆえこの章は、眺望論に対して「相貌論」と呼ぶべきものとなる。目標は、相貌論において「心」と「他者性」の在りかを浮き彫りにすること、そして相貌論を用いて錯覚論法を完全に否定することである。それはまた、本書全体がめざしている山頂でもある。

## 9―2　相貌の諸相

### 9―2―1　知覚は物語のひとコマとしてある

知覚には眺望論では捉えきれない豊かな側面がある。対象に対する空間的位置関係が固定されていたとしても、なお、異なったものとなりうる側面が知覚にはある。別の言い方をするならば、私と他者が異なる知覚をしているとき、知覚のあり方の違いが位置関係の違いによっては説明されないような、そのような知覚のあり方がある。

この点に関しては反転図形が示唆的である。図11は老婆にも若い女性にも見える反転図形であるが、いま花子にはこの図が老婆にしか見えず、太郎には若い女性にしか見えなかったとしよう。二人の知覚は異なっている。だが、それを異なる対象を見ているからとか、異なる眺望点に立って見ているからと説明することはできない。[71] なるほど二人は多少違う場所からこの図を見ているとしても、見ている場所が違うという理由で花子には老婆に見え太郎には若い女性に見えているわけではない。また、二人の身体状態にも違いはあるだろうが、二人の見え方の違いを身体状態を引き合いに出して説明するのは筋違いであると考えられる。ここで花子と太郎の見え方の違いとしてまず指摘されるべきは、二人がこの図に見てとっている意味の違いだろう。私は、6－8「知覚的眺望は身体に依存しないのか」において、知覚は対象・空間・身体・意味という要因に左右されると述べておいた。反転図形において、まさに対象のあり方でも対象との空間的位置関係でもそれを見る者の身体状態でもなく、〈意味〉という要因が浮かび上がってくるのである。

図11

たとえば人物の表情を見る場合を考えてみよう。泣いている女性を写した一枚の写真があるとする。どうしてその女性は泣いているのか、そのエピソードのあり方によって、私たちはそこに異なる表情を見るだろう。親の死によって泣いている場合には悲しみの表情を見るだろうが、職場で軽んじられたという理由で泣いているのであればむしろくやしさという表情を見るかもしれない。さらには、したたかに脛を机の角にぶつけてしまったというのであれば、それはまたまったく異なった表情となる。
あるいは、一台の自転車があるとして、それは人が乗って走れるものだという了解が、それを自転車という意味のもとに見ることを成り立たせているだろう。かりにそれを生物と考え、かってに動き出すかもしれないとか襲ってくるかもしれないといった可能性をこめてその自転車を見る人がいたとしたら、その人にはそれは私たちと異なった見え方で見えるのではないだろうか。
ある一時点における知覚も、その時点だけの孤立した断片ではありえない。知覚は時間の流れの中に位置し、さまざまな可能性に取り巻かれている。私は、この点にこそ、知覚において〈空間〉〈身体〉と並ぶ〈意味〉という要因を見出す。この時間性と可能性を、眺望論は十分に捉え得ていなかったのである。[72]
そこで、知覚を取り巻く時間性と可能性という要因を取り出すため、「物語」という言葉を用いることにしたい。物語は現在の知覚を過去と未来の内に位置づける。そしてまた、私たちは現実の物語だけでなく、反事実的な可能性の物語も語り出すだろう。知覚はこうした物語のひとコマとして意味づけられる。物語に応じて異なった意味づけを与えられる知覚のこの側面が、「相貌」である。[73]
だが、ひと口に「相貌と物語」と言っても、そこには検討しなければならないさまざまな局面がある。私は、眺望論に収まらない知覚のあり方をすべて相貌として捉えたいと考えている。それゆえ、そのあり方はきわめて多種多様である。これから論じていく話題の見出しだけをあらかじめ挙げておくならば、どのような概念をもっているか、そのものごとをどう記述するか、それに関連して何を考えるか、どのような感情を抱いているか、そのものごとに対してどういう価値を見出すか、どのような技術をもっているか、そのときどういう行為を意図していたか、こうした要因が知覚のあり方に反映されてくる。これらをすべて「相貌と物語」という観点から統一的に捉えること、これが相貌論における最初の課題となる。[74]

## 9-2-2 概念——犬を見る

### 9-2-2-1 紀州犬を知らない人は紀州犬を見ることができないか

私たちは犬を知覚することができるだろうか。こう問うたならば、何を尋ねられたのかよく分からないという顔をしながらも、おそらくほとんどの人が「できる」と答えるに違いない。私の答えも「できる」である。私たちは犬を見、犬の鳴き声を聞き、犬にさわる。だが、注意しなければならない。「犬を知覚する」という言い方の意味は必ずしも明確ではない。そのため、「犬を知らない人でも犬を見ることができるか」と問うたならば、私の予想では、多くの人がこの質問を「私たちは犬を見ることができるか」という問いと区別せずに、この質問に対しても「できる」と答えるのではないだろうか。しかし、私は両者を明確に区別し、「私たちは犬を見ることができるか」という問いに対しては「できる」と答え、「犬を知らない人でも犬を見ることができるか」という問いに対しては「できない」と答えたいのである。

たとえば、あなたは紀州犬を見ることができるだろうか。[75] 私に関して言えば、残念ながら紀州犬を見分けることはできない。それゆえ私には紀州犬を見ることができない。だが、これに対して、「それと知らずに紀州犬を見ているということもありうるのではないか」と言いたくなる人もいるだろう。たとえば私はそれが紀州犬だと知らずに白い犬を見ながら、「紀州犬はまだ見たことがない」などと話していると、相手が苦笑いしながら「君はいままさに紀州犬を見てるじゃないか」と言う。そんな場面を考えることはできる。このような言い方で「紀州犬を知らなくとも紀州犬を見ている」と言うことは可能だろう。だが、私がいま問題にしたいことはそういうことではない。ここで問題にしたい「紀州犬を見る」とは、「ひとが紀州犬とみなしているものを私が見る」ということではなく、それを見ている私自身がそれを紀州犬という意味のもとに見るということである。

もう一度問おう。紀州犬を知らない人がそれを紀州犬という意味のもとに見るということはありうるだろうか。この問いであれば、「ありえない」と答えが返ってくるに違いない。

では、紀州犬を熟知している人は、それを紀州犬という意味のもとに見るのだろうか。私の答えは「イエス」である。だが、この問いに対して「ノー」と答える人もいるだろう。太郎は紀州犬を知らず、花子は熟知しているとしよう。そして二人の目の前に一頭の紀州犬がいる。そのとき、二人はまったく同じ知覚経験をしているのか、それとも二人の知覚経験にはどこか違うところがあるのか。答えは分かれるのではないだろうか。ある人たち（私も含めて）は、太郎と花子の知覚経験には違いがあると答える。他方、別の人たちは、太郎と花子の知覚経験それ自体は同じものだと答える。ただ、同じ知覚をもとにして異なる判断をしているのだ、と。つまり、紀州犬を熟知している花子は、紀州犬を知らない太郎と知覚としては同じ経験をしているのだが、花子は紀州犬を熟知しているので、いわば同じデータからより豊かな判断ができるのだ、というわけである。

ここには知覚に対するまったく異なる考え方が見られる。一方は、知覚されるものごとは意味をもったものごとであると考える。それゆえ、犬を知っている人は犬を――犬の意味のもとに――知覚することができ、紀州犬を知っている人であれば、紀州犬を――紀州犬の意味のもとに――知覚することができる。逆に、紀州犬を知らない人は紀州犬を、紀州犬の意味のもとに知覚することはできず、犬を知らない人であれば、犬を、犬の意味のもとに知覚することはできない。それに対して、もう一方の考え方に従えば、知覚されるのは意味を付与される以前の何ものかとされる。「犬」や「紀州犬」といった意味を与えられる以前の何ものかを知覚し、その知覚をもとに、それを「犬である」とか「紀州犬である」と判断しているというのである。

現代の知覚論の用語を使うならば、これは「概念主義」と「非概念主義」の対立として捉えることができよう。この論争は知覚論における大きなテーマであるから、ここで深入りすることは避け、必要なポイントだけ押さえておくことにしたい。非概念主義は、知覚は概念以前だと考える。何か知覚的な情報を受けとり、それをもとに「犬が歩いている」といった概念的な、すなわち意味をもった判断が形成される。ここで知覚と判断は別立てに考えられ、概念的な判断以前の非概念的な知覚が想定される。しかも、いま考えているのは、「知覚には非概念的な側面もある」といった部分的な非概念性ではなく、「知覚はすべて非概念的である」とする、徹底的な非概念主義である。

徹底的な非概念主義は、判断と知覚を峻別するためにむしろそこが弱点となる。知覚は私たちの判断を導くものと考えられる。なぜ「犬が歩いている」と判断するのか、なぜその判断が正しいと考えられるのか。それは、しかるべき知覚経験に基づいてそう判断したからである。だが、知覚が徹頭徹尾非概念的なものであるとすると、非概念的な知覚が概念的な判断をどうやって導き、どうやって正当化しうるのかが理解できなくなってしまう。そう批判される。非言語的な、それゆえ意味をもたない情報がどうやって言語的な有意味な判断の証拠として利用されうるというのか。ある判断を正当化する証拠はそれもまた概念的なものでなければならない。かくして、「非概念的な知覚を所与《データ》として概念的な判断を正当化する」という非概念主義の考えは「所与の神話（myth of the given）」と呼ばれ、不可能な神話として捨て去られねばならないと論じられるのである。これが非概念主義に対する決定的な論駁になっているかどうかはなお慎重に検討されねばならない。だが、主としてこの「所与の神話批判」に力を借りて、概念主義と呼ばれる立場が台頭してくることになる。

ここでも、まず徹底的な概念主義が考えられるだろう。すなわち、知覚はすべて概念的であり、知覚には非概念的な側面はない、とする考え方である。だが私は、徹底した非概念主義にも徹底した概念主義にも立つつもりはない。私自身の考えは、知覚には概念的な部分も非概念的な部分もある、というものである。[76]

先ほどの問いを繰り返そう。——紀州犬を知らない太郎と、熟知している花子とでは、まったく同じ知覚経験をしているのか。私は、二人の知覚経験はまったく同じというわけではないと答えたい。なるほど同じと言える部分もある。ともあれ二人は犬を見ている。だが、紀州犬を知っているかどうかに応じて、その分だけ二人の知覚は異なったものになっていると思うのである。これは徹底した非概念主義を拒否した考え方になっている。だが、だからといって徹底した概念主義に立つ必要はない。ともあれ、知覚には概念的な側面が、、、あるということが認められればよい。概念的な知覚に加えて非概念的な知覚もあるのかどうかに関しては（私はあると考えるが）、さしあたりオープンのままにしておいてかまわない。

知覚はきわめて身近な経験であるから、自分の知覚経験を反省してみればそれが概念的なものであるかどうかは分かるのではないか。そのように思われるかもしれない。だが、紀州犬を知らない人には紀州犬を熟知している人の見え方は分からないし、逆に紀州犬を熟知している人には紀州犬を知らない人の見え方はもう分からなくなっているに違いない。それゆえ、自分自身の経験に訴えるというやり方にも難しい点がある。そこで、人工的な例であるが、反転図形を取り上げよう。反転図形であれば、他人の見え方を引き合いに出さずに自分自身で反転する見え方の変化を経験できる。

先ほどの、老婆にも若い女性にも見える反転図形（図11、一九九ページ）をもう一度見ていただきたい。どうだろうか。老婆に見えているときと若い女性に見えているときでは明らかに見え方そのものが違っているのではないだろうか。とくに、あなたが最初見たときには斜め後ろを向いた若い女性にしか見えていなかったとして、その次に、横を向いた老婆の姿をそこに見出したとすると、そのとき、あなたはそこでまさに見え方が反転するのを経験するだろう。しかもこれは人間の顔の反転であるから、もし「人間の顔」という概念をもっていなかったとしたならば、この反転は起こらなかったに違いない。[77]（あるいは、茅原伸幸氏が作成した反転する動画[78]はたいへん印象的である。女性のシルエットが一定方向に回転して見えている。それが、ふとした瞬間に逆向きに回転しているシルエットに見えるようになる。この事例では明らかに見え方そのものが異なっていると感じられる。そしてこの図形もまた、「人体」や「回転」といった概念をもっていなければ、反転を示さないだろう。）

私は、このようなことが日常的な場面でも起こっていると言いたい。たとえば、反転図形に近いと思われる事例として、星座を挙げることができるだろう。私たちは星空を見るときに、いくつかの星座をそこに見てとる。私自身はあまり星に詳しくないが、それでも冬の夜空にカシオペア座を見分けることぐらいはできる。誰しも、そこにWの文字の形を見てとるだろう。だが、もしアルファベットのWという文字を知らなかったり、それがひとまとまりの星座ではなく、複数の星座の部分になっていたり、あるいはそもそも星座として見ていなかったりしたならば、おそらくその人たちの目には私たちと異なる星空が見えていたに違いない。[79]同じようなことはX線写真のような事例に対しても言える。素人が見てもとりたてて何も見出せない画像に、専門家は早期の肺がんを見出しもする。それは判断レベルの違いではなく、まさに見え方が違うと言うべきだろう。

事情はふだんの何気ない場面でも同様であると私には思われる。私たちは犬を見る。その知覚は犬という意味によって成り立っている。私たちは犬という概念を十分に使いこなしているから、当然のように犬を、犬の意味のもとに、見ているが、もし犬という概念をもたない人たちがいるとすれば、その人たちにとってはまた別の知覚が経験されるに違いない。

### 9-2-2 概念は典型的な物語を開く

このような知覚のあり方は、言うまでもなく、対象との位置関係によって説明されるものではない。すなわち、眺望論で捉えられるものではない。では、私たちはこの知覚経験を相貌として捉えることができるだろうか。ここで問われるべき問いをより正確に述べておこう。知覚は現在の現実のことであるが、たんに現在のことであるだけでなく、過去と未来の内に位置づけられ、またたんに現実のことであるだけでなく、さまざまな反事実的な可能性の了解を伴っている。私は知覚が位置づけられるべきそうした時間性と可能性をあわせて「物語」と呼ぶ。知覚は物語の内に位置づけられる。そして物語に応じて異なった意味づけを与えられる知覚のこの側面を「相貌」と呼ぶ。それゆえ私たちはここで、概念をもつことによって可能になる知覚のあり方は、物語とどう関係するのか、と問わねばならない。

これに対して私は、概念は物語を開くと論じたい。あるものを「犬」という概念で捉えるとき、そのことによってその対象は「犬」という概念が開く物語の中に位置づけられる。私たちがそれを「犬」として捉えるとき、それは親犬から生まれ、餌を食べ、排泄をし、四本足で歩き、ときに眠り、やがて死ぬ、そういう存在であると了解する。さらに、それは「ワン」と鳴き、うれしいと尻尾を振り、怒ると唸るだろうとも予想する。もちろん、四本足ではない犬も、「ワン」と鳴かない犬もいるだろうし、うれしくても尻尾を振らなかったり怒っても唸らない犬もいるかもしれない。そうしたことがらはあるものが犬であるための必要条件ではない。だが、ふつうの犬はそうすると私たちは考える。「犬」という概念には、私たちが犬に対してもっている社会的な通念の了解が伴っているのである。それゆえ、たんに「犬が私に向かって唸っていた」とだけ記したとすると、他の情報がないかぎり、その文を読んだ人は誰もが、その犬は怒っていたのだと考えるだろう。

こうした概念観は、伝統的な概念観よりも認知意味論の概念観に近いものとなっている。伝統的な概念観に従えば、概念の役割は分類であり、概念はその概念に当てはまるものたちの集合と結びつけて捉えられる。だが、たとえば「鳥」という概念のもとに私たちはたんに鳥たちの集合を理解しているだけではない。私たちは鳥の中に典型的な鳥と例外的な鳥を区別する。私たちにとって、スズメや鳩は典型的な鳥（ふつうの鳥）であり、ダチョウやペンギンは例外的な鳥（変な鳥）である。認知意味論は、このような典型と例外の違いもまた「鳥」の意味を構成すると考える。そしてまた、認知意味論（とりわけプロトタイプ意味論と百科事典的意味論と呼ばれる議論）に従えば、典型的《プロトタイプ》な鳥たちに関する私たちの通念も、「鳥」の意味を構成している。[80] 私は、認知意味論のこうした考え方に賛成したい。ふつうの鳥は飛ぶということ、そして飛ばない鳥に出会ったなら、それは例外的な鳥だとみなすこと、そうしたことのできない人は、鳥と鳥でないものの識別が完璧にできていたとしても、まだ「鳥」という概念を十分には習得していないと言うべきだろう。

ふつうの鳥はおおまかにこれこれの外見をしており、体が羽毛で覆われ、くちばしをもち、翼があり、空を飛ぶ。巣を作り、卵を産む。樹上に棲む鳥もいれば、水辺に棲息する鳥もいる、等々。鳥に関する私たちのこうした通念が、「鳥」の意味を構成している。一般に、概念Aはその典型例に関する私たちの通念を伴う。そして、その通念はそこに開かれる物語を規定する。それを、概念Aが開く「典型的な物語」と呼ぼう。ある対象を概念Aのもとに捉えるとき、私はその対象をAの典型的な物語の内に位置づけることになる。この典型的な物語が、その対象の知覚に反映され、相貌をもたらすのである。

### 9-2-2-3 ただ分類すればよいというわけではない

伝統的な概念観に従えば概念の役割は分類にある。そしてたしかに、分類の仕方は知覚のあり方を左右するように思われる。たとえば、太郎は植物に詳しく、花子はまったく詳しくないとしよう。二人が森に入ったとして、太郎は植物を細かく分類し見分けるが、花子は「花が咲いている」ぐらいにしか見分けない。そんな二人が森の植物から受けとる相貌はかなり異なったものとなるだろう。

だが、相貌を左右するのは分類そのものではない。もし分類が物語に関係しないものであるならば、そのような分類自体には相貌を生み出す力はないと考えられる。たとえば、一クラスの生徒を五つの班に分けることを考えてみよう。ある生徒が第二班になろうと第三班になろうと、それは私がその生徒をどう知覚するかには関係がない。ただし、第二班が他の班にない独特な物語を生み出し、定着させていったとすれば、私はその生徒が第二班のメンバーだと知ったときに、その見方が変わる可能性がある。こうした見方の変化は、たんなるグルーピングが生み出すものではなく、そのグループが独自の物語をもつようになることによるのである。

私の考案したでまかせの分類で「クリーニャー」というものがある。すべての猫とすべての掃除機を併せた集合に対応する概念である。「xはクリーニャーである」を日本語に翻訳すれば「xは猫であるか、または掃除機である」となる。いま我が家には二台の掃除機と二匹の猫がいるから、つまり四つのクリーニャーがあることになる。だが、このような新たな分類を採用したからといって、それでただちにいまの猫や掃除機に対する知覚のあり方が変わるわけではない。つまり、足元で寝ているそれを「クリーニャー」という意味のもとに見ることは、私にはできない。「これをクリーニャーとして見てごらん」と言われても戸惑うばかりである。分類が知覚に反映されるためには、さらにその分類のもとに典型的な物語が開かれる必要がある。そしていまの私には、典型的なクリーニャーの物語などまったく想像できない。

概念が知覚のあり方に反映されるのは、それがある範囲の対象をグループ分けするからではない。概念はそこに典型的な物語を開き、それによって対象は相貌を獲得するのである。

このように考えてくると、「ある概念を理解している」といってもその理解にはより浅い理解とより深い理解があることになるだろう。任意の対象について、それがその概念に当てはまるかどうかを識別できる。これがもっとも表面的な理解である。この理解であれば、私は「クリーニャー」を理解していると言える。だが、ある概念をより深く理解するとは、その概念が開く典型的な物語をより詳しく知っていることにほかならない。そしてより詳しく物語が開かれれば、それに応じて相貌も異なってくるだろう。

たとえば、道端にハハコグサを見つける。私はハハコグサの花をそれと識別できるが、それ以上は何もハハコグサについて語るべきことを知らない。語れるとしたら、それが植物であること、あの黄色いのが花であること、ぐらいである。それが一年中咲いているのか、それとも春のこの時期だけに咲いているのか、全国どこにでもあるのかといったことについては何ひとつ知らない。それゆえ、私は一応ハハコグサをそれとして識別できるけれども、その相貌はたんに「雑草」というたいへん申し訳ない一括りにとどまるようなものでしかない。他方、植物に詳しい人であれば、また違う相貌が現われるのだろう。

そこで、いまハハコグサについて調べてみた。すると、春の七草のひとつ「ゴギョウ」とはこの草のことであるという。若葉が食用になる。これによっていまやハハコグサは、私にとって、「食材」という相貌を帯びることになった。とはいえ、たんに「食べられる」と知っただけでは、相貌が大きく変わることはないだろう。さらにそれが食材としてどのような特徴（味、におい、食感、調理法）をもっているのかを知ったり、実際にそれを食材として利用しようという姿勢が私の中に生まれたりすれば、それは食材としての相貌を色濃くしていくに違いない。食材という物語の方向が定まったとしても、その方向にどれほど強く促されるかは、その物語をどのくらい熟知しているか、またその物語が自分にとってどのくらい身近なものであるかが、関係してくる。こうしたことを、「物語を生きる」という言い方で表現してもよいだろう。私たちは「クリーニャー」が開く物語を生きてはいない。また私は、「ハハコグサ」が開く物語とまったく無縁というわけではないが、しかし、その物語をあまり積極的に生きているとは言いがたい。知覚が相貌をもつのは、私たちがそこに開かれる物語を生きているからにほかならない。

考察を先に進める前に、知覚における「相貌」と「物語」について、もうひとつピンとこないという人のために、少し補足しておこう。人物の見え方について考えてみると、こうした議論が実感をもって受け止められるのではないだろうか。たとえば初対面の人に対しては、その人がこれまで何をしてきたかとかこれからどうするのかといったことを知らず、また、状況が変わればどのようにふるまうのかといった反事実的なことがらも知らない。つまり、その人のもとにどのような物語が開けるのか、私は知らない。それに対して、親しくなると、ある程度そうしたことも分かるようになる。この変化において、まさにその人物の見え方(相貌)も変化するだろう。親しくなった人物の相貌は、初対面だったときに見ていたその人の相貌とはかなり異なったものである。このことは多くの人にとって実感をもって受け入れられることではないだろうか。私はこの現象を、あらゆるものごとの知覚に対して認めたいのである。

### 9-2-3 記述――太りすぎのブルドッグがヨタヨタ歩いているのを見る

いま問題にしているのは、眺望論に収まらない知覚のあり方である。それゆえ、「対象との位置関係が同じであってもなお異なりうる知覚のあり方にはどのようなものがあるのか」と問われなければならない。そのひとつの答えが、「その概念をもっているかどうか」ということであった。では、他にはどのようなものがあるだろうか。そこで、次に問われるべきは、こうである。対象との位置関係が同じであり、かつ、同じ概念をもっているにもかかわらず、なお異なりうる知覚のあり方にはどのようなものがあるのか。ある二人が、同じ概念を使いこなしており、しかも同じ眺望点に立っているのだが、なお異なる知覚を経験する、そのようなことがあるだろうか。

もちろん、ある。まず、「一つのものごとはさまざまに記述されうる」というポイントを確認しておこう。

犬が歩いているとする。私たちはそれをさまざまな仕方で描写しうる。まず、歩いているそれを「犬」という語で表わしてもよいが、その犬種がブルドッグであるならば、「ブルドッグが歩いている」と描写してもよい。あるいは「太りすぎのブルドッグ」と描写するかもしれない。人によっては「かわいい犬」と言うかもしれないし、「こわい犬」と言うかもしれない。また、「歩いている」という描写も、「散歩している」と言ってもよいだろうし、「運動している」と言ってもよい。「なんだかヨタヨタしている」と描写できるかもしれない。もちろんそうした記述をするためには、「犬」「ブルドッグ」「歩く」等々の概念をもっていなければならないが、私たちは自分がもっている概念の中から適当に取捨選択して、その概念を用いてものごとをさまざまに描写するのである。

あるものごとを言葉で言い表わすとき、一つのものごとに対してさまざまな言い方が可能となる。そうした、ものごとを描写する表現を「記述」と呼ぶことにしよう。「犬が歩いている」という文はもちろん記述であるが、「犬」という語も記述であり、「太りすぎのブルドッグ」という句も記述である。「犬」という語を記述と呼ぶのは少し違和感があるようにも思われるが、ここでは語、句、文のいずれの形であれ、あるものごとを描写する言葉をすべて記述と呼ぶことにする。

一つのものごとはさまざまに記述されうる（記述の多様性）――これが、まず確認しておきたいポイントである。

目の前のものごとをどう記述するかは、そのものごとに対してどのような関心を、どの程度強くもっているかに依存している。たんに「犬がいる」と記述して満足し、それ以上の関心をまったく示さない場合もあるだろうし、犬がいま何をしているのかにも関心を示すならば、「犬が散歩している」と記述するかもしれない。あるいは、それを「ブルドッグ」と記述し、そのブルドッグ特有のヨタヨタした歩き方に注目し、さらにブルドッグにしても太りすぎであると見てとるならば、「太りすぎのブルドッグがヨタヨタ歩いている」と記述するだろう。

そうした記述は、それに特有の典型的な物語を開く。「犬がいる」であれば、典型的な犬の物語を開くだろう。もちろん、目の前の犬（「ポチ」としよう）には、ポチに固有の物語がある。そこには典型的な犬の物語に収まらないこともあるだろうし（ポチはよく鼻水を垂らす、[81] ポチは今朝飼い主に怒られた）、典型的な犬の物語に反することもあるかもしれない（ポチはけっして「ワン」とは鳴かず、「アーウ、アーウ」と変な声で鳴く）。だが、「犬がいる」という記述に満足する人は、そうしたディテールには関心をもたない。ただ、目の前のものごとを「犬がいる」と記述し、それが開く典型的な犬の物語の内にそれを位置づけて終わらせるのである。同様に「犬が散歩している」と記述して満足する人は、そこに典型的な犬の散歩の物語（飼い主とともに家を出発して、近所を一周して家に戻る。その時間は数時間以上にわたることはない。犬は散歩を喜び、散歩の間に排泄をする、等）を開く。[82]

かくして、記述はそのもとに典型的な物語を開き、目の前のものごとをその物語の内に位置づけることになる。そしてこれが、相貌に反映される。それゆえ、たんに「犬がいる」と記述して満足する人、「犬が散歩している」と記述する人、「太りすぎのブルドッグがヨタヨタ歩いている」と記述する人、それぞれが、その記述に応じた相貌でそれを知覚するのである。

ただし、どんな記述でも相貌に反映されるというわけではない。たとえば、Aさんが飼っている柴犬とBさんが飼っている柴犬に対して、私は「見た目では区別がつかない」のように言いもする。この場合には、「Aさんが飼っている」「Bさんが飼っている」という記述は、私にとってのその二匹の犬の相貌には反映されていないと言える。あるいは、スカイツリーは墨田区押上一丁目にあるが、一丁目だろうが二丁目だろうが、あるいは墨田区ではなく台東区であったとしても、少なくとも私にとってその記述はスカイツリーの相貌には反映されない。では、どのような記述が相貌に反映されるのだろうか。

　記述が相貌に反映される程度は連続的なグラデーションをもっている。大きく相貌を左右する記述もあれば、わずかにしか左右しない記述もあり、まったく相貌に影響を与えない記述もある。どのような記述がより大きく相貌に影響を与えるかについて、私はここで明確な答えを与えることはできない。しかし、知覚の役割がいま現在の主体の行動を導くことにあるのであれば、いま現在の行動に影響を与えるような記述が相貌に大きく影響を与え、将来の行動にのみ関係したり、あるいはほとんど行動の仕方に関係してこない記述の場合には、相貌に与える影響も小さくなると考えられる。それゆえここでは、記述のすべてが相貌に反映されるとまで言うつもりはない。さしあたり、記述は相貌に反映されうることを確認しておきたい。

　実際、私たちのふだんの経験を振り返ってみれば、関心と記述に応じて知覚される相貌が異なる場面がごくふつうにあることを実感できるのではないだろうか。たとえば駅で駅員を見る。多くの場合、私たちはその人をただ「駅員」としてしか記述しないだろう。そしてそれ以上のディテールには関心をもたない。もちろん、その駅員（山村さんとしよう）には見かけ上の特徴にかぎってみてもさらなる細部が見出される。山村さんは中年男性であり、痩せていて、眼鏡をかけている。だが私は、駅で電車に乗るときにそんなことには関心をもたない。改札を通り、電車に乗ろうとしている私の物語の中で、その人は駅員という役どころだけを与えられている。それゆえ私はその人を、ただ駅員という相貌で見ることになる。もしなんらかのきっかけがあり、その人と親しくなったとする。そのとき、私は彼により強い関心を向けるようになり、私が山村さんを捉える記述もいっそう細かいものとなるだろう。そしてそれに応じて、私にとっての山村さんの相貌も変化するに違いない。

おまけとして、もう一例、問題の形で出してみよう。あなたは急な坂の上にいてその坂を見下ろしている。そのとき、あなたにはそれが「上り坂」に見えるだろうか、それとも「下り坂」に見えるだろうか。

あまり考えずに答えるならば、坂の上から見下ろしているのだから、それは下り坂と記述され、下り坂の相貌をもつと答えたくなるだろう。だが、坂の上から見下ろしているとしても、つまり、眺望点は同じでも、それを上り坂として記述する物語を考えることはできる。あなたはいまその坂を上ってきた。そして振り返り、きつい上り坂だったなと思う。そのとき、あなたには見下ろしているその坂が上り坂に見えているだろう。あるいは、坂の上にいて下からその急坂を上ってくる人を待っているときにも、その坂は上り坂に見えるに違いない。つまり、ある坂が上り坂に見えるか下り坂に見えるかは、どこからその坂を見るかによるのではなく、その坂を上る物語の中にいるか、その坂を下る物語の中にいるかによる。それゆえ、そこを行き交う人も動物もいないのであれば、「上り坂」の風景写真を撮ることは不可能である。「坂」を見上げる写真を撮ることはできる。しかしそれだけではその坂は「上り」とも「下り」とも言えはしない。「上り坂」は物語の中でしか表現できない。

## 9-2-4 ないということを知覚する

記述が物語を開き、相貌を生み出すきわめて独特で興味深い事例が、ないということの知覚である。ないものは見えない。それは眺望という意味ではその通りである。知覚の眺望点は対象との位置関係であるから、対象がない場合には眺望点を設定することもできない。それゆえ、存在しない対象の眺望は存在しない。もちろん、「ここからはスカイツリーは見えない」と言うことはできる。しかし、それは「見えない」ことの報告である。いま問題にしたいのは、「見えない」ということではなく、「ないということが見える」ということである。

たとえば、よくある手品だが、右手にもったコインを左手に握らせ、右手で左手の上を思わせぶりにさすった後で左手を開くと、コインが消えている。右手も開いて見せるが、右手にもコインはない。このとき私たちはコインの消失を見るのではないだろうか。あるいは、私たちは瓶の中にもうビールが残っていないことを見る。

これに対して、知覚のレベルで成り立っているのはあくまでも「瓶の中にビールが見えない」ということだけであり、それをもとに「瓶の中にビールがない」と判断するのだと言われるかもしれない。これはおそらく自分の体験を反省してみることでは決着のつかない問題だろう。[83] それゆえ、ある程度、「知覚」をどのレベルで捉えるかという理論的な決断の問題となる。だが私は、ここまで論じてきたように、「知覚」を豊かな内容をもちうるものとして捉えるべきだと考えている。週末の繁華街などで大勢の人たちを見る。私たちは「人」という意味から中立な何ものかを見ているのではなく、まさに「人」を見ている。同様に、私は、そこに「大勢の人たち」を見ているのだと言いたい。多いとか少ないといったこととは中立な何かを見て、その後で付加的に「大勢」と判断するのではなく、私たちは知覚において端的に「大勢」と見てとっている。あるいは、ビールがもう瓶の五分の一ぐらいしかなくなっているとき、私たちはそれを「ビールが残り少ない」という相貌で見るだろう。ならば、空のビール瓶を「ビールがもうない」という相貌で見るのではないだろうか。

ここで、不在の相貌のもとに見られるのは、あくまでもそこにあるものである。つまり、そこに存在しないビールを「ない」という相貌で見るのではなく、テーブルの上にあるそのビール瓶を、ビールが入っていないという意味のもとに見る。あるいは開いた手を、そこにコインがないという意味のもとに見る。そこにあるものが、他のあるものがそこにないという相貌で、見えるのである。

だが、「ないことを見ることができる」と認めたとして、そこにはなお考えねばならないことがある。手品の例を出しておいた。私たちは開いた左手にコインがないことを見て驚く。では、手品でもなんでもない場面で、ただ私が手を開いて見せたとき、あなたはそこにコインがないことを見るだろうか。私たちはコインのことなど話題にしてもいなかった。そして私は、ただ左手を意味もなく開いて見せる。もちろんそこにコインはない。そのような場合には、私たちはそこにコインがないことを見はしないだろう。もし、それでも「左手の上にコインがないことを見ている」と言い張るのであれば、あなたは他にもいろいろなものがないことをそこに見ることになる。私の左手の上には、饅頭もない、乾電池もない、宝石もない、手乗り文鳥もいない。それら文字通り無数のものたちの不在を見なければならない。

では、ないことを見るのはどういう場合だろうか。まず、「当然あるはずだ」という予期が裏切られたとき（コイン消失の手品）、あってほしいという願望が満たされないとき（空のビール瓶）といった場合が考えられる。あるいは、「ない」ことに積極的な意味を見出す場合もある。たとえばレンタカーを返すときに車体に傷がないことを確認するといった場合である。いずれにせよ、おおまかに言って、ないことが意味をもつような物語がそこに開かれている。具体的にどのような物語が開かれるかはさまざまであるが、少なくともそれがないことによって物語の展開は大なり小なり影響を受けることになる（ビール瓶が空になった場合、あるいはレンタカーに傷がない場合を考えてみよ）。

さらに、私はその物語を「生きて」いなければならない。たんなる絵空事には相貌を生み出す力はない。相貌は私自身がどのように未来に向かおうとしているかにかかっている。それゆえ、私の手の上に宝石がないという事実は、私がその物語を生きていない以上、知覚に反映されることはない。

## 9-2-5 思考——電車が来るものとして踏切の音を聞く

ここまで論じてきたのは、記述の内容がそのまま知覚の内容となるようなケースであった。たとえば、目の前の事実を「犬が歩いている」と記述するならば、私は犬が歩いていることを見ていると言える。一般的に言うならば、目の前の事実を「P」と記述し、そして私はPという内容をもった知覚をしている、そういう場合である。これに対して、次のような事例が考えられる。窓から外を見て、歩いている人たちが傘をさしているのが見える。それで私は「雨が降っているのだ」と判断する。雨粒は見えないのだが、傘をさしている姿からそう考える。この場合には、「雨が降っているのが見える」とは言えないだろう。では、このような場合、「雨が降っている」という記述は知覚のあり方に反映されないのだろうか。

もう一例挙げよう。踏切が鳴り始めたのが聞こえる。そこで、電車が見えているわけでも、電車の音が聞こえているわけでもないが、「電車が来る」と判断する。この場合、「電車が来る」という記述は知覚のあり方に反映されないのだろうか。

ここで、知覚と判断の関係を二種類に区別しよう。「雨が降っている」と判断し、「なぜ雨が降っていると判断するのか」と問われたとする。先の事例における答えは、「傘をさして歩いている人たちが見えるからだ」というものとなる。それに対して、「なぜ傘をさして歩いている人たちがいると判断するのか」と問われた場合には、答えに窮するだろう。あえて答えるならば、「そう見えるからだ」と答えるぐらいである。前者の場合には、判断の記述内容とその証拠となる記述内容は異なっているが、後者の場合にはそれは等しいものとなる。

一般的に述べよう。ひとつは、「なぜPと判断するのか」と尋ねられ、「Pと見えるから」と答えるしかないような場合――この場合の判断Pを「直接的判断」と呼ぶことにしよう。[84] そしてもうひとつは、「なぜPと判断するのか」と尋ねられて、Pとは異なるQを引き合いに出して「Qが見えるから」と答えることができるような場合――この場合の判断Pを「間接的判断」と呼ぶことにする。いまの例で言えば、「雨が降っている」は間接的判断であり、「傘をさして歩いている人たちがいる」は直接的判断である。

踏切の例で確認しておこう。「電車が来る」と判断する。なぜそう判断するのか。踏切が鳴っているのが聞こえるからだ。それゆえ、「電車が来る」は間接的判断である。他方、「踏切が鳴っている」という判断は、「なぜそう判断するのか」と問われても「そう聞こえるからだ」と答えるしかない。それゆえ、「踏切が鳴っている」は直接的判断である。

直接的判断の場合には、いま論じたように、「P」という記述がしかるべき物語を開き、そして「P」と記述されたものごとの知覚をその物語の内に位置づけることによって、それに応じた相貌をもたらす。では間接的判断の場合にはどうだろうか。間接的判断もまた、知覚のあり方に反映されるのだろうか。

そこで、異なった間接的判断が導かれるような状況を考え、知覚のあり方が変化するかどうかを考えてみよう。雨の事例で言うならば、傘をさして歩いている人たちは見えているのだが、「雨が降っている」とは判断しないようなケースである。たとえば、なんらかの理由（傘の宣伝、傘祭り、パフォーマンスアート）で、雨は降っていないのだが傘をさして歩くというパフォーマンスをしているのだ、と判断することも、ありえないわけではない。どの場合も、「Pを見ている」といった形式で言語化するならば、たんに「傘をさして歩いている人たちを見ている」と言えるだけだろう。だが、それを雨が降っているものとして見る場合と、パフォーマンスとして見る場合には、その見え方は異なっているのではないだろうか。

踏切の事例で考えよう。踏切が鳴り始めたのが聞こえる。そこで、電車が見えているわけでも、電車が近づく音が聞こえているわけでもないが、踏切の音が聞こえるという知覚に基づいて、「電車が来る」と判断する。これに対して、たとえば検査のために踏切を鳴らしているものとして聞くような場合を想像してみよう。どちらの場合も、「踏切が鳴っているのが聞こえる」と表現するしかない。だが、それを電車が来ることを知らせるものとして聞く場合と、検査のために鳴らしているものとして聞く場合とでは、その聞こえ方は異なるのではないだろうか。（火災報知機が鳴り響く場合を考えてみてもよいだろう。訓練や点検のときと、実際の火事の場合とでは、その聞こえ方は異なるに違いない。）

間接的判断の内容は、なるほど知覚されているわけではない。しかし、知覚を越えた思いはそこに物語を開き、その物語の内に知覚を位置づける。そしてそのことによって知覚に相貌をもたらすのである。「雨が降っている」という判断は、「人々が傘をさして歩いている」という知覚を、「雨が降っている」という記述が開く物語の内に位置づける。他方、「たんに傘をさして歩くパフォーマンスをしているのだ」という判断をするのであれば、それはまたまったく異なる物語を開くことになる。そうして、両者の相貌も異なったものとなる。

「電車が来る」ことを知らせるものとして踏切の音を聞くという事例も同様である。その場合と、たんなる検査として踏切の音を聞く場合とでは、踏切の音は異なる物語の内におかれ、そしてそれに応じて踏切の音は異なる相貌で聞かれることになるだろう。

このような、間接的判断が知覚のあり方に反映されている事例はごくふつうに見出せるだろう。まだ春とは言えない早春の日に、桜のつぼみがふくらんでいるのを見るとき、私たちはそれを、やがて開花し満開となり散っていく物語の中のひとコマとして見ずにはおれない。ある種の雲が見えるとき、それが悪天候の前兆であることを知っている人は、その雲を天候が崩れる物語の序曲として見る。[85] 引っ越したばかりの町とそこに住みなれてからでは、同じ眺望点に立ったとしても、見え方はずいぶん違う。ただの交差点が、右に曲がればパン屋があり、左に曲がると神社の方に行く、そういう交差点として見えるようになる。知覚された風景のひとコマに、数多くの物語がこめられるようになるのである。

振り返るならば、眺望論において論じた「虚想論」は、すでにこのような間接的判断をこめた見え方を論じていたと言える。私たちはあるものを「立体」という意味のもとに見る。正面からの姿が立体に見えるためには背面や側面といった現在の知覚の内容を越えた思いが、漠然とであれこめられていなくてはならない。つまり、「立体」ということが開く物語の内に、正面の知覚を位置づけているのである。[86]

## 9-2-6　感情——悲しいできごとを見る

サッカーの試合を見ていたとする。Aというチームが勝ち、Bというチームが負ける。当然観客はその結果に対してさまざまな感情を抱く。単純に言えば、Aのサポーターは喜び、Bのサポーターは悲しむ（あるいは怒る）だろう。では、こうした感情は知覚に反映されるのだろうか。

ひとつの答え、そして私がとりたくない答えは、「ノー」である。感情は、あるものごとを知覚したことによって引き起こされる。つまり、ものごとの知覚が原因で感情はその結果であり、知覚そのものには感情は含まれていない、と。私はそのようには考えたくない。

まず強調しておかねばならないことは、感情のあり方は知覚と同様に事態をどう記述するかに依存しているということである。観客の一人に「なぜ喜んでいるのか」と尋ねてみる。そのとき、典型的には「Aが勝ったからだ」といった返事が返ってくるだろう。その喜びは、記述中立的なできごとそのものによって引き起こされたのではなく、そのできごとをその人がどう記述するかに関わっている。「Aの勝利」という意味が、喜びに結びついているのである。

このポイントを押さえておくため、「原因」と「理由」という概念を区別することにしよう。たとえば、「なぜ歯が痛むのか」と問うたとする。答えは「虫歯がある」といったものとなる。虫歯があることは歯痛の原因である。そして、こうした因果関係においては記述は重要な役割を果たしていない。その虫歯が「酸によって歯からリン酸カルシウムの結晶が溶け出している」と記述されようと、あるいは「歯磨きを怠けた報い」と記述されようと、記述の仕方とは関係なく、私の歯痛の原因は虫歯になっているその歯の状態である。一般に、個別の因果関係はできごととできごとの関係であり、そのできごとがどう記述されるかにはよらない。

他方、感情の場合にはそうではない。「なぜ怒っているのか」と尋ねられて、「Bがふがいない負け方をしたからだ」のように答える。ここにおいてそのように記述することはその感情にとって本質的である。「Aが宿敵に勝った」と記述する人はその試合の結果を喜ぶだろう。あるいは、「Bに賭けていたのに大損だ」と記述する人はその試合の結果を悲しむだろう。そこで、このような記述依存性を示す「なぜ」の答えを「原因」と対比して「理由」と呼ぶ。

ここで、ひとつのことを指摘してみたい。日本語で感情を表わす語彙は驚くほど少ない。ひいきのチームが負けたときも、賭けに負けて大損したときも、親が死んだときも、失恋したときも、あるいは食べようと思って運んでいたケーキを落としてしまったときも、私たちは「悲しい」と言う。悲しみという感情の多様さに比してあまりにも語彙が貧弱である。だがこれは、私の意見では、けっして悲しみに対する私たちの捉え方がずさんだからではない。むしろ逆ではないだろうか。悲しみのあり方はあまりにも千差万別である。だからそれをタイプ分けすることを日本語は放棄した。その代わり、悲しみはその理由に応じて千差万別であることをそのまま受け入れたのである。「ひいきのチームが負けたので悲しい」と言えば、それは「失恋したので悲しい」とも「食べようと思って運んでいたケーキを落としてしまったので悲しい」とも異なる悲しさであることが表現される。悲しみの理由は無限に多様であるから、理由によって悲しみのあり方を特定することで、無限に多様な悲しみの質を表現できる。あとは、「少し悲しい」「とても悲しい」と、悲しみの大きさを副詞を用いて表わせばよい。このように、感情のあり方が感情を表わす語彙そのものによってではなく、その感情の理由によって表現されるということは、感情のあり方と感情の理由とが本質的な関係にあることを示唆しているだろう。

そしてこれは、感情がその理由となるできごとと切り離しては存在しえないことを意味している。そのことを説明するために、まず因果関係の場合——つまり、理由ではなく原因の場合——を考えてみよう。暑いと汗をかき、寒いと体が震える。暑さは発汗の原因であり、寒さは体の震えの原因である。このような原因–結果の関係の場合には、暑さと切り離して発汗というできごとだけを考えることも、また寒さと切り離して体の震えだけを考えることもできる。それに対して、感情とその理由の場合には、その関係は本質的である。ひいきのチームが負けたことによる悲しみの場合、その悲しみは「ひいきのチームが負けた」というできごとから切り離して考えることはできない。あたかもチェシャ猫が笑いだけを残して姿を消したように、悲しみだけを残してその理由となるできごとを消し去ることなどできはしない。理由が異なれば、感情のあり方も異なるものとなる。感情はその理由となるできごとのもとにある。[87]

それゆえ、ひいきのチームが負けたことによる悲しみは、「ひいきのチームが負けた」というその人の思いにおいてのみ存在する。親の死の悲しみは、私が親の死を思う、その思いにおいてのみ、存在するのである。そのことを強調するならば、「親の死についての思いに悲しみが伴う」という言い方は不適切と言うべきだろう。それではまるで感情は思いに付加されるプラスαであるかのように響く。悲しみは、むしろ、副詞的に思いを彩る。「ゆっくり」を動作から切り離すことなどできないように、感情もまた、思いから切り離すことはできない。悲しみという様態で、私は親の死について思うのである。

そして、思いは知覚にこめられる。だとすれば、悲しみに彩られたその思いもまた、知覚にこめられるはずである。住む人のいなくなった部屋を見る。不動産屋が見ればただの空き部屋だが、私は親の死という思いをこめてその部屋を見る。そして私のその思いは悲しみに彩られている。それゆえ、私の知覚もまた、悲しみに彩られている。[88]

では、感情を反映した知覚のあり方は相貌だろうか。私は「相貌」を「物語によって決定される知覚の側面」と規定した。感情はその理由と本質的に結びついており、理由は記述に依存している。そして記述は物語を開く。「親の死」と「失恋」は当然異なる物語に位置づけられるが、「親の死」と呼びうる一つの同じできごとによってもたらされた悲しみでも、その悲しみの理由を「愛する者を失った」と記述するか「十分な世話ができなかった」と記述するか、あるいは「遺産が少なかった」と記述するかで、そこに開かれる物語は異なる。つまり、異なる理由で悲しんでいる人は、それぞれ異なる物語を生きているのである。それゆえ、感情を反映した知覚のあり方は、物語を反映した知覚のあり方として、すなわち、相貌として捉えることができる。

一点、補足しておきたい。ここには感情に独特の、そして重要な事情がある。私たちは、ときに理由が明確ではない感情に襲われることがある。だが、それはけっして理由を欠いた感情というわけではない。たとえば、一人の女性のごくふつうの行動によって、私は自分の中に何か軽い悲しみのような気持ちが湧きおこるのを感じたとする。とりたてて特別なところのないふるまいなのに、どうしてそんな気持ちになるのか分からない。しかし、やがてそれが、その女性に対する自分の好意に起因するものであると自覚するようになる。私は彼女に好意を抱き、彼女を特別な存在と感じているのに、彼女の私に対する態度はまったく特別なところのないごくふつうのものでしかない。そのことが私を悲しませたのだ。そうして自分の悲しみの理由に思い当ったとき、その感情の姿が自分にとってはっきりしてくる。このような場合、感情は理由を先取りしていると言える。まず感情が現われ、それからその理由を探る。そして、理由が明らかになることと感情の姿がはっきりしてくることとが同時に進むことになる。

このように理由がはっきりしない場合でも、その感情は知覚に反映されるだろう。その人のごくふつうのふるまいが、なぜだか分からないが、私には他の多くの人たちのふつうのふるまいとは違った相貌で現われる。軽い悲しみとともに、彼女のふるまいは私にとって悲しむべき相貌を帯びる。そして理由を自覚し、悲しみの内実も明確になるとともに、相貌も明確なものとなる。私は彼女のことを好きなのに、彼女は私のことをなんとも思っていない。私には、彼女の姿、彼女のふるまいが、私のその悲しみに彩られたものとして現われるだろう。こうした事例においては、感情は理由を先取りし、それゆえ相貌は物語を先取りすることになる。それと自覚する以前にすでにある程度の物語が相貌にこめられ、私たちはそれを後追いして相貌から物語の細部を読みとろうとするのである。

## 9―2―7 価値・技術・意図――どうするつもりなのかが相貌を作る

### 9―2―7―1 たいせつなものを見る

価値もまた相貌をもたらす。私にとってはたいせつな人から贈られただいじな茶碗だが、他人にはなんのへんてつもない茶碗でしかない場合、私と他人とではその茶碗の相貌は違ったものとなるだろう。札束が紙ごみに見えないのは、貨幣経済のもとに生きている人たちだけでしかない。イワシの頭であっても、それに対して信心をもっているかどうかで、相貌は変わるに違いない。

価値あるものには価値あるものにふさわしい物語の展開がある。とはいえ、価値といっても個人的な好悪から、経済的な価値、宗教的な価値、美的な価値等々、さまざまな価値がある。そのそれぞれが異なるタイプの物語を開くだろう。また、価値あるとされるものが何であるのか（人物、宝石、建物、自然環境、……）によっても、「価値あるもの」の物語は異なっている。それゆえ、あらゆる場合に共通する価値の物語の一般的な特徴を取り出すことなどできはしない。だが、個別のケースにおいては、それがどのような物語になるかについて、私たちはおおよその了解をもっている。たとえば、たいせつな茶碗に対しては丁寧で慎重な扱いをする。口縁が欠けたら金継ぎをするかもしれない。逆に、ふつうはたいせつな茶碗で猫に餌をやったりしないだろう。あるものに価値を見出すとは、ある一時点において何か「価値」と呼ばれうる特徴を見出すことではない。それは、その対象をしかるべき物語の内に位置づけることにほかならない。そして、その価値が大きいと考えるほど、ひとはその物語へと強く促されることになる。価値が相貌をもたらすというのは、まさにそれゆえなのである。

### 9-2-7-2　できるかできないかが相貌を作る

ある道具の使い方を知っている人と知らない人とでは、その道具の見え方は異なっている。さらに、その道具に不慣れな人と使いこなしている人とでも、その道具は異なった見え方をするだろう。複雑な機器は、習熟している人にはすべてが意味をもち秩序だって見えるが、素人には何がなんだか分からないものでしかない。特殊な用途をもった道具、たとえば鱧《はも》の骨切り専用に使われる鱧切り包丁を、料理人が見るときと素人が見るときとでは、その見え方は異なっているだろう。まして、その包丁が鱧の骨切り専用であると知らない人には、熟練した料理人の見え方があることすら思いもよらないに違いない。

同様のことは道具にかぎらない。たとえば将棋のある局面を見たときに、将棋を知らない人から名人まで、その技能に応じてその見え方は異なると思われる。あるいは、馬に乗れない人と乗りこなせる人とでは、同じ一頭の馬も異なった見え方をするのではないだろうか。一般に、技術の有無および習熟度は知覚のあり方に反映される。

私はこれも、物語という観点から説明したい。ある道具を用いて何ごとかを為す物語が開けるのは、その道具を使う技術をもった人だけであり、馬に乗る物語が開けるのは、馬に乗る技術をもった人だけである。

だが、ここで一点検討してみたいことがある。相貌をもたらす物語は、第三者が三人称で語り出すものではなく、一人称で語り出されるべきものである。いくら第三者が私の物語を語り出そうとも、私がそれを受け入れなければ、その物語は私に相貌の知覚をもたらさない。たとえば、私（N）についてある人が「これはNにとって価値がある」と認めたとしても、私自身がそれを認めなければそのものは私にとって価値あるものの相貌をもちはしない。

こうした三人称の物語と一人称の物語に見出されるギャップは、技術と相貌という場面でひとつの問題を提起する。技術をもっていることそれ自体が相貌をもたらすのであれば、そこには三人称と一人称のギャップは存在しない。私がある技術をもっているかどうかは、私自身の自覚とは別だからである。問題を際立たせるため、記憶喪失者の場合を考えてみよう。一般に記憶喪失は、過去の思い出（エピソード記憶）を失うが、身についた技術（手続き記憶）は失われない。[89] そこで、馬に乗る技術をもっているのだが、自分が馬に乗れることは忘れてしまっているという記憶喪失者を考えよう。つまり、自覚なしに馬に乗る技術をもっているというケースである。その人に「馬に乗れるか」と尋ねると「乗れない」と答えが返ってくる。馬を見ても尻ごみするばかりである。ところが、覚悟を決めて鞍にまたがってみるとみごとに乗りこなし、本人はそのことにびっくりする。このような場合、実際に馬に乗ってみる前の尻ごみしている段階で、その記憶喪失者にはその馬がどのような相貌で見えるだろうか。

もし技術そのものが相貌を生むのであれば、本人の自覚がなくとも、その人には熟達した馬の乗り手と同じ相貌が現われるはずである。だが、私の憶測だが、おそらくそうはならないだろう。一人称の物語を開くのは技術そのものではなく、自分がその技術をもっているという自覚なのである。それゆえ、記憶喪失のケースとは逆に、本当は馬に乗ることなどまったくできないのに乗りこなせると信じている人には、それなりの相貌が生じるに違いない。たとえば、馬に乗るなんて簡単だと思い込んでいる人が実際に乗ろうとしてみてその難しさに降参するというような場合、技術そのものはその前後で変わらないのだが、自分の技術に対する自覚が変わるために、降参する前には「簡単に乗りこなせるものとして」見えていた馬が、降参した後では「とても乗れないものとして」見えるようになるだろう。

とはいえ、馬の乗り方は覚えていてもエピソード記憶は失ってしまった記憶喪失者の場合、その人はまったくの初心者と同じ相貌で馬を見るというわけでもないだろう。[90] たとえば、将棋のやり方は覚えているのに自分が将棋を指せる（しかもけっこう強い）ことを忘れている記憶喪失者の場合、私の想像では、なるほど自覚のある熟達者とは違う見え方をするだろうが、しかしその盤面を見て既視感のような気分に襲われ、初心者ともまた違う見え方をするのではないだろうか。そして、その人自身、そうした見え方をいぶかしく思うのではないか。

もしそうだとすれば、技術は自覚されないサブリミナルなレベルでもある程度は知覚に反映されるということになる。すでに論じたように、理由のはっきりしない感情の場合、感情がその理由をある程度先取りし、それゆえ相貌もまた物語を先取りするということが起こりうる。技術の場合も、明示的・意識的に自覚される以前に、自分がその技術をもっているという自覚が相貌においてある程度先取りされるということが起こりうるのかもしれない。

## 9-2-7-3　これから乗るものとして電車を見る

私たちは知覚に導かれてさまざまなことを行なう。逆に、何をしているのか、何をしようとしているのかに応じて、私の知覚のあり方も変化する。少し離れた向こうに見える建物に行こうとしているとき、その建物は他の建物と異なり、まさに自分がめざしている建物という意味のもとに見えている。ホームで電車を待ち、ようやくその姿が見えてきたとき、私たちは近づいてくるその電車をこれから自分が乗るものという意味のもとに見るだろう。私の行為[91]の意図は、私の知覚のあり方に反映される。

こうしたことを物語という観点から捉えることはまったく自然なことである。私はまさに私の物語を生きつつある。私がいま行なっていることは、私の物語の中の一エピソードにほかならない[92]。それゆえ、意図は相貌をもたらす。

ここでも、行為の意図が記述に依存することを強調しておくべきだろう。たとえば、私はホームで電車を待ち、来た電車に乗り込む。この事実それ自体が相貌をもたらすわけではない。その行動において、私の意図はなおさまざまでありうる。私はたんに特定の目的地に向かう電車に乗りたかったということかもしれないし、とくにその車両（この形の車両は今日で引退する）に乗りたかったのかもしれない。あるいはその時刻に到着する電車に乗ってきた人と合流する約束をしていたのかもしれない。私の行動はさまざまに記述されうる。そして私はある特定の記述のもとでその行為を意図している。私はたんに目的地に向かう電車に乗りたかっただけであり、その形の車両に乗りたかったわけでも、そこで誰かと合流するつもりでもなかった。つまり、先に論じたように、物語とはけっして三人称的に語られた事実ではなく、あくまでも一人称の物語なのである。そして、そうした意図の違い、すなわち記述の違いに応じて、私が受けとる電車の相貌も異なったものとなるだろう。

ある程度直感に訴えて納得してもらうため、他の例も加えておきたい。水槽の中で魚たちが泳いでいる。それを飼おうという意図をもってペットとして見る場合と、これから捕まえて食べようという意図をもって食料として見る場合では、その相貌は異なるだろう。あるいは麓から山並を見る。その中で、自分がめざしている山頂は、他の山頂と異なり、これから登ろうという意図を帯びた相貌で見えるのである。

## 9−2−8 「痛み」という相貌

知覚について私たちは、概念・記述・思考・感情・価値・技術・意図という、いわば「知・情・意」のすべての要素にわたって、それらが物語を開き、それによって相貌をもたらすと論じてきた。同様に、感覚も相貌をもち、知・情・意のすべての要素が感覚の相貌に反映される。[93]

たとえば、痛みの相貌の違いとして、痛みに対して被虐嗜好的な性向をもった人の痛みの相貌はそうでない人とはずいぶん違うだろうということが挙げられる。あるタイプのマゾヒストにとって、ある場面での痛みは喜びであるに違いない。そこに開ける物語も独特なものとなり、それゆえ、その痛みは独特な相貌をもつ。また、ある状況での痛みに宗教的な思いや価値を伴わせたり、陣痛に我が子の誕生という思いをもち、その痛みに積極的な価値を見出す人にとっても、その痛みはそれに応じた相貌をもたらすだろう。

技術や意図といった要因も、痛みの相貌に関わる。薬などで痛みをある程度コントロールできる場合には、そうでない場合とその痛みの相貌も異なったものとなるだろう。また、たとえば力士がしばしばそうするように、気合を入れるために自分の顔を掌で強く叩くとき、それは目的をもって意図的に生じさせた痛みとしての相貌をもち、いきなり他人に顔を叩かれた場合とは痛みの相貌がかなり異なると思われる。

だが、こうしたさまざまな事例よりも、いまもっとも基本的で重要な点は、私たちがあたりまえと思って注目しないようなことである。すなわち、痛みは「痛み」という相貌をもつ。これである。私たちはそれを「痛み」という概念で捉える。「痛み」という概念はそこに典型的な痛みの物語を開く。いわば、マゾヒスティックにあるいは宗教的にあるいはスポ根的にカスタマイズされる前の、デフォルトの物語である。

典型的な物語において、痛みは身体の異常を示し、除去しなければならぬものとして現われる。それゆえ、その痛みに応じて私たちは薬を飲んだり手当をしたり病院に行ったりといった処置をする。あるいは、その痛みを親しい者に訴え、なぐさめてもらおうとする。こうしたことが「痛み」に関する私たちの通念になっているだろう。「かゆみ」であれば、また異なった典型的な物語がそこに開かれる。かゆみは一般に皮膚の表面に生じ、不快であり、搔くことによって一時的にまぎれもするが、それでかゆみをなくすことはできない。ときに搔くとますます悪化するので、そのかゆみに耐えねばならない。こうした典型的な物語の了解によって、痛みは痛みという意味をもった相貌を、かゆみはかゆみという意味をもった相貌をもつのである。

マゾヒストはまた別の物語を生きる。しかし、彼らも「痛み」という概念が開く典型的な物語と無縁であるわけではない。痛みが一般的には不快とされることはマゾヒストも承知している。それは「痛み」という概念の理解に関わることであり、いま喜びをもって受け入れているそれが「痛み」である以上、それが典型的には除去されるべきものとされることはよく分かっている。その上で、マゾヒストはそれを求めるのである。まさにそのような、自分を少数派として捉えるがゆえに、例外としての相貌をもってその痛みは現われているに違いない。もし、マゾヒストたちの共同体があり、マゾヒスティックな物語こそが「痛み」の典型的な物語であるとされたならば、そのマゾヒスト共同体におけるマゾヒストの痛みの相貌は、マゾヒストが少数派である共同体におけるマゾヒストの痛みの相貌とは異なったものになるのではないだろうか。

## 9―3　世界そのものが相貌をもつ

有視点的に把握されるとき、世界はさまざまな相貌をもった眺望として現われる。相貌をもたない眺望に出会い、それをもとに主体が意識の内に相貌を形成するのではない。世界はすでに物語のただ中にあり、私たちはその物語の登場人物として生きている。そのことを強調して、この世界を「物語世界」と呼ぶこともできるだろう。私たちは物語世界に生きており、物語世界は世界自体が相貌に満ちている。

こう反論されるかもしれない。――反転図形において相貌は変化する。たとえば、老婆の相貌から若い女性の相貌へと反転する。しかし図形そのものは変化していない。同じ一つの図形の相貌が反転するのである。変化したのは見え方であって世界そのものではない。それゆえ、相貌は世界そのもののあり方ではない。

ここで、「図形そのものは変化していない」というのは、あくまでも無視点把握においては変化していないということである。そして、有視点把握においては、たしかにその図形の相貌は老婆から若い女性へと変化している。それにもかかわらず、「世界そのものは変化していない」と言うのは、無視点的に把握されたあり方だけが世界のあり方だと考えているからにほかならない。だが、有視点把握と無視点把握はどちらも基本的な世界把握の仕方である。そして、相貌は有視点的にのみ把握される。相貌変化を無視点的に捉えることはできない。有視点的な把握においては、世界そのものが反転しうるのである。

相貌に満ちた物語世界という考え方の対極にあるのは、物理学的な世界観、すなわち、物理学的に描写しうることのみが「世界」の名にふさわしいという考え方である。物理学は世界を無視点的に描写する。それゆえ、物理学的な世界観は、無視点的に描写しうるものだけを世界と認める。

別の言い方をすれば、知覚主体が関わってくるような世界のあり方は客観的な世界のあり方ではないと考えるのである。私たちが見ているような色は、少なくとも私たちのような視覚器官をもった動物だけに現われる。それゆえ世界そのもののあり方ではない。世界は人間にもコウモリにも共通のものであらねばならない。かくして、いっさいの有視点把握と無縁である純粋な無視点描写こそが世界のあり方を表わしていると考えられる。

だが、こうした物理学的世界観とは異なる世界の捉え方もまた、ひとつの系譜として存在している。フッサールによる「生活世界（Lebenswelt）」やユクスキュルからハイデガーに至る「環境世界

（Umwelt）」といった世界観である。こうした世界観によれば、世界とはあくまでもそこに生きる者たちにとっての世界であり、主体を抜きに世界を考えるのは、理念化の産物にすぎない。ユクスキュルに従えば、ウニは物理的な世界で物理的なメカニズムで動いているのではなく、ウニの生存と活動にとっての意味をもった世界に生きている。あるいは、ハイデガーにおいて人間は世界内存在として捉えられるが、世界も同時に人間のあり方によって意味づけられているのである。そして、物語世界という考え方もまた、こうした系譜に属している。

いっさいの有視点把握を排除した純粋に無視点的な描写は無色・無音・無味・無臭である。だが、それは私たちが生きている世界ではない。私たちはもっと豊かな世界に生きている。有視点把握は、私たちが生きているこの世界そのものの把握であり、それは色に、音に、においに、手ざわりに、味に、そして相貌に、満ちている。

だが、物語世界という世界観は、おそらくこれまでのどの反‐物理学的世界観よりも、個人のもとに世界が分裂していく可能性をもっている。物語は個人によって異なるだろうからである。そのことをどう捉えればよいのか。その議論は最後の第12章「他我問題への解答」で行なおう。いまは、「私たち」という言葉でどの範囲を指せばよいのかは曖昧にしたまま、たとえば濃い緑の森で鳥の声がするときに、たとえば赤く熟したスイカにかぶりつくときに、たとえば太りすぎたブルドッグがヨタヨタ歩いているのとすれ違ったときに、相貌に溢れたこれが私たちの生きている世界なのだと、いささか気楽に語っておきたい。

# Ⅲ　解答

眺望論と相貌論を携えて、第Ⅰ部で示した諸問題への解答を試みよう。

# 10 素朴実在論への還帰

私たちは知覚イメージのようなものではなく、実物そのものを知覚している。素朴実在論はそう主張する。知覚において私たちは、世界を表象した何ものか——実在を写しとった像——ではなく、世界とじかに出会っている。あるいは現代哲学の文献にときに見られる言い方を使うならば、知覚は世界の re-presentation（表象）ではなく、世界の presentation（提示）である。そして私は、哲学的立場として、素朴実在論を受け入れたいと考えている。

すでに論じたように、素朴実在論に対しては錯覚論法が立ちはだかっている。しかし、眺望論と相貌論を手にし、いまや私たちは錯覚論法に対抗することができる。錯覚論法のタイプに即して、ひとつずつ検討していこう。

## 10—1 まぶたを軽く押すと物が二重に見える

左右どちらか一方のまぶたを指で軽く押してみる。そうすると目の前の一本の鉛筆が二重に見える。ここで錯覚論法は、「二」と数えられるそれは何なのか、と問うてくる。それに対して「実物の鉛筆が二本になったのだ」と答える気にはならないだろう。ならば、鉛筆の知覚イメージが二つに増えたのだ。再びまぶたから指をはなすと、元の一本の鉛筆に戻る。では、これは知覚イメージではなく実物なのか。だが、まぶたを指で押したりはなしたりすることで、意識の内にある知覚イメージになったり意識の外の世界に存在する実物になったりするというのはいかにも奇妙だろう。だとすれば、二重に見えているときだけでなく、一本の鉛筆に見えているときもまた、見えているそれは知覚イメージなのだ。

だが私たちは、もはやこの論法に説得力を感じないですむ。二重に見えたのはまぶたを押したからである。しかし、まぶたを押したから鉛筆が見えたわけではない。鉛筆が見えるのは私と鉛筆との空間的な位置関係、すなわち知覚的眺望点のあり方による。それに対してその鉛筆が二重に見えるのは、まぶたが押されているという身体状態による。つまり、鉛筆の知覚的眺望に、感覚的眺望が混入しているのである。その意味では、これは乱視によって物が二重に見えるのと違いはない。あるいは、近視の人に物がぼやけて見えるのと、知覚的眺望と感覚的眺望の混成という構造に関しては同じである。

そこで、視力を利用した錯覚論法を考えてみよう。こんなふうに議論できるだろう。――近視の人には向こうの看板がぼやけて見える。いったい何がぼやけているのか。実物の看板ではあるまい。実物の看板は鮮明に描かれている。それゆえぼやけているのは知覚イメージである。では、視力がだんだんよくなり、看板がはっきり見えるようになってきたとする。いったいどこから実物になるというのか。視力〇・四の人は知覚イメージを見ており、視力一・五の人は実物を見ているなどということはありえない。ならば、視力にかかわらず、すべての人は知覚イメージを見ているのだ。

だが、私たちはこんな議論に説得される必要はない。この知覚的眺望点からは向こうの看板が見えている。ただ、視力という身体状態のせいで、そこに感覚的眺望が混入するのである。見えている看板はそれゆえ実物である。鮮明に描かれた実物の看板がぼやけて見えているのであり、ぼやけた何ものかが見えているのではない。ここで、「ぼやけて」は「見える」という動詞を修飾する副詞として捉えねばならない。名詞を修飾する「ぼやけた」という形容表現にすると、そう形容される何ものかが要請されることにもなる。乱視による二重視も同様である。それは「二重に」という副詞であり、「二重の」という形容表現ではない。

まぶたを軽く押す事例でもまったく変わりはない。まぶたを軽く押す。その身体状態によって感覚的眺望が混入し、一本の鉛筆が二重に見える。ここで私たちは、「二」と数えられるそれは何なのかという問いに惑わされてはならない。何ものも二つに増えたりはしていない。ただ、実物の鉛筆がまぶたを押したせいで二重に見えているにすぎない。ここには知覚イメージのごとき何ものかはまったく必要ではなく、見ているものはあくまでも実物である。[94]

## 10―2　遠くのものが小さく見える

私は、2―2「錯覚論法――素朴実在論への挑戦」において、「遠くのものが小さく見える」ということに訴えた議論も錯覚論法のひとつに数えておいた。その議論を簡単に振り返っておこう。友人が遠ざかるにつれてその姿が小さくなる。だが、何が小さくなったのか。もちろん実物の友人ではない。実物の友人は同じ大きさのままである。だとすれば、小さくなっていくのは友人の知覚イメージだろう。逆に、近づいてくると、友人の知覚イメージはだんだん大きくなる。では、どこでそれは知覚イメージではなく、実物になるのか。どこと答えることはできない。それゆえ、すべて知覚イメージだと答えるしかないだろう。パースペクティブ的な視覚風景において見られるすべては、実物ではなく、知覚イメージなのである。

この議論に対して、私たちはまず、遠ざかるにつれて友人の姿が小さくなるというのは、私の意識内に生じた現象などではなく、世界の有視点把握であり、まったく客観的な事実であることを確認しておかねばならない。

では、遠ざかる友人の姿が小さく見えるようになるとき、何が小さくなったのだろうか。いや、この問いこそが私たちに仕掛けられた罠にほかならない。たしかに遠くの友人の姿は小さく見える。そこで、「小さくなった何かがあるのだろう」と考える。しかも実物の友人は小さくなっていない。そうして、小さくなった何ものかとして知覚イメージのようなものを考えてしまう。この筋道でまちがっているのは、「小さくなった何かがある」というところである。何ものも小さくなってはいない。ここで「小さく」とは、向こうに友人が見えているという有視点把握に対する副詞であり、存在する何ものかに対する「小さい」という形容詞ではない。

同じ構造をもった他の例も挙げておこう。線路の真ん中に立ち、まっすぐに続いている線路を見る。線路は先細りに見える。では、何が先細りなのか。線路そのものは平行であるから、知覚イメージであろう。——いや、そうではない。先細りになった何かがあるわけではない。ただ、「先細りに」見えているにすぎない。あるいは、円形のマンホールの蓋を斜め上から見ると楕円に見える。これも、楕円の何かが存在するわけではない。ただ「楕円に」見えているのである。

さらに言えば、「小さく見える」「先細りに見える」「楕円に見える」といった言い方も、私たちの実際の見え方を正確に表わしてはいないだろう。線路の例を想像していただきたい。あなたには「その線路は先細りである」と見えているだろうか。いや、そんなふうには見えていない。もし本当にそんなふうに見えているのだとしたら、列車の脱線を心配しなくてはいけないだろう。私には、「線路は平行に見えている」という言い方はまったくふつうの言い方であると思われる。

議論をはっきりさせるため、いささか曖昧な日常的語法を離れ、人工的な言い方を導入しよう。たとえば「楕円に見える」といった言い方は、無視点把握において楕円であるものを有視点的に捉えたときの言い方であるとする。つまり、「そのテーブルは楕円に見える」が正しいならば、そのテーブルは幾何学的に楕円の形状をした物体なのである。[95] それに対して無視点把握において円であるものを斜め上から見たときの見え方を表現するのには、「あたかも楕円であるかのように見える」という、あえてもってまわった言い方をすることにしたい。遠ざかる友人は「あたかも小さくなるかのように見える」、平行な線路は「あたかも先細りであるかのように見える」と言おう。

ここで、「あたかも楕円であるかのように」「あたかも小さくなるかのように」「あたかも先細りであるかのように」といった言い方は、楕円のもの、小さくなったもの、先細りのものが存在することをまったく含意しない。そしてそれがどういう意味であるかは、実はそう単純ではないと考えられる。遠くにいる友人を「小さい」と表現し、同時に、しかし友人の身長が低くなったわけではないと了解している。ならばなぜ「小さい」と表現するのだろうか。「遠くに見える」というのはその通りである。だが、別に友人の身長が縮んだわけではないのだから「小さい」という言葉を使う必要はないようにも思われる。

私の考えでは、私たちはここで「平面化」と呼びうる操作を行なっている。その光景をスケッチするとき、一枚の紙の上に、遠くの友人はまさに「小さく」描く。そのように、奥行のある光景をいわば一枚の紙の上に描くような操作（平面化）をした上で、遠くのものを「小さい」と言うのである。

同様に、平行にまっすぐ続く線路の真ん中に立ち、そこから見える線路を描くとき、私たちは紙の上に先細りに近づいていく二本の線を描く。そしてマンホールの蓋を斜め上から見た様子を描くときには楕円を描く。線路が先細りに見え、マンホールの蓋が楕円に見えるのは、あたかも紙の上に描くかのような見方で見るという平面化の結果にほかならない。それゆえ、日常語法において「遠くのものが小さく見える」のように言われるとき、それは、「遠くのものが、一枚の紙に描くときには小さく描くことになるような見え方で、見えている」という、けっして単純ではない内実をもったものとして理解されるべきだろう。[96]

遠くにいる友人を実際に紙上にスケッチするときには、たしかにそこに小さな像が描かれる。この平面化の操作が、意識のスクリーンへと内面化される。そうして、小さな知覚像の存在が求められてしまう。だが、私たちはこの内面化を拒否することができる。遠くのものが小さく見えているとき、そこに小さい何ものか（知覚イメージ）があるわけではない。見えているのは実物の友人であり、実物の友人が有視点的に捉えられているにすぎない。線路があたかも先細りであるかのように見えているときには、私たちは実物の平行な線路を有視点的に捉えている。そして、マンホールの蓋があたかも楕円であるかのように見えているときには、実物の円形の蓋を有視点的に捉えている。そして有視点的に捉えられているのは世界のあり方であり、意識のあり方ではない。私たちは、このタイプの錯覚論法に屈して知覚イメージのごとき何ものかを想定する必要はない。

## 10―3　正しく錯視する

ミュラー・リアー錯視を用いて、錯覚論法はこう論じる。二本の線分は本当は同じ長さである。しかし、それが矢羽の効果で違った長さに見える。長さが違うのは、それゆえ、実物の線分ではなく線分の知覚イメージである。ならば、矢羽をとったふつうの知覚の場合も、見えているのは知覚イメージと考えねばならない。

この事例は、遠くのものが小さく見えるという場合とは異なる議論の構造をもっている。パースペクティブの場合には、けっしてそれは「小さい」という相貌で見えているわけではない。遠ざかる友人は、相貌としては、だんだん小柄になっていくのではなく同じ身長のままで見えている。あるいは線路の場合も、あくまでも平行な線路という相貌で見えており、けっして先細りの相貌で見えているわけではない。だが、錯視図形の場合には相貌のレベルで食い違いが生じている。ミュラー・リアー錯視の場合には、私たちはそれぞれ逆向きの矢羽をもった二本の線分が異なる長さに見える。つまり、長さに関して異なる相貌で見えている。しかし、本当は同じ長さである。そこで錯覚論法は、相貌は世界の本当のあり方ではないと論じるのである。

この議論の前提には、無視点把握されたあり方こそが世界の本当のあり方だという考えがある。そして、有視点把握は世界のあり方を写しとった像、すなわち表象だというのである。そのように考えるならば、有視点把握された眺望において「異なる長さ」という相貌をもつものが、無視点把握されたあり方では「同じ長さ」であるとき、有視点把握は誤った表象だとされるだろう。だが、有視点把握と無視点把握はともに基本的な世界の把握の仕方にほかならない。それが私の眺望論および相貌論の出発点である。

ミュラー・リアー錯視は、無視点把握において「同じ長さ」と記述されるものが、有視点把握では「異なる長さ」と記述される相貌をもちうることを示している。しかも、それはけっして見誤りではない。錯視図形はいつでも誰にでもそのように見えるのであり、たとえ物差しを当てて「同じ長さ」であることを確かめたとしても、それによって見え方が変わることはない。つまり、錯視図形は見誤りのように有視点把握における一時的な逸脱ではなく、ひとつの安定した秩序を示しているのである。ミュラー・リアー錯視においてその二本の線分が異なった長さという相貌をもつこと、それもまた世界のあり方にほかならない。ミュラー・リアー錯視の図形は、無視点的には同じ長さと把握され、有視点的には異なる長さとして把握される。それはどちらも客観的な正しい世界把握なのである。ミュラー・リアー錯視の二本の線分が異なる長さに見えているとき、私たちは正しくそれを錯視していると言えるだろう。

ミュラー・リアー錯視に関して少しコメントしておこう。有力とされる説によると、この錯視は矢羽をもった線分に奥行を見てとるために生じる。ミュラー・リアー錯視の図形を少し変形してみよう（図12）。Aの図は向こう側に引っ込んだ形に見え、Bの図はこちら側に出っ張った形に見える。縦線

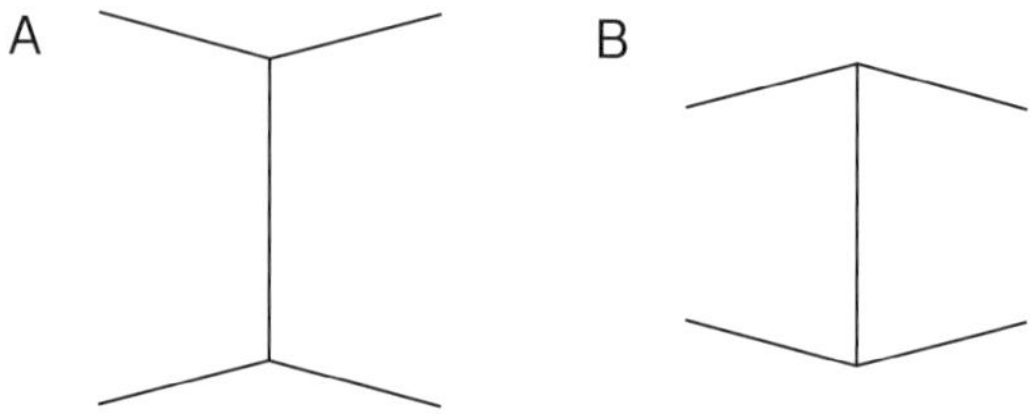


図12

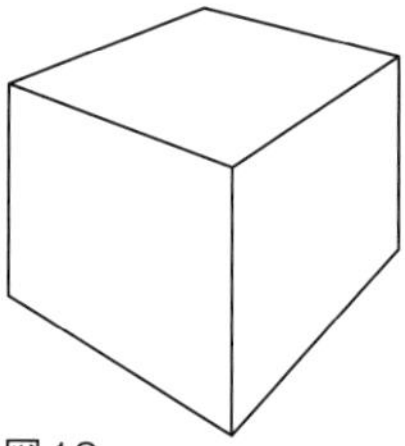

図13

はAとBで同じ長さなのだが、奥行の効果でAの縦線はBの縦線より遠くに見える。たとえば、写真に写った手前の木と向こうの木が、その写真に物差しを当てて測ったときに同じ長さだったとする。そのとき、私たちの目には向こうの木の方が遠くにある分だけ高く見えるだろう。それと同じことがここで起きているのである。

ということは、ミュラー・リアー錯視の見え方は、なにも特別なものではなく、私たちが遠近法の絵画を見たり写真を見たりするときの見え方だということになる。たとえば私たちは図13の図形を箱型の立体として見る。

平面上の幾何学図形としては、これはたんに四角形が三つ組み合わされた図形と言えるが、しかし箱の相貌をもっている。私たちにとってはあたりまえのことでなんの不思議も感じないだろう。そしてまた、箱の相貌はこの図形そのものがもっているのだと言うことにも違和感はない。同様に、遠近法に従った絵を見るときにも、建物の立体的な相貌や風景がもっている遠景－近景の奥行の相貌は、絵そのもののあり方と言える。（絵画から相貌を取り除いたら、それはもう絵画とは言えない。）こうした事例において、もし「絵そのものの客観的なあり方は無視点的に描写されるべきであり、相貌は絵そのもののあり方ではない」などと主張されたとしたら、それはきわめて不自然な主張だろう。ミュラー・リアー錯視の場合にも、「異なる長さ」という相貌はその図形の客観的なあり方にほかならない。錯視図形においても、あくまでも対象そのものが相貌をもつのであり、しかも、「異なる長さ」というのはミュラー・リアー錯視における正しい相貌なのである。

錯覚論法は錯視図形の相貌を対象そのものから引き剥がし、そのあり方を担うものとして知覚イメージを要請する。だが、無視点把握と有視点把握をともに基本的な世界把握と認めるならば、私たちはそんな要請に従わなくともよい。無視点的には同じ長さのものが、有視点的には異なる長さの相貌をもっていたとしても、それはつまり、世界そのものが無視点的に把握されたときと有視点的に把握されたときとで食い違ったあり方をしているというにすぎない。[97] 一つの世界が、異なる仕方で把握されているのである。

## 10―4 錯覚・幻覚に訴える錯覚論法を論駁する

### 10―4―1 知覚と錯覚・幻覚は同じ種類の経験ではない

錯覚や幻覚を利用した錯覚論法は次のように議論を進める。

① 錯覚ないし幻覚を経験しているのに知覚だと思ってしまうことがありうる。
② それゆえ、知覚と錯覚・幻覚は同じ種類の経験である。（同種性テーゼ）
③ 錯覚・幻覚において経験されているのは知覚イメージである。（錯覚・幻覚のイメージテーゼ）
④ ②と③より、知覚において経験されているのも知覚イメージである。（知覚のイメージテーゼ）

私は、この議論において①以外のすべてを否定しようと思う。すなわち、①「錯覚ないし幻覚を経験しているのに知覚だと思ってしまうことがありうる」は認めるが、そのことから②同種性テーゼは導かれないことを論じたい。そしてまた、③錯覚・幻覚のイメージテーゼを否定して、「錯覚・幻覚において経験されているのは知覚イメージではなく、世界そのものである」と主張する。その結果、④知覚のイメージテーゼも当然否定する。

まず①から②への導出を議論し、項を改めて③錯覚・幻覚のイメージテーゼの否定を論じることにしよう。

たとえば、山道で向こうに蛇がいるのを見る。後になってそれが見まちがいであると分かるとしても、その時点では私はそれを正しい知覚だと思ってしまう。そのようなことは実際にある。それゆえ、①は認めねばならない。そしてそれを認めるならば②の同種性テーゼも認めねばならないように思われる。すなわち、蛇がいるのを見た経験は、それが正しいと判明する場合であれ誤りと判明する場合であれ、その経験それ自体としては同じものであったと言うべきではないだろうか。だからこそ私は、本当は錯覚であるにもかかわらず、正しく蛇を見ていると思ってしまったのである。

幻覚の場合にも同様に論じられる。完璧にリアルな見かけをもった幻覚を経験したとしよう。たとえば目の前に短剣が見えたとする。それは完璧にリアルな見かけをもっているので、実際に短剣を知覚している場合と区別がつかない。それが幻覚だと分かるのは、他人には見えていないとか、その短剣をつかもうとしてもつかめないといったことによる。それゆえ、短剣が見えたそのときその場面だけの私の経験のあり方だけを考えるならば、それは正しく短剣を知覚している場合と同じであると言えるのではないか。

ここで、そのような完璧にリアルな見かけをもった幻覚が事実として存在するかどうかは問題ではない。たんにそのような幻覚を考えることができさえすればよい。（考えることはできるだろう。）問題は、「完璧にリアルな見かけをもち知覚と区別がつかない幻覚は、経験それ自体としては知覚と同じ種類である」ということを認めるかどうかにある。もしこのことを認めるならば、完璧にリアルな見かけをもった幻覚を考えることができるということは、知覚と幻覚が経験それ自体として同じ種類である場合を考えることができるということを意味する。そして、幻覚において経験されている短剣が実物の短剣ではないということは素朴実在論者でも認めざるをえないだろうから、知覚の場合にも、知覚において私たちが実物と出会っていない場合を考えることができることになる。それに対して素朴実在論は「実物そのものと出会っている」ということが知覚の本質に属する、すなわちそれが「知覚」の意味に含まれると考えるので、「実物と出会っていない知覚」は矛盾した考えでしかない。つまり、「幻覚と同種の経験である知覚」というのは、素朴実在論には許容しえない考えなのである。それゆえ、もしその可能性を考えることができるのであれば、それだけで十分素朴実在論を否定することができる。

では、私たちは①から同種性テーゼ②への導出を認めねばならないのだろうか。

① 錯覚ないし幻覚を経験しているのに知覚だと思ってしまうことがありうる。
② それゆえ、知覚と錯覚・幻覚は同じ種類の経験である。

J・L・オースティンはこの導出を批判し、彼一流の言い方でこう述べている。「レモンと石鹸が同じ種類の物ではないと言われて、それならどんな石鹸もレモンのように見えることはありえないなどと思うだろうか？　そう思うべきなんの理由もない。」[98]　少し分かりにくいかもしれない。オースティンが批判している考えの対偶をとり、言い換えてみよう。「レモンと見まちがえてしまうような石鹼がありうるならば、レモンと石鹼は同じ種類の物である。」明らかに、馬鹿げている。だが、錯覚論法における導出はこれと同じ形をしているのである。「知覚とまちがえてしまうような錯覚・幻覚がありうるならば、知覚と錯覚・幻覚は同じ種類の経験なのである。」レモンと石鹼の導出と同じ形をしているのに、どうして錯覚論法における導出は同様に馬鹿げたものと思われないのだろうか。[99]

レモンと石鹼の違いはそれで手を洗ってみようとすれば分かる。あるいは食べてみれば分かる。つまり、レモンと石鹼が同じ種類の物なのかどうかを、そのときの見た目だけで判断することはできない。それに対して、知覚や錯覚・幻覚といった経験の場合には、そのときの見た目だけで判断できる——すなわち、「それがどのような経験であるのかは、経験主体にそのときその経験がどう現われるかだけで決まる」——と考えられてしまうのではないだろうか。いま、、、の私に区別がつかないのであれば、それは同じ経験なのだ、というわけである。

ここには、自分がどういう経験をしているかはいまの私に明晰・判明に分かるという、「デカルト主義的」とも呼びうる前提がある。なるほどそれはいま私が経験していることであるから、いまの私はそれがどのようなものであるのかを完全に知ることができるようにも思われる。だが、少し考えてみれば、そんなに単純なものではないことに気づくだろう。

ウォーミングアップとして、知覚以外の例を取り上げてみよう。たとえば「嫉妬」という感情は、いま私にどういう感じが生じているかだけで決まるわけではない。なんらかの理由（私がライバル視している人が成功した等）があり、それに応じた嫉妬の名にふさわしい行動（その人の成功をすなおにほめることができない等）がある。つまり、私にいま生じているこの感じは、嫉妬の物語の中におかれてはじめて嫉妬の感情となりうるのである。それゆえ、いまの私にはこの気持ちが嫉妬なのかどうかよく分からないということも起こりうる。恋愛感情なども、そのときにはそれが恋心であったとは気がつかないということがありうるだろう。あるいは、現在の職場に感じている違和感がいったい何なのかが分からない——同僚に対する軽蔑の念なのか同僚に対する劣等感なのかも分からない——ということもありうる。一般に、感情に対しては自分がどういう感情を抱いているのかいまの私に明晰・判明に分かるわけではないという反デカルト主義的な状況が、それほど稀ではなく起こりうるのではないだろうか。

知覚と錯覚・幻覚に関しても、自分がどういう経験をしているかはいまの自分だけで完全に分かるというデカルト主義的考えはまちがっている。知覚は相貌をもっている。そして相貌は物語に依存している。物語には他人も登場することがあるだろうし、これまでの成り行きも物語の重要な一部となる。そしてなによりも、未来が相貌に大きく関わる。山道に蛇が見える。しかもそれは蛇そっくりの作り物などではなく、いまは動かないでいるが生きて動きもする本物の蛇という相貌をもって現われている。この相貌はたんにいまの私の経験だけに収まっているものではない。近づいたらどうか、他人にはどう見えるか、もう少し様子を見ているとどうなるか、つついてみたらどうかといったことに関する一定の了解がその相貌を支えている。そして実際に近づいても蛇に見え、他人も「蛇が見える」と言い、しばらく見ていても蛇であり、つついてみても蛇の感触がするのであれば、それは知覚であり、そうした了解が裏切られるならば、それは錯覚ないし幻覚とされる。それゆえ、私のいまの時点におけるあり方だけに限定したならば、この経験が知覚なのか錯覚なのか幻覚なのか区別がつかないということも起こりうる。だが、だからといって、知覚と錯覚・幻覚が同じ種類の経験になるわけではない。

したがって、①「錯覚・幻覚は知覚と混同されうる」ということから②の同種性テーゼ「知覚と錯覚・幻覚は同じ種類の経験である」は導かれない。実際、知覚と錯覚と幻覚はそれぞれまったく異なった物語の内におかれる異なる経験である。

## 10−4−2　知覚と錯覚・幻覚に共通の経験など存在しない

同種性テーゼを否定しても、何か肝心なことが否定されずに残っているように思われるかもしれない。そこにはまだ錯覚論法への通路が穴をあけている。知覚と錯覚・幻覚が異なる種類の経験だということには納得したとしよう。だが、その経験をしているその時点では、それが知覚なのか錯覚なのか幻覚なのかが分からないということが起こりうる以上、「その経験をしているその時点においては、知覚も錯覚も幻覚も同じ経験でありうる」と言えるのではないか。これを「共通項テーゼ」と呼ぶことにしよう。前後の成り行き等を考慮すれば異なった経験と言うべきだろうが、しかし、知覚と錯覚・幻覚は部分的には同じ経験を共有しているのではないか。[100]

共通項テーゼが想定する「知覚と錯覚と幻覚に共通の経験」なるものを、「知覚的な現われ」と呼ぶことにしよう。[101] あくまでも「知覚的な」であるから、それはまだ知覚とも錯覚・幻覚とも分からない経験である。これに対して私は、共通項テーゼは誤りであり、「知覚的な現われ」などという想定は哲学的捏造物にすぎないと論じたい。[102]

共通項テーゼを批判するために、相貌論の議論を補完することから始めよう。「知覚」「錯覚」「幻覚」という概念もまた、経験の相貌に反映されることになる。つまり、ある経験を知覚として捉えるか錯覚として捉えるか幻覚として捉えるかに応じて、そこに開かれる物語は異なったものとなる。たとえ蛇嫌いであったとしても、錯覚と分かっている蛇の姿を避けようとする必要はない。また、幻覚と分かっていれば、その短剣でリンゴを剥こうとはしないだろう。それゆえ、それを知覚・錯覚・幻覚のどれで捉えるかによって、その経験の相貌はまったく異なったものとなる。ひとことで言えば――同語反復的な言い方になってしまうが――、知覚は「知覚」という相貌をもち、錯覚は「錯覚」という相貌をもち、幻覚は「幻覚」という相貌をもつのである。[103]

とはいえ、騙されているそのときにそれを錯覚と自覚しているわけではない。(自覚していたら騙されない。)それゆえ、この点はもっと慎重に語らねばならない。向こうに蛇が見えたとしよう。私たちは、それが知覚であることに疑いを抱かせるような不審な点に気がつかないかぎり、それを(いわば「デフォルト」で）知覚として鵜呑みにするだろう。そこで、見誤りという経験をその時間の順で記述するならばこのようになる。まず私は遠くから「蛇の相貌をもち、かつ知覚の相貌をもつ」経験をする。次に近づいて「縄の相貌をもち、かつ知覚の相貌をもつ」経験をする。それと同時に、さっきの経験は錯覚だったのだと捉えなおす。すなわち、先ほど遠くから出会った蛇の相貌をもった眺望が、知覚という相貌から錯覚という相貌へと反転するのである。

共通項テーゼは、知覚と錯覚に共通の経験として知覚的な現われなるものを想定する。では、知覚的な現われはどういう相貌をもつ経験なのだろうか。蛇の知覚的な現われであれば、それはなるほど蛇の相貌はもっている。だが、知覚的な現われは知覚と錯覚に共通の経験とされるため、それ自体は知覚であるか錯覚であるかに中立であり、それゆえ知覚という相貌も錯覚という相貌ももちえないことになるだろう。

これは、知覚なのか錯覚なのか分からないという経験とは区別されねばならない。山道の向こうに長いものが見える。蛇にも見えるが、なにぶん薄暗いし、いっこうに動かないので、違うかもしれない。このような、知覚か錯覚かはっきりしない場合の経験は、知覚か錯覚かに関していわば「不定の相貌」をもった経験である。それに対して共通項テーゼが想定する知覚的な現われは、明確に知覚である場合にも明確に錯覚である場合にも、どちらの場合にも共通に存在すると考えられている。それゆえ、知覚的な現われは「不定」という形ですら知覚か錯覚かには言及しない。それは知覚か錯覚かはっきりしない場合のように不定――グレーゾーン――なのではなく、知覚か錯覚かに関して完全に白紙なのである。

だが、知覚か錯覚かに関して完全に無相貌であるような経験は、私が先ほど述べた錯覚のエピソードには現われてこない。もう一度私が語り出した錯覚のエピソードを見ていただきたい。まず遠くから「蛇の相貌＋知覚の相貌」の経験をする。次に近寄って「縄の相貌＋知覚の相貌」の経験をする。そしてそれと同時に先ほどの遠くから見たときの経験を「蛇の相貌＋錯覚の相貌」の経験として捉えなおす。それは知覚の相貌が錯覚の相貌に反転するというエピソードにほかならない。そこには、知覚の相貌も錯覚の相貌ももたないのっぺらぼうの経験など、登場してはいない。

以上の考察は、幻覚に対してもほぼそのまま当てはまる。多少違うのは、幻覚の場合には、幻覚の最中にこれが幻覚であるという自覚をもつこともありうるという点である。たとえばその内容が完全にリアルな見かけをもっているわけではないという理由でそれを幻覚とみなす場合もあるだろうし、もうすでにこれまで何度となく同様の幻覚に襲われた経験があるので、これもまた幻覚なのだと考える場合もあるだろう。そのような場合には、まさに幻覚という相貌をもった経験をしているのであり、けっして知覚の相貌も幻覚の相貌ももたない知覚的な現われのようなものを経験しているわけではない。

また、幻覚の最中には幻覚と気づかず、後になって「あれは幻覚だったのだ」と気づく場合もあるだろう。そのような場合には錯覚に対して為した議論がそのまま適用される。たとえば、目の前に短剣が現われ、最初それを知覚していると思っていた。しかし、しばらくしてそれが幻覚であると気づく。そこで起こっていることは、最初知覚の相貌をもっていた経験が幻覚の相貌をもった経験へと捉えなおされるということにほかならない。

私は、錯覚や幻覚に騙されるというエピソードを、知覚の相貌から錯覚の相貌への反転、あるいは知覚の相貌から幻覚の相貌への反転として捉えた。そこで、ここでもまた反転図形について考えてみることが示唆的である。というのも、反転図形の場合においても、反転する相貌を担う共通の何ものかを想定したくなるからである。老婆にも若い女性にも見える反転図形（図11、一九九ページ）を見てみよう。老婆の相貌も若い女性の相貌も一つの何ものかが見せる二つの異なった相貌である。そこで、老婆の相貌にも若い女性の相貌にもなる共通の何かを考えたくなってしまうのではないだろうか。そしておそらくそれは、知覚と錯覚・幻覚とに共通の経験を求めたくなる気持ちと同様のものであると思われる。

では、反転図形においてその「一つの何ものか」とは何だろうか。すぐに思いつく候補は、老婆とか若い女性という意味を排除された線描図形それ自体だろう。だが、注意しなければならない。「線描図形」というのも、ひとつの意味である。その反転図形を「たんなる線描図形」として見るとしても、けっきょくはそれも「たんなる線描図形」という相貌をもっている。それは、老婆とか若い女性といった意味を排除された、線描図形という意味しかもたないような線描図形である。それゆえ、もしそれを「たんなる線描図形」として見るのであれば、それは「老婆を描いた線描図形」とも「若い女性を描いた線描図形」とも異なる相貌ということになる。それを老婆あるいは若い女性を描いたものと見る人は、その図形をたんなる線描図形としては見ていない。逆にそれをたんなる線描図形として見る人は、その図形を老婆とも若い女性とも見ていない。つまり、この図形は「老婆－若い女性」という二つの見え方の反転図形ではなく、「老婆－若い女性－たんなる線描図形」という三つの見え方の反転図形ということになる。だとすれば、相貌反転の基礎にあるとされる「一つの何ものか」とは、老婆でも若い女性でもたんなる線描図形でもない、そんな何かでなければならない。だが、そのようなものを、私たちは取り出すことはできない。相貌反転を支える、それ自体は相貌をもたない一つの何ものかなど、ありはしない。

Aという相貌がBという相貌に反転するとき、相貌Aは相貌Bに端的に反転する。それですべてなのである。いかなる相貌ももたない共通項など、よけいでしかない。知覚と錯覚・幻覚についても同様に考えられる。なるほど錯覚や幻覚を知覚とまちがえることはありうるだろうが、それは「知覚」という相貌で捉えていたものが「錯覚」ないし「幻覚」という相貌へと端的に反転するということにほかならない。その相貌反転において、知覚・錯覚・幻覚に関する相貌をまったくもたない「知覚的な現われ」のような共通項を想定する必要はない。

### 10－4－3　錯覚は知覚イメージではない

錯覚論法の③はこう主張する。

### ③　錯覚・幻覚において経験されているのは知覚イメージである。

私はこれを否定したい。錯覚の場合と幻覚の場合とで議論は異なったものとなるので、まず錯覚を論じ、その後に幻覚を論じることにしよう。[104]

錯覚、すなわち誤った知覚については、8-2-1「どうしてその眺望が「見まちがい」とされるのか」において私は次のように論じておいた。私たちは認知と行動を適切に導くような眺望地図を描かねばならない。この眺望地図に反する眺望が「誤り」とされる。

これに対して、錯覚論法を仕掛けてくる者はさらにこう論じるだろう。——よろしい。知覚の誤りが眺望地図から排除された眺望であるとしよう。だがそうだとしても、それは世界そのものの眺望ではないから排除されたのだ。だとすれば、排除された眺望、すなわち誤った知覚は知覚イメージではないのか。

いや、眺望は、たとえ誤った知覚だとしても、世界そのものの眺望である。私はなおもそう答えたい。だが、これは錯覚論法の論者たちだけでなく、多くの読者にも理解されないのではないだろうか。誤った知覚は世界のあり方とは異なるために眺望地図から排除されたのではないか。縄が蛇に見えてしまったとき、その蛇の相貌は世界そのものの相貌ではないから誤っているとされるのではないのか。そう問われるだろう。

錯覚論法の論者は、そしてまた多くの人たちは、「無視点把握されたあり方こそ世界のあり方であり、有視点把握はその表象（実在を写しとった像）である」と考えている。だが、眺望論と相貌論はその前提を拒否するところから出発した。知覚は表象ではない。それゆえ、知覚の誤りは誤った表象ではない。

私たちは、有視点把握が無視点把握の表象であるという考え方を完全に振り捨てねばならない。さらに、眺望地図が世界のあり方を余すところなく忠実に捉えているという考えも捨て去るべきである。この点に関してはこれまで明確に述べてこなかったので、多くの読者に誤解を与えていたかもしれない。眺望地図に描かれるあり方こそ世界であり、眺望地図に描かれるあり方だけが世界なのだ、と。なるほど眺望地図に描かれたあり方は世界のあり方である。しかし、それだけが世界なのではない。ふつうの地図がそうであるように、眺望地図もまた整理され簡略化されたものにすぎない。世界は眺望地図よりもはるかに豊かなのである。

山道に縄がある眺望地図には、しかるべき眺望点に縄の相貌をもった眺望が描き込まれている。これは、もしその眺望点から縄ではなく蛇が見えたならばそれは見誤りであることを意味している。すなわち、蛇の相貌が開く物語に従うと、適切な行動がとれないことになるだろう（よほど蛇が苦手なら引き返してしまうかもしれない）。眺望地図は、私たちの認知と行動を適切に導くため、ここからはこのように見えなければいけないと規定している。縄があるのだから、ここからは縄の相貌をもった眺望が得られなければいけない。もし縄ではなく蛇の相貌をもった眺望が得られたとしても、その相貌が開く物語に従ってはいけない。眺望地図はそのように私たちの認知と行動を規制する。この意味において、眺望地図は私たちの認知と行動に対して規範的に働く。

眺望地図の規範性と世界の関係を理解するため、法律と私たちの行為[105]との関係を比較してみることが有益かもしれない。法律は私たちの行為を規制する。しかし、言うまでもなく、法律は私たちのあらゆる行為をあますところなく取り上げているわけではない。私たちの行為は法律の規定よりもはるかに豊かである。私たちはしばしば法律に反して行為する。そして生活において私たちが為すことのほとんどは、法律の規制とは無関係である。法律は箸の上げ下ろしについてまで規制するものではないし、買物のときには料金を払うよう規制しはするが、どこの八百屋でどの野菜を買うかまで規制するものではない。

同様に、眺望地図は私たちの認知と行動を規制するが、しかし、眺望地図は世界のあり方のすべてを捉えようとしたものではなく、あくまでも私たちの関心によって世界を切り取ったものでしかない。それゆえ、眺望の内容の多くは眺望地図の規制には関わらない。[106]また、私たちが法律に違反して行為してしまうように、世界にはときに眺望地図に反した眺望が現われる。そして眺望地図はそれを誤った知覚、すなわち錯覚と断罪する。だが、法律に違反した行為も人間の為したことであるように、眺望地図に反した眺望も世界の眺望である。それは私たちの認知と行動を不適切に導いてしまうものとして眺望地図からはじかれるが、しかし、それもまた世界そのものであり、けっして誤表象――世界のあり方を不正確に表象した知覚イメージ――などではない。

――それはあなたが規定する「世界」であり、一般に「世界」と呼ばれるものではない。――そう言われるだろうか。なるほど「世界」という言葉は曖昧であり、論じる者によって好きかってな意味で使われかねない。物理学的に捉えられた世界だけを「世界」と呼ぶ人や、無視点把握された世界だけを「世界」と呼ぶ人、[107]あるいは眺望地図に収まっているものだけを「世界」と呼ぶ人もいるかもしれない。そして私は私で眺望地図をはみ出たものまでをも「世界」と呼んだ。それはたんに「世界」の意味が人によって違うというだけのことではないのか。

いや、そうではない。私は、錯覚が世界に対する誤表象であるという考えを捨て去りたいのである。その考えさえ振り捨てられるならば、何を「世界」と呼ぼうとまったく問題ではない。なんらかの相貌をもった眺望がある。そのすべての眺望の全体を、どう呼ぼうとかまわないが(「宇宙」でもよいし「オメガ」でもよい)、ともあれ「世界」と呼ぶことにする。世界は眺望地図に描かれる部分と描かれない部分に分別される。眺望地図に残されたものも世界であり、そこからふるい落とされたものも世界である。錯覚はそうしてふるい落とされた世界に属している。

ここにおいて決定的に重要なことは、眺望地図が眺望をふるいにかける基準があくまでも実践的な観点にあるということである。眺望地図に描き込むかどうかは、私たちの関心の範囲内にある認知と行動を適切に導いてくれるかどうかによって決定される。眺望の正誤を対応説的に決定する「実在世界」のような二元論的想定とはまったく切り離されたところに、私たちはいる。ふるいにかけて眺望地図に残された眺望は、「実在世界」を正しく表象しているから残されたのではない。そしてまた、錯覚としてふるい落とされた眺望も、「実在世界」を誤って写しとっているから落とされたのではない。錯覚は誤表象ではない。それゆえ、知覚イメージではない。

## 10―4―4　幻覚は知覚イメージではない

幻覚もまた知覚イメージではない。だが、そう主張するためには、錯覚の場合とは異なった議論を用意しなければならない。

幻覚に基づいた錯覚論法を否定するには、錯覚の場合にはなかった困難が見出される。錯覚の場合であれば、たとえば縄を蛇と見まちがう場合、山道の向こうに見えているものはあくまでも実在する対象である。なるほど相貌の取り違えは生じているが、新たな対象が生じたわけではない。山道に横たわっているその対象を、私はまちがって蛇という意味のもとに見てしまったのだ。

しかし、幻覚の場合には存在しないものが現われている。短剣の幻覚に襲われたとするならば、対象のないところに新たな対象が現われたように思われる。では、その対象は何なのか。もちろん現実の空間内に存在する実物の短剣ではない。ならば、意識の内に存在する知覚イメージではないのか。――いったい、この議論にどう立ち向かえばよいのだろうか。

助走から試みることにしよう。まず乱視について考えるところから始めたい。乱視の場合、角膜や水晶体の歪みが原因で、ものがだぶって見える。いま乱視の人が吾妻橋に立ち、スカイツリーが二重に見えているとしよう。7－4「私たちは同じ味を味わうことができるか」や10－1「まぶたを軽く押すと物が二重に見える」で論じたように、ここで二つに数が増えた何ものか（知覚イメージ）を考える必要はない。吾妻橋という空間的眺望点からスカイツリーの知覚的眺望が得られる。その知覚的眺望に眼球の状態が原因で感覚的眺望が混入するのである。知覚的眺望が二重化する効果を「感覚」と呼ぶことは日常の語感には合わないだろうが、眺望論は、対象との位置関係の関数を知覚的眺望、身体状態の関数を感覚的眺望と定義した。その定義に従えば、乱視による二重視は感覚的眺望にほかならない。

次に飛蚊症を取り上げよう。視野の中に蚊や糸くずのようなものが浮かんで見えてしまう症状である。実際に空中にそうしたものが漂っているわけではなく、その原因は硝子体の混濁とされる。飛蚊症もまた、近視によるぼやけや乱視による二重視と同様、眼球の状態が原因であるから、感覚的眺望である。

知覚的眺望に感覚的眺望が混入する場合、それは知覚的眺望の見え方に対していわば「副詞的に」かかってくる。向こうの看板がぼやけて見えるとして、「ぼやけた」何ものかがあるわけではなく、くっきり描かれた看板が「ぼやけて」見えるのである。ここにおいて、「ぼやけ」は何ものかに対して「ぼやけた」と形容詞的にかかるのではなく、「ぼやけて」と副詞的に「見える」という動詞にかかっている。（「……という知覚的眺望がぼやけて見える。」）乱視による二重視の場合も、「二重の」何かがあるわけではなく、現実のスカイツリーが「二重に」見えるのである。

では、飛蚊症の場合はどうだろうか。ありもしない糸くずが浮かんでいるように見える。現実の空中に糸くずがあるわけではない。ならば、その糸くず状のものはどこにあるのだろうか。いや、この問いかけは罠である。どこにあるのかと問い、現実の空中にないことから「意識の内に」と答えてしまうと、私たちはまさに錯覚論法にからめとられてしまうだろう。糸くず状のものは感覚的眺望にほかならない。感覚的眺望は、多くの場合、どこにあるのかと問うても答えようがない。なるほど、胃の痛みは胃にあると言えるだろう。だが、めまいや吐き気はどこにあると問われても答えようがない。めまいがして天井が回っているかのような感じがしたとして、そのとき「現実の天井は回っていない。ならばどこで何が回っているのか」と問うたとしても、答えようがないだろう。めまいにおいて、回っている何かが意識の内にあるというわけではない。ただ、天井の知覚的眺望に「あたかもぐるぐる回っているかのように」と副詞的な形で感覚的眺望が混入しているのである。

　これに対して、「そもそも感覚的眺望は世界において現われているのか」となおも問われるだろうか。イエス。世界において現われているのである。私が頭痛を感じていること、それもまた世界の事実にほかならない。頭痛は世界に生じたできごとである。――だが、あなたが頭痛を感じているとしても、私は痛くない。あなたの頭痛はあなたの内面の世界に生じたできごとであり、世界のできごとではない。――いや、それはたんに私がその感覚的眺望の眺望点たる身体状態にあり、あなたがそうではないというにすぎない。この眺望点からはこの感覚的眺望が開ける。これは、その眺望点から開ける世界の眺望なのである。めまいの感覚とともに、あたかもぐるぐる回っているかのように天井が見えたとして、それもまた、ある眺望点（対象との位置関係プラス主体の身体状態）から開ける世界の眺望にほかならない。

飛蚊症に戻ろう。壁の方を見ると、壁との間の空間に糸くずが浮かんでいるかのように見える。この場合も、糸くずのような何かが意識の内にあるわけではない。硝子体の濁りが原因で、ある感覚的眺望が生じる。それに対して「あたかも糸くずがあるかのように」と、副詞的に言われる。飛蚊症とはそのような現象にほかならない。

では、以上を助走として、幻覚に向かおう。とはいえ、以上の助走は実のところすでに幻覚の分析に踏み込んでいたと言える。飛蚊症もまた、ありもしないものが見えるという意味では幻覚であり、蚊が飛んでいるかのように見えるならば、それは蚊の幻覚と言ってよいだろう。[108]

しかし、より本格的な幻覚として、脳状態が原因で完璧に蚊が飛んでいるように見える幻覚を考えよう。とはいえ、議論に違いはない。脳状態が原因で生じた蚊の幻覚も、硝子体の状態が原因で生じた蚊の幻覚と同様、身体状態を眺望点とする感覚的眺望である。意識の内に蚊の相貌をもった知覚イメージがあるわけではない。たんに、感覚的眺望が「あたかも蚊がいるかのように」という副詞的な形で現われているにすぎない。[109]

蚊でも短剣でも違いはないが、短剣の事例に戻そう。目の前に短剣の幻覚が現われる。そこで、「何が現われたのか」と問われる。それは現実の空間内に存在する実物の短剣ではない。ならば、それは意識の内に存在する知覚イメージだろう。私たちはいまこの議論に立ち向かおうとしていたのだった。幻覚において、空間内には存在しない何ものかが出現し、存在するようになった、そのように思われてしまうのである。そこで、新たに存在するようになったそれは何なのかと問われる。だが先ほど助走として行なった議論を思い出していただきたい。近視によってぼやけた何かが存在するようになるわけではない。乱視によって、存在する何かが二つに増えるわけではない。飛蚊症において、糸くずや蚊のような何ものかがどこか（意識内）に存在するようになったわけではない。同様に、幻覚においても現実の空間内には位置づけられない何ものかが存在するようになったわけではない。幻覚においては、どこにも何も存在していない。現実の空間内にはもちろん、意識の内にも、何ひとつ存在してはいないのである。では、この短剣の現われは何なのか。それは、この知覚的眺望に混入した感覚的眺望にほかならない。近視の場合の「ぼやけ」やめまいにおける「ぐるぐる回って」が知覚的眺望に副詞的にかかっているように、幻覚における短剣の現われもまた、「あたかも短剣があるかのように」という副詞句と考えるべきなのである。

ただし、短剣の幻覚を「あたかも短剣があるかのように見える」という経験として記述することは正確ではない。「見える」は知覚を表わす言葉であり、幻覚は身体状態を眺望点とする感覚的眺望である。それゆえ、そこで用いるべき言葉はむしろ「感じる」だろう。とはいえ、「あたかも短剣があるかのように感じる」という言い方もまだ正確な記述ではない。これでは幻視、幻聴、等々の違いが言い表わせていない。そこで正確には、短剣の幻視であれば、「あたかも短剣の視覚的眺望に出会っているかのように感じる」と記述すべきだろう。もっとふつうの言い方をするならば「あたかも短剣が見えているかのように感じる」ということである。

夢についてひとこと補足しておこう。私たちは「夢を見る」という言い方をする。しかし、それはもちろん知覚ではない。見られている対象など（実物だけでなく知覚イメージのような何ものかも）ありはしない。それゆえここには「何かを見る」という図式は成り立っていない。夢もまた、感じられるものと言うべきだろう。南の島の海辺でくつろいでいる夢を見たのであれば、眺望論はそれを「私はあたかも南の島の海辺でくつろいでいるかのように感じる夢の経験をもった」と記述することになる。[110]

だが、錯覚論法の論者たちはなおも食い下がるに違いない。彼らの最後の砦は脳である。幻覚は脳状態によって引き起こされる。そして実際に短剣を知覚しているときにも、けっきょくのところ脳は興奮しているのである。しかも、短剣の幻覚が知覚と寸分違わぬ完璧にリアルな見かけをもった幻覚である場合には、それを引き起こした脳状態は短剣を実際に知覚しているときの脳状態と同じであるに違いない。ならば、知覚的眺望もまた脳状態によって引き起こされていると考えるべきではないのか。眺望論に従えば、脳状態も身体状態であるから、脳状態が引き起こしているならばそれは感覚的眺望だということになるが、そうだとすれば、つまり知覚的眺望だと思っているものもけっきょくは感覚的眺望だということなのではないか。知覚的眺望と感覚的眺望を区別することがそもそもまちがいであり、すべては脳状態が引き起こした感覚的眺望なのではないだろうか。錯覚論法の論者たちはこんなふうに論じるかもしれない。

知覚も幻覚も脳が生み出している。私はこの考えを「脳神話」と呼ぶ。脳神話が、「知覚と錯覚・幻覚は同じ種類の経験である」という考えをもたらしているのである。だが、脳神話は誤った神話である。章を改めて、訣別を試みよう。

## 11 脳神話との訣別

眺望論には、脳状態が知覚的眺望を生み出すといった考え方の余地はない。私は、自ら歩いて行き、吾妻橋に立ち、そしてスカイツリーの眺望に出会う。あるいは大福に手を伸ばし、それを口に入れ、大福の甘さに出会う。ここにおいて私は一人の行為主体であればよい。自ら動いて知覚的眺望点に立ち、その知覚的眺望に出会う。眺望論のこうした語り方の内に、脳は登場してこない。

だが、多くの人たちは、脳が知覚を生み出しているという脳神話を信じているのではないだろうか。一般にその信仰は、「テレビでそのように言っていたからなんとなく」という程度のものかもしれないが、しかし、哲学者の多くもまた脳神話を信じていると思われる。実際、脳が私たちの感覚や知覚に影響を与えるということは神経科学が示す事実であり、それを否定することはできない。では、脳と眺望の関係はどのようなものなのだろうか。その関係を正しく見てとらねば、脳神話と訣別することもできはしないだろう。

## II―I　知覚的眺望の見透かし構造

### II―I―I　脳透視論

脳と眺望の関係の重要なひとつの側面として私がまず取り上げたいのは、大森荘蔵の「脳透視論」である。[111]私は、脳透視論を眺望論に取り込むための多少の修正は施しつつも、その大筋において大森の考え方を受け継ぎたいと考えている。

まず脳の話をする前に、知覚的な眺望構造に関して議論を補っておかねばならない。これまで知覚的眺望の眺望点として、対象との位置関係だけを考えてきたが、事情はもう少し複雑である。たとえば吾妻橋に立ってしかるべき方向を向いていたとしても、スカイツリーが見えるとはかぎらない。私は目を開いていなければならないし、私の前に巨漢の力士が立っていたらその背中しか見えないことにもなるだろう。あるいは、濃い霧や土砂降りの雨でも、視界は遮られることになる。ここには、知覚的眺望における「見透かし構造」[112]と呼ぶべき特徴がある。

たとえば遠くの山を見るとき、私はその間の空気を通して山を見ている。ふだんは空気の存在など気にはしないが、空気の状態（霧、春霞、黄砂、逆に空気が異例に澄んだ真冬の晴天）によっては空気を見透かしていることを意識するだろう。あるいは窓ごしに外を見る。その窓ガラスがあまりきれいではない場合など、「ガラスごし」ということを意識しつつ外の景色を見ることになる。私たちはこのように、必ずしもそう意識していないとしても、つねに透明・半透明のものを見透かして対象を見ている。

見透かしの途中、私と対象の間に不透明なものが置かれると対象は見えなくなる。あたりまえのことであるが、これは目下の議論においてきわめて重要な事実であるから、ことさらに「遮蔽効果」と呼ぶことにする。また、半透明のものを置くと、それによって対象の見え方も影響を受ける。春霞がかかればぼんやり見え、汚れた窓ガラスごしに外を見れば窓ガラスの汚れとともに外の景色が見える。そして、色のついた透明体を置けば風景は全体にその色に染まる。こうした効果を「見透かし効果」と呼ぼう。

たとえば見透かし効果のひとつとして、青い色のサングラスをかければ風景は青くなる。私たちはそこで、「青いサングラスをかけたために景色が青く染まる」と言いもする。これを「原因」という語を用いて述べるならば、「青いサングラスをかけたことが原因で景色が青く染まる」と言える。ここに因果関係を見てとるのは、日常的な語り方としては自然だろう。

しかし、注意しなければならないが、その因果関係はあくまでも有視点的な見透かし構造におけるものであり、無視点的に語れるような因果関係ではない。もし無視点的な描写において「私がサングラスをかけたら、それが原因で周辺の物体のすべてがその性質を変化させた」などということが生じたとすれば、それは驚くべき超常現象である。あるいは、「あの建物がじゃまでスカイツリーが見えない」というのは遮蔽効果であるが、これも有視点的な見透かし構造においてはじめて意味をもつ描写であり、無視点的には「私とスカイツリーの間に高い建物がある」と描写されるだけでしかない。見透かし効果や遮蔽効果は無視点的には語れず、それゆえ物理学では語れないのである[113]。

大森はこのことにきわめて重要な意義を見出した。青いサングラスをかけると風景が青くなる、この日常の事実、誰も否定できない平凡な変化のあり方が、物理学的な因果関係では語れない。その驚きが大森の脳透視論を支えている。そして大森は、まさにそれと同じ変化のあり方を脳と知覚の間にも見てとったのである。見透かし構造は眼球の外の光景について言われることであるが、大森はそれを身体内にまで引き込んでくる。まず、まぶたを閉じると見えなくなる。これは、目隠しすることと同様のことであり、遮蔽効果である。では、白内障でものがかすんで見えるのはどうか。大森はそれも見透かし効果だと論じる。白内障の人は、濁った水晶体を見透かしている。

> 水晶体が白濁する白内障にあっては外部風景（瞼を含めて）が霞んで見える。明らかに、われわれは水晶体を「見透し」てその向うをみているのである。ただ健康な眼ではそれは清澄な空気と同じく「透明」なのである。だが水晶体が底なのではない。その背後にある硝子体をもまたわれわれは「見透」している。硝子体の異常は外部風景の異常を伴うからである。自分の眼は見るこ

とができない、とよく言われるがそれは大間違いである。私は常時私の眼のど真中を見透しているのである。[114]

ポイントは、白内障・近視・春霞・サングラスといった原因によって見え方が変化するその変化は、物理学が扱うような因果関係ではないという点にある。それは、眺望のより手前にあるものがより向こうにあるものの見え方を変えるという形の変化である。手前の春霞が向こうの山並をぼやけさせる。手前の青い色ガラスが、その向こうの景色を青く染める。そして、同様に、濁った水晶体が向こうの景色をぼやけさせるのである。このことを大森は「水晶体を見透かす」という強引とも思われる強烈なレトリックで表現した。しかし、レトリックの強引さに目を奪われないようにしよう。議論の構造そのものはきわめて自然で説得力があると私には思われる。

このように考えるならば、近視による視野のぼやけや乱視による二重視もまた、見透かし効果と言えるだろう。それは、春霞によって山並がぼやけて見えることや、透明な方解石を通して見ると複屈折によってものが二重に見えるのと同じことである。あるいは、飛蚊症も見透かし効果にほかならない。飛蚊症の人は、混濁した硝子体を見透かしている。その結果として、あたかも糸くずのようなものが空中に浮かんでいるかのように見えるのである。

こうして、眼球の外に対して言われていた見透かし構造が、まずは眼球内へと引き込まれる。そしてさらに大森はそれを視神経から脳にまで拡張するのである。視神経を切断すれば見えなくなる。遮蔽効果である。つまり、私は視神経を「見透かして」いる。同様に、私は脳もまた「見透かして」いる。脳状態に異常が生じて、眺望に異常が生じる場合は見透かし効果であり、眺望が奪われてしまう場合は遮蔽効果と言えるだろう。

ここでも、ポイントは脳状態の異常によって引き起こされる眺望の変化が物理学的な因果関係ではないということにある。そもそも物理学の描写は無視点的であり、知覚や感覚のあり方を語る言葉をもたないので、こうした因果は守備範囲にない。さらに、ここで語られている脳と眺望の因果関係は現代の物理学が認める近接作用にもなっていない。たとえば脳状態が原因で物が二重に見えたとする。脳と二重視の間に近接作用となるような因果経路を想定することはできない。脳状態が眺望に影響を及ぼすことは自然科学的に認められた事実であるにもかかわらず、この影響関係を物理学的な因果関係で捉えることはできないのである。

「見透かす」とは、それが物理学的な因果関係ではないことを自覚し強調した上で、あるものごとが眺望に影響を与えるという事実を認めようとする態度の表明にほかならない。「サングラスを見透かす」とは、サングラスが物理学的な因果関係ではない仕方で眺望をそのサングラスの色に染めると認めることであり、「水晶体を見透かす」とは、水晶体の白濁が物理学的な因果関係ではない仕方で知覚的眺望をぼやけさせると認めることであり、「脳を見透かす」とは、脳状態の異常が物理学的な因果関係ではない仕方で眺望に影響を与えると認めることである。かくして私たちの眺望は、「脳→視神経→眼球→前景→遠景→……」という見透かし構造をもつことになる。

この見透かし構造に関して少し補足しておこう。遠景の後が「……」と開いているが、それは日常生活の範囲では視力の及ぶかぎりということであり、星を見るような場合には遥か遠くともなるだろう。逆に、この構造は明確な始まりをもつわけでもない。私は「脳→視神経→」と書いたが、大森は脳を始点とすることを避け、「……→脳→視神経→」のように始点も開いた形で書く。とはいえ、見透かし構造をさらに遡ったとしても脳の外に出ていくことはないように、私には思われる。それゆえ明確な始まりがないことには同意しつつ、私は「脳→視神経→」と書いた。

また、脳が見透かし構造の始点であるとして、脳を見透かしている誰かがいるというのではない。[115]「脳→視神経→眼球→前景→遠景→……」という見透かし構造は、物理学的な因果関係ではない仕方で眺望に影響を与える、その影響関係を事実として確認できる順に並べたものにすぎない。

## 11―1―2　眺望論における見透かしと遮蔽

以上が大森荘蔵の脳透視論である。「見透かし」という言い方に明らかなように、この議論は視覚だけを例にとって為されている。そこで、脳透視論を眺望論に取り込むにあたって、まず他の様態の知覚へと脳透視論を拡張しておきたい。

聴覚において遮蔽効果は視覚と同様に認められる。外の音がうるさいので窓を閉める。耳をふさぐ。これは遮蔽効果である。見透かしはどうか。いわば「聞き透かし」とでも呼べるようなことはあるだろうか。あるように思われる。壁ごしに音を聞くというのもそうだろうし、近くに鳥の声を聞きながら遠くに滝の音を聞きとるなどというのも、「聞き透かし」と言えるかもしれない。嗅覚の場合、離れた対象のにおいであれば、遮蔽効果はある（臭いものには蓋）。だが、見透かしに対応すること（嗅ぎ透かし）は、においの場合にはむしろ混ざりあったにおいになると言った方がよいように思われる。これらに対して、触覚や味覚の場合には、遠近が意味をもたないため、その知覚的眺望に見透かし構造は見出せない。[116]

だが、身体内に見透かし構造を引き込むという論点に関しては、すべての様態の知覚に当てはめることができる。視覚だけでなく、聴覚、触覚、嗅覚、味覚のすべてにおいて、身体表面で刺激を取り込んだ後、それが脳に伝わる。脳を含めその過程のどこが断たれても、関連する眺望は現われなくなる。これは遮蔽効果である。あるいは、その神経伝達経路ないし脳の異常で眺望に変化が起こる場合には、それは見透かし効果と言えるだろう。かくして、大森のレトリックをそのまま拡張するならば、私たちは神経や脳を見透かしているだけでなく、神経や脳を聞き透かし、さわり透かし、嗅ぎ透かし、味わい透かしていることになる。

しかし、眺望論の観点からは、知覚的眺望と感覚的眺望を区別しなければならない。これは大森の議論に対する反論ではなく、大森の議論を眺望論に組み込むために、大森が必要としていなかった区別を脳透視論にもち込まねばならないということである。それゆえ、身体内の見透かし効果については、大森とは異なる語り方をしなければならない。たとえば、白内障によってものがぼやけて見えるということにおける「ぼやけ」は、水晶体の濁りという身体状態に起因するものである以上、感覚的眺望と言わねばならない。私たちは濁った水晶体そのものを見透かしているのではなく、水晶体の濁りによって生じた「ぼやけ」という感覚を含めて、いわばその感覚ごしに、知覚的眺望を受けとっているのである。

それゆえ、「常時私の眼のど真中を見透している」という魅力的なレトリックを、眺望論は採用することができない。見透かし構造はあくまでも知覚的眺望における世界の空間的なあり方に関わる構造であり、私たちは眼球・神経・脳を見透かしているのではなく、そうした身体状態によって生み出された感覚的眺望とともに、知覚的眺望を経験しているのである。

遮蔽効果に関しても、まぶたはともかく（まぶたを閉じることは目隠しと同様に扱ってよいだろう）、眺望論の観点からは、眼球・神経・脳といった身体のあり方によってもたらされる遮蔽効果を世界の空間的なあり方による遮蔽効果と同様のものとみなすことはできない。眼ないしそれに相当する器官をもたなければ、その主体はそもそも視覚的眺望に対する感受性をもたない。眼球・神経・脳の異常によって主体は視覚的眺望に対する感受性を失いうる。それが、身体のあり方によってもたらされる遮蔽効果にほかならない。何によって視覚的眺望に対する感受性が生じ、どうなればそれが失われるのか、それは経験的な事実である。網膜剝離が進行すれば視覚的眺望に対する感受性は失われる。あるいは、神経伝達経路を切断したり、脳の視覚中枢が大きな損傷を受ければ、視覚的眺望に対する感受性は失われる。大森は、こうした経験的事実を、ついたてを立てるとその向こうが見えなくなるといった事例とのアナロジーのもとにおいた。そしてそのアナロジーの効果は、身体のあり方によってもたらされる遮蔽効果が物理学的な因果関係ではないことの指摘と強調にあった。眺望論もまた、その指摘と強調をそのまま受け入れる。ただ眺望論としては、身体のあり方による遮蔽効果を、ただ「身体のあり方は遮蔽効果をもたらしうる」とだけ記述し、それを眺望の空間的な見透かし構造の延長上に位置づけることはしない。しかし、そのことによって大森の議論の実質を損ねてしまうことはないだろう（その単純さと力強さは残念ながら弱められてしまうとしても）。

## II−2 知覚因果の正体

ポイントを取り出して押さえておこう。脳神経系が知覚に与える影響には少なくとも二種類のものがある。第一に、神経や脳の状態によって感覚的眺望が引き起こされうる。そしてその感覚的眺望と知覚的眺望が重ねられ、知覚のあり方が変化する。たとえば、物がかすんだり、二重に見えたり、歪んだりしうる。あるいは飛蚊症のように糸くず状のものが見えたりもする。第二に、神経や脳は知覚的眺望に対して遮蔽効果をもちうる。すなわち、脳神経系の異常によって知覚的眺望に対する感受性は失われうる。

ここで重要なのは、どちらも物理学的な因果関係として無視点的に捉えることができないという点である。脳に異常が生じて物が二重に見えたとする。これを物理学的に描写するとこうなる。「対象から反射された光が伝播し、眼球に入り、網膜で電気信号に変換され、それが視神経を伝わって脳を興奮させる。だが、脳に異常があるため、脳は通常と異なる興奮を示す。」物理学的な因果関係として無視点的に描写されるのはここまでである。これを有視点的に描写したときにはじめて、「物が二重に見える」ということが言われる。それはちょうど、無視点的には「私とスカイツリーとの間に高い建物がある」と描写されるだけの状況が、有視点的に描写してはじめて、「建物がじゃまでスカイツリーが見えない」と言われうるのと同様である。

図14

以上のような考え方のもとに、いまや私たちは、上の**図14**が何を表わしたものであるのかを理解できる。

この図は知覚因果を表わしたものではない。リンゴから光が反射され、眼に入り、網膜から電気刺激が脳に至り、脳が興奮する。ここまでは物理学的な因果関係を無視点的に描写したものである。そこに、吹き出しに囲う形で有視点的な描写が描き込まれている。これはけっして、物理的過程によって引き起こされた私の心の中の知覚イメージなどではない。無視点的に把握された世界のあり方と有視点的に把握された世界のあり方が、一枚のイラストに並べて描かれている、そういう図なのである。

なるほど神経や脳は感覚的眺望を生み出し、それによって知覚的眺望の現われ方を変えうる。しかしそれは、知覚的眺望を生み出す力ではない。硝子体の濁りが蚊の幻影を生み出すとしても、実際の蚊の知覚もまた硝子体が生み出していると考える人はいないだろう。同様に、脳状態が短剣の幻覚を生み出すとしても、実際の短剣の知覚まで脳が生み出しているわけではない。

また、遮蔽効果は知覚的眺望を経験できなくさせる。しかし、ある経験を奪うことができるからといって、その経験を生み出しうることにはならない。（窓を閉めれば蚊は入ってこなくなる。しかし、窓が蚊を生み出すわけではない。）

ここにおいて、私はやはり大森の用いたアナロジーに訴えたくなる。サングラスやついたては知覚的眺望を変化させたり奪ったりする効果をもつが、知覚的眺望を生み出す力はない。同様に、水晶体にも知覚的眺望を生み出す力はない。そして同様に、脳もまた。

## 11−3　知覚を生み出しているとされる脳はどこにあるのか

だが、おそらく脳神話を信じている人たち（「脳信者」と呼ばせていただこう）はまだ納得しないだろう。彼らはなおもこんなふうに論じるかもしれない。——あなたが大仏を実際に見ているとする。そのときのあなたの脳状態を状態B（Buddha のB）としよう。次に、実験室において科学者があなたの脳に直接刺激を与え、脳状態Bを再現したとする。そのときあなたは自分の前に大仏のある光景が広がっているかのような経験をするだろう。もちろんそこは実験室であるからそれは幻覚である。そして、脳状態Bがこの幻覚を因果的に引き起こしたということは、あなたも認める。ところがあなたは、知覚は実物の大仏との出会いであり、脳が因果的に引き起こしたものではないと言う。しかし、知覚のときにも脳は状態Bになっているのである。どうして同じ脳状態Bが実験室では幻覚を因果的に引き起こし、実物の大仏を前にしたときには何も生み出さないのか。

なるほど、私の頭の中にあるこの脳は大仏の幻覚を引き起こしうる。だが、この脳が大仏の知覚を引き起こすと考えることには背理が潜んでいる。私たちはなによりもまずこの背理を押さえておかねばならない。議論は3－2「実物はどこにあるのか」で示したものと同型であるが、脳と幻覚の問題に即して述べなおしてみよう。

事情は一見するよりもずっと入り組んでいる。最初に、比較的扱いやすい部分的な幻覚の場合から考えよう。短剣の幻覚が現われる。ここで幻覚は短剣だけであり、他は知覚であるとする。木々も廊下も実物であり、聞こえてくる鐘の音も本物である。その中に、幻覚の短剣が浮いている。つまり、現われている一部分だけが幻覚の場合である。マクベスはこの短剣が「熱に侵された脳」の産物だと考えた。そのとき、その幻覚を生み出している脳は、そこに立っているマクベスの頭部に納まっているはずの脳である。あたりまえと思うだろうが、そして実際あたりまえの事実なのだが、これからの議論にとって重要なポイントとなるので強調しつつ確認しておきたい。幻覚を引き起こすのはこの脳である。なんなら「この脳」と言いながら、頭蓋骨を切り開いて鏡で脳を見たり指でさわったりしてもよい。そうして知覚において私が出会うことのできるこの脳、これが短剣の幻覚を因果的に引き起こしている。

他方、全面的な幻覚はそうはいかない。全面的な幻覚の場合は、現われているものすべてが幻覚である。私の前に大仏の幻覚が現われる。大仏だけでなく、建物も木立も青空も、いっさいが幻覚であり、もちろん大仏の前に立つ私の身体も、幻覚である。そうだとすれば、その幻覚を因果的に引き起こしている脳は、大仏の前に立っている私の頭部に納まっているこの脳ではない。この脳を「幻覚内の脳」と呼ぼう。幻覚内の脳もまた幻覚でしかない。その幻覚を引き起こしているのは、「幻覚外の脳」である。

夢の方が身近な経験だという人も多いだろうから、夢の場合で考えてみよう。夢を全面的な幻覚の一種とみなすこともできる。私は夢の中で南の島にいる。海岸の木陰にいる私の頭の中には脳があるはずである。しかし、その脳がこの夢を因果的に引き起こしているわけではない。南の島の夢を生み出している脳は、海岸の木陰にいる私の頭の中ではなく、冬の布団の中にいる私の頭の中にある。つまり、夢を引き起こしているのは夢の外の脳であり、夢の中の脳ではない。

それゆえ、全面的な幻覚＝夢に対して、脳がそれを生み出しているという因果関係を確かめるには、幻覚＝夢の内と外をともに知りうるのでなければならない。実験室で科学者が私の脳を操作し、私は全面的な幻覚＝夢を経験する。脳への操作が終了し、私は幻覚＝夢の外に出る。そして私の証言と科学者の証言を合わせて、脳への操作と幻覚＝夢の因果関係を知ることになる。

だが、知覚の場合にこのようなことは不可能でしかない。幻覚でも夢でもなく、実際に大仏を見ているとしよう。大仏は木立に囲まれ、青空が広がっている。この眺望の全体が脳によって引き起こされている。脳神話はそう語る。だが、その脳は私の頭蓋骨の中にあるこの脳ではありえないのだ。この脳がこの知覚された世界を生み出しているという考えは、南の島にいる夢を見ているとき、木陰でくつろいでいる夢の中の私の脳状態がその夢を見させているのだというに等しい不可思議な主張でしかない。しかも、夢の場合であれば夢から覚めて夢の外の脳に出会うことも可能だが、知覚の場合にはそうもいかない。「知覚から覚める」ということは意味をもたない。それゆえ、知覚と脳との因果関係を語ることもできない。

知覚的眺望は有視点的に把握された世界である。この世界の内部において、さまざまな因果関係が成立する。脳と幻覚の関係や脳と夢の関係も、この世界の内部で起こっているエピソードにほかならない。だが、知覚は有視点的に把握された世界そのものであり、世界の内部で起こった一エピソードなどではない。それゆえ知覚を何ものかとの因果関係の内におこうとすることは、根本的な錯誤なのである。

なるほど脳科学は、脳を操作することによって経験にさまざまな影響を与えることができるという事実を示している。だが、脳科学が扱う脳は、あくまでも知覚によって捉えられる脳である。知覚的眺望と同じ空間内の一部分を占める、薄いピンクの柔らかな塊――いまあなたの頭蓋骨の中にあるその脳――を操作することによって、知覚に影響を与えたり、幻覚を見させたりする。それゆえ、脳科学においては、操作の対象である実物の脳が、それ自身知覚されうるものとして確保されている。脳科学の実態は、けっして脳神話の背理を含むものではない。すなわち、脳科学者の自覚がどうであれ、脳科学は知覚因果説を受け入れてもいないし、支持してもいない。

## II－4　幻覚のメカニズムについての試論

脳信者はこれで信仰を捨てるだろうか。いや、私の予想では、まだ脳神話を信じ続けようとするだろう。私の議論では、幻覚が脳によって引き起こされるという「幻覚因果」は認められるが、知覚因果は否定される。そうだとすると、脳状態Bは、幻覚の場合には大仏の相貌をもった経験を引き起こし、知覚の場合にはそのような経験を引き起こしてはいないということになる。だが、けっきょくのところ、脳信者にはそれが納得できないのではないだろうか。同じ脳状態が、一方ではある経験を引き起こし、他方ではその経験を引き起こさない。どうしてそのようなことが可能なのか。

この点について納得するには、脳状態が果たす役割と幻覚が成立するメカニズムについて、正しい理解を手に入れなければならないだろう。もちろんその解明は脳科学の研究をまたねばならない。ここでは、脳信者の懸念を少しでも和らげられることを願って、ひとつの可能な説明の形を示唆してみたい。

まず、「知覚因果の正体」として私が示した議論(11-2)を振り返っておこう。大仏から光が反射され、それが眼球に入り、網膜で電気刺激に変換され、視神経を伝わって脳を状態Bにする。これが無視点的に捉えられたあり方であり、この過程は物理学的な因果関係として語られる。そしてこの世界のあり方を有視点的に捉えるとき、それが大仏の知覚となる。注意すべきは、大仏の知覚はけっして大仏の知覚イメージなどではなく、知覚において出会われた実物の大仏だという点である。つまり、有視点的に捉えられた大仏と無視点的に捉えられた大仏は別物ではない。

この議論では(そしてまた大森の脳透視論でも)、脳が状態Bになるところで話は終わっている。しかし、実際には因果関係はそこで終わるわけではない。脳はそこで入力された情報を処理し、しかるべき形で出力する。それは主として身体へのなんらかの指令となるだろう。車が近づいてくるのが見えたならばよけようとするだろうし、コーヒーを飲みたければコーヒーカップが見える方に手を伸ばす。ここにおいて、脳状態は主に身体運動への指令に向かっているのであり、けっしてなんらかの知覚イメージを生み出すのではない。単純化して言えば、網膜から求心性神経を経て脳に至った情報が、脳で処理されて遠心性神経を伝わって筋肉に情報を送っている。脳は求心性神経から遠心性神経への転回点にほかならない。因果という観点から述べるならば、事態はすべて無視点的に語り出され、その因果系列に知覚イメージが入り込む余地はない。

こうした無視点把握の全体に対応する有視点把握が、知覚的眺望である。この一連の過程の中で、たしかに脳状態Bは不可欠の重要な役割を担っている。だが、その眺望が大仏の相貌であり、しかも幻覚という相貌ではなく、知覚という相貌のもとで現われているからには、大仏の知覚的眺望に対応する無視点把握はたんに脳状態Bだけではありえない。大仏から光が反射し、脳に至り、そこから身体に指令が出される、その物理的な物語の全体が、実在の大仏という相貌をもった知覚的眺望に結びついている。

では幻覚はどのように発生するのか。大仏の幻覚の場合、脳は求心性神経を経ずにいきなり状態Bになり、そこから遠心性神経によって身体に指令を送る。そうして主体は大仏の正面に立ったときと同様の行動への構えをもつことになる。[117] それはつまり、その主体が大仏の正面に立ったときの物語の中におかれることを意味している。そしてその物語は大仏の相貌をもたらすだろう。

主体は自分のいる環境に即応した認知と行動を求められ、どういう行動が求められるかによって相貌は変化する。向かってくる車はよけるべきものとして知覚され、コーヒーカップは手に持ってコーヒーを飲むものとして知覚される。ところがときに脳が誤作動を起こし、主体のいる環境が求めていないような行動への指令を与えてしまうだろう。車などありはしないのによけようとする。ありもしないコーヒーカップに手を伸ばそうとする。いわばパントマイムを演じようとするのである。そしてそのパントマイムが、相貌を生み出す。

そうだとすれば、向かってくる車の幻覚が現われたのでよけようとするのではなく、むしろ順序は逆で、よけようとするから車の幻覚が現われるということになるだろう。脳状態が知覚イメージの幻覚を生み出して、それに騙されて身体が反応するというのではない。脳が誤作動を起こし、実在しないある環境のもとにいるかのような態勢を身体がとってしまうからこそ、それによって主体にその環境の相貌がもたらされてしまうのである。

脳信者は、「同じ脳状態が、幻覚の場合にはある経験を引き起こし、知覚の場合にはその経験を引き起こさない」ということに納得できないでいた。だが、以上のように考えることができるのであれば、その懸念は払拭される。脳状態が引き起こすのは主として身体への指令であり、行動への構えである。脳状態Bは、知覚の場合であれ幻覚の場合であれ、大仏の正面に立ったときの行動への構えを主体にもたらす。それゆえ、同じ脳状態が知覚の場面と幻覚の場面で異なる働きをすると考える必要はない。

## 11―5　物語を生きるのは脳ではない、人である

では、あなたは脳状態が相貌を生み出すことを認めるのか？――脳信者はそう問い詰めるかもしれない。たしかに、さしあたり私の議論は、脳状態が身体に行動への構えをとらせ、それが相貌をもたらすというものになっていた。だが、それはけっして相貌の成立には脳だけで十分であることを意味

してはいない。

こんな荒唐無稽な空想をしてみよう。カンブリア爆発とも呼ばれる古生代初期、さまざまな生物が地球上に誕生していた頃、沼地に雷が落ち、とんでもない偶然の産物で泥の塊が一個の脳（しかもまだ地球上に現われていないはずの人間の脳）へと変化し、身体をもたない脳だけが、剝き出しの状態で沼地に出現した。これはドナルド・デイヴィドソンが別の議論の脈絡で考案して有名になった「スワンプマン（swampman）」――泥人間――と同様の空想であるから、それにならって「スワンプ脳」と呼ぶことにしよう。スワンプ脳はどういう仕掛けか環境から養分を得て、短命ながらしばらく機能していたとする。しかもそれは脳状態Bを実現していた。つまり、私が大仏を見ているときの脳全体の状態がそこに実現されていたとする。では、この孤独なスワンプ脳は、大仏を――大仏という意味のもとに、大仏の相貌をもって――見るだろうか。

脳信者はイエスと答えるだろう。しかし、考えていただきたい。三葉虫くらいしか生息していない地球に、人間の脳が体をもたずにただ一つポッンと発生するのである。さらに五億年以上経たなければ鎌倉の大仏も建造されはしない。その脳が物理的に状態Bになったからといって、いったい大仏の相貌をもった幻覚を見るだろうか。何か「見る」のかもしれない。しかしそれは大仏としての意味をもっているのだろうか。私にはとてもそうは思えない。

何が欠けているのか。物語が欠けているのである。相貌はその眺望がどのような物語の内に位置づけられるかによって決まる。そして、物語を生きるのは脳ではない、人である。人格をもった人が、物語を生きる。それは行為する主体であり、責任を追及され、ときに非難されたり称賛されたりする。また、ときに愛され、ときに憎まれる。脳に責任を帰すわけでも、脳を非難するわけでもない。脳を愛し憎むのは何か特別の事情のもとでのみであり、通常は人を愛し憎むのである。痛みに苦しんでいる人がいるとき、私たちはその人をなぐさめる。脳は治療の対象にはなるが、なぐさめや励ましの対象にはならない。

スワンプ脳はいかなる物語も生きてはいない。もちろん鎌倉の大仏に関する物語も生きてはいない。ならば、たとえスワンプ脳に脳状態Bが実現したとしても、大仏の相貌は現われないだろう。同様のことは、哲学でときに取り上げられる「培養槽の脳」という空想に対しても当てはまる。培養槽の中に脳が置かれ、そこに直接刺激を与えてその脳にさまざまな経験を生じさせようという空想である。なるほど、いまの私の脳を取り出し、培養槽に入れ、直接刺激を与えて脳状態をBにしたとすれば、おそらく大仏の幻覚が現われることになるだろう。だが、そうだとしても、それはその脳が大仏に関する物語を生きていた私の脳だからである。物語を生きている主体の脳だけが、その物語に関わる相貌をもった幻覚を経験しうる。物語と切り離されたならば、その脳状態にはもはや相貌を生み出す力はない。

私は江ノ電と呼ばれる電車に乗り、長谷駅で降り、参道を歩き仁王門をくぐって大仏の前に立つ。そして大仏の知覚的眺望に出会う。ここで大仏の知覚的眺望に出会っているのは、江ノ電に乗り、参道の石畳を歩いた私であり、私の脳ではない。

知覚は物語とともにあり、物語は知覚とともにある。ここが相貌の本拠地《ホーム》であり、幻覚は遠征地《アウェイ》でしかない。物語がなければ相貌をもった幻覚は生じない。それゆえ知覚がなければ相貌をもった幻覚もありえないのである。その意味において、幻覚は知覚に寄生的でしかない。先に私は、幻覚の場合には脳が誤作動を起こし、環境が求めていないような行動への指令を与えると述べ、それをパントマイムになぞらえた。ありもしない風船を膨らます仕草のパントマイムは、実際に風船を膨らます行動があるからこそ、成立する。パントマイムは実際の行動に寄生的なのである。同様に、幻覚は知覚に寄生的にしか成立しえない。

それでも脳信者は、「物語もまた脳の中にある」と言うだろうか。なるほど物語の登場人物は脳ではなく人である。だが、映画がＤＶＤに納まっているように、人の登場する物語がそっくりまるごと脳の中に納まっているのだ、と。

物語が脳の中に納まっていると言われるとき、その脳はもはや物語の登場人物の頭蓋骨の中に納まっている脳ではない。まったく逆であり、登場人物たちがそっくりすべて脳の中に納まっていると想定される。私たちが経験している物語がすべて納められた脳は、私たちの経験を超越している。その脳を「超越脳」と呼ぼう。そして、物語に登場する誰かの頭蓋骨の中にある脳を「内在脳」と呼ぶことにしよう。脳科学は超越脳などではなく、内在脳を扱っている。内在脳についての脳科学の知見に力を得て出発した脳信仰は、ついに脳科学を振り捨て、超越脳信仰に至るのである。

だが、すべてが超越脳の産物であるならば、超越脳は幻覚と知覚の区別には関係がないということになる。超越脳の中で展開する物語の中で、実際に大仏に出会っている経験が知覚であり、超越脳の中にいる人物の頭の中にある内在脳が生み出した経験が幻覚とされる。私たちが知覚と呼ぶものも幻覚と呼ぶものも、すべて超越脳の産物とされる。超越脳が生み出したものであるからといって幻覚だということにはならない。私たちは超越脳の中にある食事を食べて超越脳の中で腹を満たし、超越脳の中で眠くなり、超越脳の中で夢を見る。つまり、いちいちことごとくに「超越脳の中」という句を貼りつけるのである。いったいそのような主張にどういう実質があるのだろう。少なくとも、たんに「超越脳の中」という句をすべてに貼りつけよというだけであるならば、私はそこになんの意義も見出せない。ある人たちがそれで気がすむというのであれば止めはしないが、私はそんなことをする気にはならない。脳信者が私の耳元で「これらはすべて超越脳の中なのです」とささやいたとして、私はただ「それで？」と尋ね返すだろう。

## 12 他我問題への解答

眺望論と相貌論は、なによりも他我問題の解決をめざすものであった。しかし、たとえ眺望論と相貌論を受け入れたとしても、他我問題はまったく解決されていないと反論されるかもしれない。——ある眺望点からはしかるべき眺望が開けるかもしれない。それは認めたとしよう。だが、その眺望点に立つ他人がその眺望を経験していると、どうして分かるのか。人間以外の動物たちもその眺望を経験するのか。ロボットはどうなのか。

たしかに、他我問題を巡ってまだ答えられていないいくつもの難問がある。だが、他我問題の核心はすでに解消されている。私たちはもう他我問題の呪縛からは解かれているのである。まずそのことを示し、解放され自由になったその足で、動物の心・ロボットの心・他人の心を巡る問題へと向かって行くことにしよう。

# 12―1　他我問題の核心はもうほどけている

私たちは十人十色の経験をする。この平凡な事実を、二元論はそれぞれが異なる意識をもっているからだと説明する。同じひとつの世界が、十人十色の仕方で各々の意識に取り込まれる、というわけである。これに対して私は、この十人十色性を意識という観点からではなく、空間・身体・意味という観点から説明してきた。なぜ私には木陰で寝ている猫が見え、あなたには見えないのか。それは、私とあなたが違う場所にいるからである。ここに来れば、あなたにも木陰の猫が見えるだろう。知覚的眺望の十人十色性は、空間という観点から説明される。また、感覚的眺望の十人十色性は身体という観点から説明される。なぜ私は腕に痛みを感じ、あなたは感じていないのか。それは、腕にけがをしているのが私だからである。さらに、空間と身体という観点からは説明できない十人十色性もある。そのような眺望の側面を私は「相貌」と呼んだ。相貌は、その眺望を経験する人がどのような意味をその眺望に与えているかによる。そして、眺望にどのような意味が与えられるかは、その人がどのような物語を生きているかによっている。

二元論によって十人十色性が意識という観点から説明されるとき、他人の経験は私には絶対に知りえないものとなってしまう。他方、空間・身体・意味という観点から十人十色性を説明するのであれば、そのような絶対的な不可知性は回避される。他人の経験がどのようなものであるかを知るということは、その人が立つ知覚的眺望点（対象との位置関係）と感覚的眺望点（身体状態）を知り、その人がどのような物語を生きているのかを知ることである。他人がどの知覚的眺望点に立っているかを知ることはたやすく、他人の身体状態を知ることはそれほどたやすくはない場合もあるが、けがをしていることなどは容易に分かるだろう。それに対して他人の物語を知ることはそれほど簡単ではない。だが、その人がどのような物語を生きているのかは、絶対的に不可知というわけではない。ある程度は知りうるし、その人のことをよく知るようになればなるほど、その人の生きている物語も理解できるだろう。

これが、私がここまで展開してきた眺望論と相貌論である。だが、この議論において前提にされてきたことがある。「他人は眺望に対する感受性をもっている」ということである。吾妻橋に立ちスカイツリーの方を向けばスカイツリーの知覚的眺望と出会える。しかしそのためには主体が相応の視力をもっていなければならない。知覚的眺望に対する感受性（以下、たんに「知覚的感受性」と呼ぶ）をもたないことが明白であるもの、たとえば一脚の椅子を吾妻橋の上に置いたとしても椅子はスカイツリーの知覚的眺望に出会いはしない。あるいは私の信じるところでは、ぬいぐるみの熊を吾妻橋に立たせ、スカイツリーの方向に顔を向けさせても、彼はスカイツリーを見ないだろう。

まさにそこが問題なのだ！　懐疑論者はそう反論してくるかもしれない。吾妻橋に立ち、スカイツリーの方向に顔を向けている人がいたとしよう。いったいその人が知覚的感受性をもっているかどうか、どうすればそれを知りうるのか。それこそが他我問題だったはずだ。それゆえ、眺望論は他我問題をまだ手つかずのままに残している。

ぬいぐるみの熊が知覚的感受性をもっていないとどうして分かるのか、動物はどうか、そして目の前の他人はどうなのか。こうした問題について眺望論がまだ何も答えていないというのは、その通りである。だが、それこそが他我問題であったというのは、まちがっている。他我問題に囚われた哲学者は、彼女が見ているものを私が見ることができないのは論理的真理であると主張する。[118]論理的に自他を隔てる絶対的な断絶がある以上、私は「私の眺望」にしか出会わない。これが他我問題の核心部分であった。

他方、眺望論は「知覚的感受性をもつものであれば誰でも」その知覚的眺望に出会えるとする。もはやここには自他を隔てる論理的な絶対的断絶など存在していない。他我問題においては、「他人が経験する眺望は想像することさえ論理的に不可能である」とされるが、眺望論を認めるならば、他人に知覚的感受性があると想像することは不可能ではないどころか、けっして難しい想像ではない。ぬいぐるみの熊に知覚的感受性があると想像することさえ私たちには可能であるし、実際そのような想像もときに行なっているだろう。残された問題は、その想像の正しさである。ここにおいて、私たちを身動きできなくさせる他我問題の呪縛はすでに消え去っている。

では、残されたその問題に答えよう。

## 12―2 動物・ロボット・人間

動物の知覚と感覚について考えるときには、知覚的眺望・感覚的眺望・相貌を区別して論じなければならない。知覚的眺望に関する議論と感覚的眺望に関する議論は別であるし、ある動物が眺望をもつと知りえたとしても、その相貌がどのようなものかはまた別問題である。

### 12―2―1 動物は知覚するか

#### 12―2―1―1 動物に知覚的感受性を認める

動物が知覚的感受性、すなわち知覚的眺望に対する感受性をもっているかどうかは、どうすれば分かるのだろうか。別に動物でなくともよい。椅子でも、ぬいぐるみでも、あるいは人間でもよい、そのものがある知覚的眺望点に立つとき、そこから開ける知覚的眺望に出会っているか否かは、観察者の立場から、どうすれば分かるのだろう。

ここで私たちは、知覚的感受性を、知覚イメージを形成する能力として考えないようにしなければならない。スカイツリーの知覚的眺望に出会うとは、スカイツリーの知覚イメージを形成することではない。知覚的眺望に出会ったならば、知覚イメージなどを経由することなく、それに応じた反応をする。私は、コーヒーカップを見て、端的にコーヒーカップに手を伸ばすのであり、コーヒーカップの知覚イメージを形成して、それに導かれて手を伸ばすのではない。それゆえ、知覚的感受性は、さまざまな反応や行動の背後にそれらの反応や行動を導くものとしてあるのではなく、まさにそれらの反応や行動において示されているのである。

ライオンが走っているとしよう。このライオンの行動は、ライオンの前方にシマウマがいて、そのシマウマを追いかけ、シマウマに近づこうとしているものとして説明される。そして「追いかける」とか「近づく」という説明の仕方において、私たちはライオンに知覚的感受性を認めている。あるいは、イソギンチャクがエビを捕食する。ライオンと異なり、イソギンチャクに視覚的眺望に対する感受性を認めることはできないだろうが、触れたエビを取り込み、食べる、その行動は触覚的眺望に対する感受性を認めることによって説明されるだろう。

こうした反応や行動を、知覚的感受性を認めることなく説明することは可能だろうか。たとえば、春にソメイヨシノが咲き、桜前線が北上していく。この場合であれば、私たちはそれを知覚的感受性に訴えずに説明する。「ある場所のソメイヨシノが自分より南のソメイヨシノの開花を見て、時がきたのを知り、自分も咲き始める。そうしてだんだんと開花が北上していくのだ。」このような説明は私たちの説明の仕方ではない。私たちはソメイヨシノの開花を、知覚的感受性に訴えて説明するのではなく、気温によって説明するだろう。同様に、ライオンの行動も、実はシマウマを見て反応したものではなく、何か別の原因によるものかもしれない。あるいは万物は神の計画通りに動いているのだという説明が与えられるかもしれないし、しまいには「ライオンがシマウマを追いかけているように見えるのはたんなる偶然である」とする説明さえ、可能性としては認めねばならない。

よろしい、知覚的感受性に訴えないそうしたいくつかの説明はありうると認めよう。しかし、そうした説明がライオンやイソギンチャクに知覚的感受性を認めることによる説明よりもよいものだとは考えられない。なるほど、ここには何が「よい」説明なのかということに関する難しい問題がある。そしてその問題に対して私は確たる答えの見通しをもっていない。きわめておおまかに言えば、説明の「よさ」に対する基準はプラグマティックなものであり、私たちの認知と行動を適切に導いてくれる説明が「よい説明」とされるだろうと考えている。しかし、説明の「よさ」に関する理論がどのようなものになるにせよ、目下の場面では神に訴えたり偶然にゆだねたりするよりも、ライオンやイソギンチャクの知覚的感受性に訴える説明の方がはるかによいということは明らかではないだろうか。神や偶然に訴えることは、私たちにほとんど、あるいはまったく認知と行動に関わる指針を与えてはくれない。そうだとすれば、私たちはライオンやイソギンチャクに知覚的感受性を認めるべきなのである[119]。

懐疑論者は私のこの議論に対してどう応答してくるだろう。彼らは話がかみあっていないという印象を抱くのではないだろうか。懐疑論はけっして自分たちの方がよりよい説明を与えられるなどと主張しているわけではない。たとえば、「狡猾な悪魔が私を欺いてこのような経験をしているかのように思わせているだけかもしれない」と疑う懐疑論者は、そう考えた方がよりよく説明できると主張しているわけではない。「そう考えたとしても、経験によってその疑いを晴らすことができない」と論じているのである。

だが、そもそもそのような懐疑にどんな意味があるのか、私には分からない。懐疑論が「私たちの知識は絶対確実なものではない」ということを言いたいのであれば、そんなことはあたりまえだと応じよう。どうしたって不確実性の残る中で、よりよい仮説に頼って生きていくのが私たちのあり方にほかならない。どんなに堅牢に思われる橋でも、私が乗ったときに崩れるかもしれない。しかし、だからといって橋を渡らないのでは、行きたいところに行くこともできない。

他我問題の核心は、「私は他人と同じものを見ることができない」ということが論理的真理に思われるというところにある。この他我の論理的不可能性と、「私は他人と同じものを見ていないかもしれない」という他我認識の懐疑は区別されねばならない。太郎と花子が同じ知覚的眺望点に立っているとする。そのとき、もし花子が他我の論理的不可能性に囚われているとすれば、「私の眺望と太郎の眺望は、私が太郎ではない以上、同じものではありえない」と考えるだろう。他方、もし太郎が他我認識の懐疑に囚われているのだとすれば、「ぼくと花子は同じものを見ているのかもしれないし、同じものを見ていないかもしれない、それは知りえないことだ」と考えるだろう。二人が抱える哲学的問題は、もちろん密接に関係するものであるが、けっして同じものではない。

他我認識の懐疑の背後にある思考を煮詰めていけば、他我問題の核心に属する思考が姿を現わしてくる。他我認識の懐疑の哲学的な重要性はその一点にかかっている。つまり、他我認識の懐疑は他我の論理的不可能性という問題への自然な入口であるからこそ、哲学的意義をもつ。しかし、いま眺望論は他我問題の核心にあるその思考を切除した。他我認識の懐疑は、他我問題への入口としてはすでに閉鎖されているのである。

私と花子が同じ知覚的眺望点に立っている。知覚的感受性をもっているならば、私と花子はともにその知覚的眺望に出会っている。懐疑が向けられるとすれば、花子は本当に知覚的感受性をもっているのか、という点である。なるほど、花子は知覚的感受性に訴えることによってもっともよく説明できるような反応と行動をする。だが、と懐疑論は言う、もしかしたら花子は知覚的感受性をもっていないかもしれない。私は、懐疑論者のこの指摘を否定しようとは思わないし、否定すべきだとも思わない。懐疑論者の言うとおりである。なるほど、花子が実は知覚的感受性をもっていないという可能性はある。しかしそのことは、花子に知覚的感受性があることを認めて彼女の反応と行動を説明する仕方がもっともよい説明であるということを排除しない。「もっともよい説明」とはけっして「絶対確実でいっさいの疑いを許さない説明」ではない。そして私たちはそのことを承知した上で、もっともよい説明を受け入れて生きるのである。私には、他我問題の核心部から切り離された他我認識の懐疑は、たんに正しいことを言っているもののようにしか聞こえない。しかも、それはまるで飛行機の乗客たちに「飛行機はね、墜落するかもしれないんですよ」と触れ回るような悪趣味に類することでしかない。

## 12―2―1―2　コウモリやミミズのこと

ある主体が知覚的感受性をもつことを受け入れたとしても、その主体が出会っている知覚的眺望がどのようなものなのかが完全に分かるとは言えない。たとえばコウモリのことを考えてみよう。コウモリの反応と行動から、私たちはコウモリが知覚的感受性をもつことを認める。しかし、コウモリは超音波を発してその反響音で状況を認知する。コウモリが超音波を発する仕組みや、受けとった反響音をどのようにして電気刺激に変換し処理するのかといったことを無視点的に語り出すことはできる。だが、眺望は有視点把握である。有視点把握のあり方はその眺望点に立たなければ分からない。それゆえ、コウモリが知覚的眺望をもつことまでは分かると言ってよいが、コウモリがいかなる眺望を経験しているのかは分からない。

いちいちさまざまな動物について検討するようなことをするつもりはないが、ミミズについてだけひとこと触れておきたい。ミミズを観察すれば、ミミズが光を避ける反応をすることが知られる。これはミミズが光に対する感受性をもつものとして説明される。しかし、体のどこかに眼があるというのではなく、ミミズは体全体で光を感じる。ミミズの体表全体に視細胞が散在していると言われている。そこで、ミミズは視覚的眺望に出会っていると言ってもよいだろう。だが、それは人間の視覚的眺望とは著しく異なっている。私たちにも光に対する感受性はあるから、ミミズの視覚的眺望がまったく分からないというわけではないが、しかし、やはりミミズが出会っている視覚的眺望は人間にはよく分からないと言うべきだろう。

### 12-2-1-3 動物が経験する相貌はよく分からない

さらに、動物の知覚的眺望に関していっそう分からないのは、その知覚的眺望がもつ相貌である。猫が小判を見ても小判の相貌は経験しないだろう。とはいえ、動物がまったく相貌を経験しないというわけではない。「獲物」や「食物」という私たちの概念に正確に対応するような概念はもっていなくとも、食物を求め、獲得し、食べる物語の内に生きているかぎり、それなりの相貌はもっていると考えられる。ミミズの視覚的眺望もまた、光を避けるという物語の内にあり、明るさは否定的な価値の相貌をもって経験されるだろう。

相貌に関わる他我問題については後で主題的に扱うので、ここでは簡単にすませておくが、「食物」「敵」といった生存にとって基本的な相貌に関しては、私たちも動物の一員として、ある程度その物語を理解し、その相貌を理解することもできる。しかし、忘れてはならない。その物語とはけっして動物行動学的に三人称で語られた物語ではない。それはあくまでも一人称の視点から捉えられた物語である。言葉をもたない動物であれば物語を「語る」ことはない。彼らはただ物語を生きている。動物が生きている物語をその一人称的視点から捉えるのでなければ、彼らが経験している相貌を十全に理解しえたことにはならない。そしてそれは、やはり難しいことであると言わねばならない。

## 12―2―2　動物は痛みを感じるか

針でつつくといった、人間であれば痛みを感じるような刺激を人間以外の動物に与えたときに、「痛そうな」と表現したくなる反応をすることはふつうのことだろう。では、そのときその動物は痛みを感じ、感じた痛みに反応して体を動かすのだろうか。これに対しては、二つの説明の仕方が考えられる。

説明Ⅰ（無感覚仮説）　刺激が脳などに伝わり、処理され、そこから筋肉に伝わって身体反応が生じている。

これは感覚の存在にまったく訴えない説明になっている。たとえばカエルの脊髄反射の実験などでは、このタイプの説明が与えられもする。脳を除去し、脊髄を残したカエル（「脊髄ガエル」と言う）を吊るし、背中に酢酸や塩酸を浸した紙を貼る。そうすると、その紙をはがそうとするような仕方で脚が動く。これは脊髄によって処理されて脚が動く、脊髄反射である。これに対して「脳がなく、死んでいるのだから痛みは感じていない」と説明されもする。脊髄ガエルに対してそのように説明されるのであれば、生きて脳のあるカエルの背中を刺激して、それに応じてカエルの脚が動く場合も、脊髄反射であり、痛みは感じていないと説明されることになるだろう。このタイプの説明においいては、動物の動きがたんなる刺激に対する反応として説明され感覚は説明になんの役割も果たしていない。そこで説明Ⅰを「無感覚仮説」と呼ぶことにしよう。感覚が説明に不可欠の役割を果たすと考えるのであれば、無感覚仮説ではなく、次のように説明すべきである。

説明Ⅱ（感覚仮説）　刺激が脳などに伝わり、それによって感覚的眺望が生じ、その感覚的眺望によって身体反応が生じている。

説明Ⅱは「感覚仮説」と呼ぼう。カエルの反応を説明するものとして、無感覚仮説よりも感覚仮説の方がよいと考えられるのであれば、カエルが感覚的眺望を経験していると認めてよい。

では、どういう反応や行動が見られれば、感覚仮説の方がよりよい仮説と考えられるのだろうか。脊髄ガエルの実験で明らかなように、たんに刺激に応じて脚が動くといったことだけでは、無感覚仮説でも同等にそれを説明するだろう。そして、同じことを説明するのに、無感覚仮説と感覚仮説が同等の説明力をもつのだとしたら、感覚的眺望などをもち出さない無感覚仮説の方がより単純な仮説であり、それゆえ無感覚仮説の方がよいとも考えられる。

しかし、そのように考えると、動物が刺激に応じてどんな身体反応を示そうとも、それは無感覚仮説で説明できるし、無感覚仮説で説明する方がよいということにもなりはしないだろうか。そして、もしそうであるならば、人間の場合も同様ということになる。針を指に刺して痛がる他人のふるまいは、無感覚仮説によって、つまり脳から感覚を経ずに直接に筋肉に指令がいき、身体反応を生じさせているものとして、説明すべきだということになるだろう。

感覚仮説がどのようなときに支持されるかを考えるために、感覚的眺望の役割について考えてみよう。痛み、かゆみ、くすぐったさ等々、こうした感覚は私たちの生活の中でどのような役割を果たしているのか。そうした感覚は身体状態によって引き起こされており、それゆえそうした感覚が生じたことは身体状態に何か変化があったことのサインとなる。この点はまちがいないだろう。たとえば空腹感について考えてみよう。空腹感と空腹状態は異なる。空腹状態は身体が摂食を必要とする状態にあることであり、空腹感は空腹状態によって引き起こされる感覚である。もしある動物が空腹状態からただちに摂食行動を引き起こされているとするならば、その動物にとって空腹感はよけいなものでしかない。かえって空腹感が狩のじゃまになることさえ考えられるだろう。そこでは無感覚仮説に従ったメカニズムが働いている。だが、少なくとも私たち人間はそうではない。会議中に空腹状態になったとしても、ただちに摂食行動をとるわけにはいかない。私たちは空腹感をがまんし、空腹状態と摂食行動とのリンクを一時的に切ることができる。もし空腹状態が直接摂食行動を引き起こすのであれば、私たちの社会はたいへん混乱したものになるだろう。私は、ここに感覚の役割があると考えている。逆説的な言い方になるが、感覚はがまんするためにある。

敵に咬まれそれを振りほどこうとするとき、痛みの感覚はむしろ不要であり、じゃまですらあるだろう。咬まれているという身体状態が感覚を経由せずに直接身体反応を引き起こした方が早い。脳を経由することさえ時間の無駄であり、それゆえ脊髄反射が起こるのである。刺激と身体反応の間にどうして感覚というワンクッションがはさまれるのか。それは、ただちに身体反応を引き起こさないためであると考えられる。つまり、がまんするためである。傷ができて痛みが生じる。そのとき私たちは傷を治療する。傷の治療は一定の期間を要するだろう。それは脊髄反射とはほど遠い行為である。そこで痛みが役割をもつ。身体が治療の必要な状態にあることを告げ、ときに治療行為を中断することも可能にしつつ、治療の継続を促す。あるいは、痛みによって身体に何か異常があることは分かっても、その原因が何であるかがはっきりしない場合もある。そのような場合には、原因の探求が必要となる。冷静な探求のためには、痛みをがまんすることが求められる。がまんできる程度の痛みによって、その痛みの原因に対する冷静な探求が促されることになる。

人間の場合には、このことからさらに感覚に関する発言の「一人称権威」が生じてくる。私が痛みを感じており、医者に診てもらったが身体にその原因となるような状態は見つからない。しかし医者は「痛みを引き起こす原因はない」と断定することはできない。私は「痛いのは事実なのだから、もっとよく調べてください」と要求することができる。痛みを感じているからには、その原因となる身体状態が必ずある。これは感覚的眺望と身体状態の連関に関するア・プリオリな了解である。ここには、第三者には否定しえない痛んでいる当人のみに認められる権威性がある。そして私たちは感覚に関して、このような一人称権威を織り込んだ言語実践（ウィトゲンシュタイン風に「〈感覚〉の言語ゲーム」と呼んでもよいだろう）を行なっている。
もし無感覚仮説を受け入れるならば、それは中枢神経系を含んだ刺激－反応システムにすぎないから、すべては第三者的な観察で把握しうることであり、一人称権威の発生する余地はない。それゆえ、感覚に関する一人称権威をもった私たちの言語実践は、無感覚仮説ではなく感覚仮説を前提にしたものとなっている。

整理しておこう。私はいま次の三つを取り上げた。

① 刺激に対して直接為される反応や行動
② がまん
③ 一人称権威が認められる発言

動物たちに③を認めることはできない。では、動物たちはがまんをするだろうか。刺激が与えられてもただちにそれに応じた身体反応を示さずに「がまんしている」と言いたくなるような態度をとる。たんなる無反応ではない。たとえば針を刺された場合、取り除くべき身体状態が生じたことは認知している。しかし、ただちに反応せず、遅延反応を示す。あるいは探求や治療といったある程度の期間を要する行動をとる。そのような行動が見られたならば、それを感覚仮説で説明することは無感覚仮説で説明するよりもよい説明となるだろう。

動物がそのようなふるまいをするかどうかは、実際に動物たちを観察してみなければ答えの出せない問いである。我が家の猫の一匹（長毛種）はブラッシングが嫌いで、明らかに「がまん」している。その不快感に耐えているのだと思われる。けなげである。他方、偏見と言われるかもしれないが、ミミズはがまんしないように私には思われる。[120]

では、猫（少なくとも我が家の猫の一匹）は痛みを感じるのだろうか？ イエスと答えたくなる。しかし、そんなに単純にはいかない。なるほど、それは猫にとっても避けるべきもの、取り除くべきものだろう。その点では猫も人間と同じ物語を生きている。しかし猫は、人間がもっているような「痛み」という概念をもっているわけではない。そして私たちが「痛み」という概念にこめている物語は、たんに「避けるべきもの」「取り除くべきもの」というよりももっと複雑である。痛んでいることを訴えると同情してもらえるだろうし、場合によっては痛みをがまんするとほめられもする。また、ひとはときに痛みを感じていないのに痛んでいるふりをすることがある。こうしたことは人間の子どもであればたいてい知っていることであるが、猫はそんな物語を生きてはいない。さらに、〈痛み〉の言語ゲームには一人称権威が織り込まれている。それゆえ、猫のそれは私たちが「痛み」と呼んでいるものの相貌とは多少（かなり？）異なったものになっていると言わねばならない。猫がそれをどのような相貌で受けとめているのかは、まったく分からないわけではないが、完全には分かりきらない。

また、がまんするからといって感覚仮説を受け入れてよいのかという声も挙がるだろう。なるほど感覚の役割のひとつはがまんという態度を導くことにあるかもしれない。しかし、刺激に直接反応しないようなメカニズムを考えることは難しいことではない。つまり、無感覚仮説に従い、身体状態と脳の処理だけに基づいてがまんという態度を説明することは不可能ではない。そのようにも思われる。私は、個人的には、「がまん」と呼びうる態度を示す動物には感覚仮説の方がよい説明を与え、それゆえ感覚を認めたいという気がしている。しかし、「がまん」というだけでは、頑迷に無感覚仮説を適用しようとする人たちを説得することはできないだろう。

他方、がまんをしない動物——私の印象ではたとえばミミズ——に対しては、無感覚仮説の方が感覚仮説よりもよい説明を与えると思われるが、これも、そうした動物に対して頑迷に感覚仮説を適用しようとする人たちを説得するほどの力はないと思われる。

ただし、無感覚仮説は「感覚をもたない」と主張する仮説ではない。反応や行動に対する説明の中に感覚が現われないというだけで、そうした刺激-反応とは独立に感覚が随伴している可能性は残されている。それゆえ、ミミズに無感覚仮説を適用したとしても、ミミズに感覚がないと結論することはできない。その場合には、感覚があるともないとも、ミミズならぬ私たちには分からないということになる。

さて、つまりどうなのか。動物は痛みを感じるのか？　感覚的眺望を経験しているのか？　私の答えは、「がまんする動物たちであれば、たぶん感覚的眺望を経験しているだろう、そうでない動物については分からない」というものである。けっきょくよく分からないし、これ以上分かりようがない。では、私たちは第I部で示した問題から抜け出ることができなかったということだろうか。いや、そうではない。第I部で示した問題は、「外面的なことしか分からないのであれば、動物の内面についてはまったく知ることができない」というものであった。そしてこの問題が私たちに不安を引き起こすのは、この論法を認めるならば人間に対しても同様に論じられてしまうというところにある。だが、いま私たちは眺望と相貌を区別し、さらに眺望を知覚的眺望と感覚的眺望に区別して、それによって動物とロボットと人間を区別して論じることができる地点にいる。なるほど、動物の感覚についてはよく分からない。しかし、その分からなさの姿を明確にすることはできたと言えよう。哲学的不安は、その不安を否定することによってではなく、不安の姿を明確にすることによって解消されうるのである。

### 12－2－3　知覚し感覚するロボットを作る

次にロボットについて考えよう。知覚的感受性をもったロボットを作ることは簡単であり、現在でもごくふつうに見られる。たとえば光センサーで人間を感知して開く自動ドアはそうである。しかし、自動ドアは人が立ったその時点だけに反応しており、いかなる物語も生きてはいない。自動ドアは物語世界の住人（お好みなら「世界内存在」と言ってもよい）ではなく、それゆえ相貌を経験していない。相貌をもたないようなものを「知覚的眺望」と呼ぶことはできないだろうから、自動ドアは知覚的眺望には出会っていないと言うべきである。[121]

ロボットが相貌を経験するようになるためには、物語を生きなければならない。それは可能だろうか。私は、その点に関しては楽観的である。どうなれば物語を生きていると言えるのか、その境界はたいへん曖昧だが、少なくとも、やがて人間たちがロボットとともに仕事し、ともに生活し、ともに思い出や将来を語りあうようになれば、人間たちはロボットと物語を共有し、それゆえ同じ相貌を経験することもできるようになるだろう。(相貌の共有と発散については、後で主題的に論じる。)

では、痛みを経験するロボットは作れるだろうか。先ほど示した①-③をもう一度見よう。まず、刺激に対して直接為される反応や行動を示すロボット(①)を作ることには、なんの問題もない。がまんするロボット(②)はどうだろうか。できると思われる。だとすれば、先ほど動物に対して為した議論をそのまま適用するならば、がまんするロボットができたあかつきには、「たぶん」と少し控え目ではあるが、ロボットに感覚を認めてもよいように思われるだろう。だが、残念ながら、そう簡単にはいかない。ロボットの場合には動物よりもハードルが高くなる。というのも、ロボットはただ完成品としてあるだけではなく、設計の段階からの来歴をもつからである。現在私たちがロボットということで想像するのは、環境から受けとった刺激を内蔵されたコンピュータで処理し、それを動力系に伝え、しかるべき動きを引き起こすというものだろう。これはまさに無感覚仮説に従ってロボットを作ることにほかならない。もし設計がこのような無感覚仮説に基づくものであるならば、それに従って作られたロボットがいくら「がまん」をしようとも、私たちはそれをたんに痛みを感じているのにがまんしているかのように見せる、よくできたプログラムとしてしか見ないだろう。

では、感覚仮説に基づく設計とはどのようなものになるのだろうか。一案は、人間のレプリカを作ることである。人間同士の生殖によって作成されたのではないという以外はあらゆる点で完璧に人間と同じであるコピーを考えてもよい。あるいは、人間をサイボーグ化し、最後に中枢神経系をその機能が完全に代替されるような人工知能に置き換えるというシナリオを考えてみてもよいだろう。彼女はサイボーグ化される前、痛みを感じていた。首から下がサイボーグ化したとしても、痛覚神経の機能が完全に代替されているのであれば、痛みは感じているだろう。そして中枢神経系を人工物で置き換えたとしても、やはり彼女は痛みを感じるに違いない。こうした場合には、そのロボットやサイボーグが「がまん」と呼びうるような態度を示すならば、私たちはそれを感覚仮説に基づいて説明するのではないだろうか。

さらに、人間以外の動物とは異なり、ロボットの場合は③の一人称権威をもった私たちの言語実践に参加する可能性がある。言語的コミュニケーションができるようになったロボットが、私たちに痛みを訴える。そこで整備士が念入りに調べてみるが、異常は見出されない。そのとき、整備士はロボットに対して「痛くないはずだ」とは言えない。「君のボディには何も異常がない」と伝えたとしても、ロボットは「もっとよく調べてください」と要求するだろう。この点において、ロボットの発言には一人称権威が認められる。（ロボットもまた「〈感覚〉の言語ゲーム」に参加できると言ってもよい。）これはたんにセルフチェック機能がついた機械とは区別されねばならない。たとえば、動力系に異常が生じたときにはそれを知らせるように特定のランプが点灯する機械を作ることは可能である。しかしそれだけであれば、整備士が調べて異常がなければ誤作動として片づけられてしまうだろう。ロボットに人間同様の「痛み」を認めるには、整備士が異常を見出せないときに、ロボットが「でも私は痛いのです。ですから、何かボディに異常があるはずなのです」といった発言をするのでなければならない。私たちがこんなやりとりをロボットと行なっている未来を考えることはできる。そのとき私たちは、ロボットが痛みを感じていることを認めているに違いない。

## 12−2−4　人間は知覚し感覚する

人間以外の動物やロボットについてはこのくらいにして、人間同士を考えよう。

人間たちは知覚的眺望を識別していると考えられる反応と行動を示す。たとえば、道の向こうにいる友人に挨拶をしたり、呼びかけられればふりむいたり、あるいはくさやを焼く煙に顔をそむけたりもするだろう。

感覚的眺望に関しても、先ほど挙げた①-③をすべて満たしている。人間たちは、①感覚刺激に応じる仕方で反応し行動する。また、そうした自然な反応だけでなく、「不自然な」あり方も見せる。すなわち、②反応を隠したり、「がまん」と呼びうる態度をとりもする。さらに、③感覚に関する発言には一人称権威が認められている。第三者の観察によって身体状態に異常が見出されなくとも、痛んでいる当人は、「痛いのは嘘じゃないのだから、身体に何か原因があるはずだ。もっとよく調べてみてほしい」と言えるのである。

それゆえ、人間が動物たちを観察するように、もし宇宙人が人間の活動を観察したとすれば、宇宙人たちはこれらの証拠をもとに人間に知覚的感受性を認め、また感覚仮説を適用するだろう。

一点補足しておきたい。このような疑問が出されるかもしれない。「では、子どもには感覚は認められないのか？」自然な反応と行動のレベルにとどまっている子ども――がまんということを知らず、感覚と身体状態との概念的連関もまだ理解していない子ども――を考えることはできるし、実際にいるだろう。赤ん坊などは確実にそうである。では、そのような赤ん坊や子どもには無感覚仮説を適用し、それゆえ感覚をもっていないと考えるべきなのだろうか。そうだとすると、がまんするようになってはじめて痛みを感じるようになるという不思議なことになってしまわないか。

いや、それは誤解である。なるほど、そのような赤ん坊や子どもに対しては無感覚仮説も十分によい説明を与える。つまり、「脊髄反射」のようにして刺激に直接身体が反応していると考えることができる。だが、先にも述べたように、無感覚仮説は感覚に訴えずに説明を与えるというだけで、感覚の存在を否定する仮説というわけではない。それゆえ、感覚に反応せずにたんに刺激に直接反応しているだけだとしても、刺激が身体反応と感覚をそれぞれ独立に同時に引き起こしている可能性は残される。そして、やがてその子ががまんすることを知り、一人称権威をもった発言を理解するようになったときに、それまで観察を続けてきた宇宙人はその観察対象たる人間に感覚仮説を適用するようになる。そのとき、この感覚は大人になってはじめて生じてきたのだとは考えずに、それ以前から随伴していたと考えるだろう。人間の赤ん坊は、痛いから泣いているのではないとしても、しかし、痛みつつ泣いている。宇宙人はそう報告書に書くのではないだろうか。

しかも、私たちは人間社会の外にいる宇宙人ではない。かりに宇宙人のような観察者の目で人間社会を見たとしても、いま論じたように人間たちには知覚的感受性を認め感覚仮説を適用すべきである。だが、私はたんに私たちを観察しているのではない。私は感覚に関して一人称権威を認める言語実践に自ら参加している。ここで、観察者か参加者かという違いは決定的である。参加者の観点からすれば、感覚「仮説」という言い方は適当ではない。私は、私たちの言語実践を観察し、それを証拠に感覚仮説を受け入れているわけではない。感覚仮説が暗黙の前提となって織り込まれた言語実践に、すでに私自身が参加している。そして、そのことがすなわち感覚仮説を受け入れていることなのである。自分が所属する言語共同体のメンバーに対して感覚仮説を否定し無感覚仮説を受け入れることは、私たちの、そしてもちろんその一員たる自分自身の生き方を変えることにほかならない。「仮説」という言葉を、それが正しいかどうかを探求しうるものにのみ適用するのであれば、私が自分の共同体のメンバーに対して感覚を認めることを「仮説」と呼ぶべきではない。私は他人が感覚をもつことを受け入れた上で、他人の痛みを気づかったり、なぐさめたり、治療したりする。それは私たちの生き方に織り込まれた前提である。ウィトゲンシュタインの用語を使うならば、むしろ「世界像」と呼ぶべきだろう。[122]

私は世界像と言い、仮説とは言わない。それは彼の探求を支える自明な前提であり、しかも自明な前提であると語られることもないものだからである。

（L・ウィトゲンシュタイン『確実性の問題』第一六七節）

懐疑論者は参加者であることを拒否する。そしてあたかも宇宙人のまなざしで私たちを見る。しかし、宇宙人の目で見たとしても、証拠は人間が知覚し感覚していることを支持するだろう。さらに言えば、懐疑論者は宇宙人でさえない。宇宙人には宇宙人たちの社会がある。ちょうど私たちが私たちの世界像を受け入れた上で動物を研究するように、宇宙人もまた彼らの世界像を受け入れた上で人間を研究する。だが、懐疑論者はいかなる実践にも参加しようとせず、いかなる世界像も受け入れようとしない。懐疑論者は探求のまなざしをもちえないのである。

すべてを疑う者は、疑うところにまで辿りつきもしないだろう。

（『確実性の問題』第一一五節）

私たちは他人の心を巡る懐疑論的不安とは訣別しよう。人間は知覚し感覚をもつ。そのことを、もはやなんの哲学的不安もなしに受け入れてよい。

## 12―3　心の在りか

知覚し感覚する私たちの経験において「心」と呼びうるものは何か。この問いに答えよう。私が経験する眺望には、他人と共有されるべきものとそうではないものがある。たとえば私とあなたが山道の同じ地点に立っていたとして、私には蛇が見えるのだが、あなたには縄が見えたとしよう。そのとき、少なくともどちらかがまちがっているとされねばならない。ここで蛇が見えるのか縄が見えるのかは、私とあなたとで一致しなければならない。だが、知覚的眺望に関して、一致しなくともそのまま認められるものもある。たとえば、花子と太郎がともに同じ場所に犬を見ていたとする。「犬が見える」ということについては二人は一致している。しかし、花子にはかわいい犬に見えるものが太郎にはこわい犬に見えるかもしれない。そうだとしても、それはどちらかがまちがいとされねばならないわけではない。それが犬であることは一致を求められるが、その犬がかわいいのかこわいのかについては、その不一致は解消されなくともそのままに認められる。これが、経験において「心」と呼びうるものにほかならない。

それに対して眺望地図は、眺望において「一致すべき」という公共的な規範を示している。単純に言ってしまえば、眺望は眺望地図に収まるべきものとそこからはみ出るものに分かたれ、眺望地図をはみ出たものが「心」とされるのである。とはいえ、この構図を正確なものとするためには、まず眺望地図についての考察を補っておかねばならない。

## 12-3-1　より包括的な眺望地図

眺望地図には、ふつうの地図のように、無視点把握された世界の空間的なあり方（どこに何があるか）が描かれ、その空間的位置と方向が知覚的眺望点となり、そこからの知覚的眺望がその眺望点に描き込まれる。たとえば、浅草寺や吾妻橋やスカイツリーのレイアウトが描かれ、吾妻橋からスカイツリーの方を見たときの光景が吾妻橋の地点に描き込まれる。

眺望地図に描かれるのはそれぞれの人が知りえた範囲に限定され、また、知っている範囲の中でも自分に関心のないことについては省略される。行ったことも情報を得たこともない場所の眺望地図を描くことはできないし、自分が住んでいる近所でも、関心がなければ眺望地図には描かれない。それゆえ、すべての人が同じ眺望地図の了解をもっているわけではない。私は私の眺望地図の了解のもとに行動し、あなたはあなたの眺望地図の了解のもとに行動する。だが、それはお互いに矛盾しあっているわけではない。もし私の眺望地図とあなたの眺望地図を比べてみて矛盾する点があったとしたら――たとえば私の眺望地図では大学の七階にある教室の窓からスカイツリーが見えることになっているが、あなたの眺望地図では見えないことになっているとしたら、それはどちらかがまちがっているのである。正確に描かれているかぎり、描かれる眺望地図の内容が私と他人とで互いに矛盾しあうということはない。たんにひとによってその地図のカバーしている範囲が異なり、またその詳細さにも違いがあるというだけのことである。それゆえ、そうしようと思えば、それぞれの眺望地図を統合してより包括的な眺望地図を描くことはできる。[123]

私は先に、眺望地図をはみ出たものが「心」とされると述べた。しかし、これは正確ではない。たんに私の眺望地図をはみ出ているだけならば、それはただ私が知らなかったり私には関心がないというだけであるかもしれない。ここで「心」と対比されるべきポイントは、より包括的な眺望地図へと統合することができるかどうかである。公共的な世界はより包括的な眺望地図に統合される可能性がある。それに対して、より包括的な眺望地図に統合されえない眺望がある。それが経験において「心」とされる側面にほかならない。[124]

### 12-3-2　感覚的眺望は眺望地図には描かれない

経験において「心」とされるもののひとつは感覚的眺望である。眺望地図をより包括的にしても、そこに感覚的眺望が描き込まれることはない。だが、その点については少し慎重に考えておかねばならない。なるほど「太郎の指に棘が刺さっている」といった事実は眺望地図に描かれうる。眺望地図は私の認知と行動に応じて時々刻々改訂されるから、太郎の指に棘が刺さっているのを見つけ、そのことに関心をもったならば、私はそのことをそのときの私の眺望地図に描くだろう。だが、その棘によって太郎が感じている痛みは眺望地図に描かれることはない。他人の痛みだから？　関心がないから？　いや、そうではない。

眺望地図は眺望点と眺望の関係を記載したものである。それは誰かが特定の眺望点に立つこととは独立に成立している。吾妻橋の知覚的眺望点にはスカイツリーの知覚的眺望が描かれるが、知覚的感受性をもつ誰かがそこに立っている必要はない。もちろん誰かがそこに立てばその人はその眺望に出会うだろうが、吾妻橋の上に誰ひとり立っていなくとも、そこからのスカイツリーの眺望は存在している。8－4「誰が知覚していなくとも知覚的眺望はそこにある」で論じたように、経験と独立に存在するというあり方は「実在論的」と呼ばれうるが、その言葉を用いるならば、眺望地図は実在論的に世界のあり方を描いたものにほかならない。

他方、感覚的眺望は実在論的なあり方をしていない。誰かの身体に棘が刺さってはじめて、棘が刺さった痛みが生じるのであり、スカイツリーの眺望が誰かに出会われるのを待っているのとは異なり、痛みが誰かに経験されるのを待っているということはない。それゆえ、感覚的眺望は――私のものであれ他人のものであれ――眺望地図には描かれない。[125]

また、それは関心がないから描かれることがないというわけでもない。太郎の指に棘が刺さっていることに私は関心をもち、痛そうだなと思う。しかし、太郎のその痛みは眺望地図に描き込まれていることではなく、眺望地図から読みとられるべきことである。私たちは一般的な了解として、「指に棘が刺されば痛い」ということを知っている。この知識と眺望地図のあり方から、太郎が経験しているだろう感覚的眺望を知るのである。

この事情は知覚的眺望の場合であっても変わらない。眺望地図には吾妻橋からの眺望が描き込まれている。いま花子が吾妻橋の上に立っているとしよう。私はそれを見て、いまの私の眺望地図にその事実を描く。そこで私は、そのことからいま花子にはスカイツリーが見えていると判断する。この判断は眺望地図から容易に読みとられることではあるが、「いま花子にはスカイツリーが見えている」ということは眺望地図に描かれていることではない。

もしかしたら、読者の中にはこの点がまだよく呑み込めないという人もいるかもしれない。おそらく、「有視点把握された世界＝経験された世界」と考えられてしまうのだろう。だが、それは誤解である。知覚的眺望は個人の経験ではない。誰も見ていなくとも知覚的眺望は存在している。ここで個人の経験と呼ぶべきは、その知覚的眺望に出会っていることである。それに対して、感覚的眺望は個人の経験でしかありえない。誰も感じていない痛みなどありはしない。眺望地図は個人の経験のあり方を記載したものではなく、無視点把握および有視点把握された世界のあり方を記載したものである。それゆえ、感覚的眺望は眺望地図に描き込まれることはない。

### 12―3―3　個人的相貌と公共的相貌

眺望は必ずなんらかの相貌をもつ。それゆえ、眺望地図に描き込まれる眺望もまた相貌をもっている。しかし、どんな相貌でも眺望地図に描かれるというわけではない。ここに、経験において「心」と呼ばれるべき側面の核心がある。

たとえば花子と太郎が同じ場所に立ち、目の前に一匹の犬を見ているとしよう。花子は長年犬を飼っている愛犬家であり、他方太郎は子どもの頃に犬に襲われ、それ以来犬は大嫌いで恐怖心を抱くようになっている。そんな二人には、その一匹の犬がかなり異なったものに見えるに違いない。あるいは、同じ一個の腕時計を見るとき、私もあなたもそれを「腕時計」という意味のもとに見る。しかし、それは実は私の親の形見であり、あなたはそのことを知らない。そのとき、あなたにはそれはなんのへんてつもない腕時計に見えるだろうが、私にはそれは親の形見のだいじなものとして見えている。人によるこうした違いが「心」と呼びうることがらだと考えることは、直感的に見て自然だろう。この直感を、相貌論のもとでより明確なものとしよう。

複数の人で共有されている相貌を「公共的相貌」と呼び、共有されていない相貌を「個人的相貌」と呼ぶことにする。上の例で言えば、花子と太郎にとって「犬」という相貌は公共的であり、花子が見るだろう「かわいい」という相貌や太郎が見るだろう「こわい」という相貌は個人的である。あるいは私とあなたがともに見る「腕時計」という相貌は私たちにとって公共的であり、「親の形見のだいじなもの」という相貌は私にとっての個人的なものとなる。同じ一匹の犬が、あるいは同じ一個の腕時計が、公共的な相貌と個人的な相貌をともに帯びている。相貌は、私と他者とで部分的に共有され、部分的に発散しているのである。

相貌の公共性は、つねに「ある共同体にとって」という限定をもっている。「共同体」という用語を、多少広い意味にとり、なんらかの行動をともにする複数の人間の集まりを意味するものとしよう。家族も共同体であり、ある期間だけともに仕事をすることになったメンバーも期間限定で共同体である。より大きい共同体としては、同じ言語を用いている人たちによる共同体、すなわち言語共同体がある。ある相貌が公共的であるとき、それは必ずなんらかの共同体にとって公共的となる。二人だけが共有する相貌もありうる。たとえば、姉弟が親の死という物語を共有し、「親の形見」という相貌を共有したり、親が住んでいた部屋をともに悲しみの相貌で見ることもあるだろう。あるいは、サッカーの試合において、チームAとチームBでは一つのパスがもつ相貌はまったく異なるだろうし、Aのプレイヤーたちには守るべきゴールと見えているものがBのプレイヤーたちには攻めるべきゴールに見えもするだろうが、しかし、一つのチーム内ではそうした相貌はある程度共有されているに違いない。また、「犬」という言語を使用する言語共同体では、「犬」という概念が開く典型的な物語が共有され、それによって犬の相貌も共有される。このように、相貌の公共性と個人性は共同体に相対化されねばならない。

公共的な相貌は眺望地図に描き込まれうる。私たちはしばしば複数の人間で共同して何ごとかを行なう。そのとき、そうした共同の実践を導く眺望地図はそのメンバーにおいて共通のものでなければならない。人と待ち合わせをする場合でも、共通の眺望地図に訴えなければ首尾よく待ち合わせをすることはできない。複数の人に共有されている眺望地図を「公共的な眺望地図」と呼ぶとすれば、公共的な眺望地図には公共的な相貌が描かれることになる。逆に、個人的な相貌は公共的な眺望地図には描き込まれない。公共的な眺望地図からはみ出た個人的な相貌は、心に属している。ここに、世界はその相貌において公共的な側面と心に属する個人的な側面に分かたれることになる。

ただし、多少ややこしい事情がある。公共的な眺望地図をはみ出た相貌が心に属する個人的な相貌であると言うためには、公共的な眺望地図はより包括的なものに統合されていなければならない。たとえばある町内会を考えてみよう。同じ町内会に属しているからといって、町内に関して全員が同じ公共的な眺望地図をもっているわけではない。それぞれ自分の住居の近くについては他の人たちよりも詳しい。そこでそれを統合して、より包括的な町内の眺望地図を作ることができる。その公共的な眺望地図には、その町内会にとって公共的であるような相貌が描かれることになるだろう。

町内にあるパン屋から、朝のある時間帯にはパンが焼ける香りがしてくる。私はそのことを知っているが、町内会のメンバーの中には知らない人もいる。しかし、だからといって、パンが焼ける香りがしてくるという事実が私の心に属する個人的なことがらとされるわけではない。町内会のメンバーがそれぞれ知識を出し合って、より包括的な眺望地図を作ったとすれば、そのパン屋から朝のある時間帯にパンが焼ける香りがしてくるということも、より包括的な眺望地図には掲載されるだろう。

他方、パンを焼く香りが私には少年期を過ごした別の町のパン屋を思い出させる懐かしさを帯びていたとしても、それは町内会の公共的な眺望地図をどれほど包括的に統合しようと描かれることはない。その懐かしさの相貌は私にとっての個人的な相貌にすぎない。

ある共同体においてより包括的な眺望地図に統合されえない相貌を、その共同体において「個人的でしかありえない相貌」と呼ぼう。この言い方をするならば、相貌に関して「心とは何か」という問いに、こう答えることができる。個人的でしかありえない相貌は心に属する。あるいは、いささかもたつく言い方を厭わずに言うならば、こうなる。ある共同体においてより包括的な眺望地図に統合されえない相貌は、その共同体にとって心に属する個人的な相貌である。

私は、世界の中で、さまざまな共同体に属しつつ生きている。世界に秩序を見てとるため、私は眺望地図を描く。また、私が属している共同体のメンバーとともに活動するため、公共的な眺望地図を描く。そのとき、世界は公共的な眺望地図に描かれる側面とそこからはみ出てしまう側面に分かたれる。公共的な眺望地図に統合されえない世界、これが「心」である。[126]

「心」とは「意識」という言葉で示唆されるような閉ざされた内面ではない。個人的な相貌と公共的な相貌は、「内」と「外」という仕方で明確に境界づけられているわけではない。たとえば、ある宗教的共同体にとってある像が価値あるものとしての相貌をもち、その価値づけが完全にその共同体のメンバー全員に共有されているのだとすれば、それは公共的な相貌である。他方、その価値づけが共同体において共有されず、人によって異なるとすれば、それは個人的な相貌となる。そして、メンバー間でその価値づけに多少の温度差が見られるといった、その中間であるような微妙な場合もあるだろう。ある像が価値あるものとしての相貌をもつかどうかは、きっぱりと公共的か個人的かに二分されるようなことではなく、グラデーションをもっている。「心」とは、心の内と外がきっぱり二分されるようなものではなく、個人的な心に属するか公共的な世界に属するかは、連続的に推移するのである。

### 12-3-4　他者のポリフォニー

相貌は物語によって決定される。それゆえ、相貌の公共性と個人性は物語の公共性と個人性にほかならない。同じ物語を生きていると言いうる複数の人たちは同じ相貌を共有しうる。共同体――なんらかの行動をともにする複数の人間の集まり――は、まさになんらかの行動をともにすることにおいて、物語を共有する。たとえば太郎と花子が一緒に登山をしたとしよう。二人は、同じ時間に同じルートで同じ山頂に登るという物語を共有し、その結果、二人にとって、向こうに見えてきた山頂は目指されている山頂という相貌をもつだろうし、目の前の鎖場はこれから登るべきものという相貌をもつ。こうして二人は多くの相貌を共有することになるだろう。

だが、共有されうるのは、いわば「断片的な粗筋」である。二人の各々の物語には、共有されない多くのものが含まれている。太郎と花子では登山が要求する技術も体力も異なるだろう。二人のこれまでの登山歴も異なる。そのため、目の前の鎖場が太郎には難所に見えるが花子にはどうということのない場所に見えもするだろう。また、登山以外の二人の状況や来歴がこの登山に関わっているかもしれない。同じ道を歩いていても、太郎の方が植物に詳しいため、その見え方が二人で異なるということもあるだろう。かくして、行動をともにしている二人は、それによってある程度物語を共有するが、それはあくまでも物語の断片であり、粗筋にとどまる。複数の人が、生まれてから現在までのすべての時間にわたって物語を共有し、かつ、あらゆる細部をも共有することなどありえない。[127] これが、「他者性」の正体である。

私にとってあなたは他者であるが、しかし完全な他者ではない。私たちは部分的に同じ物語を生き、部分的に異なる物語を生きている。すべての他者は不完全な他者である。より多くの物語を共有する近い他者とより少ない物語しか共有しない遠い他者がいるだけでしかない。

もちろん、一度も会ったことがなく、一度も行動をともにしたことがない人はいくらでもいる。しかし、それでもまったく物語を共有していないわけではない。もしその人が日本語を話し、たとえば「犬」という語を使用するのであれば、私とその人は犬に関する典型的な物語を共有している。日本語ではなくとも、「犬」という日本語に翻訳可能な言語を話している人であれば、「犬」という概念が開く典型的な物語を（翻訳可能な程度において）共有していると言える。言語を話さない動物であっても、生や死、栄養摂取、生殖、危険回避等々の物語を部分的に共有しているだろう。もしこうしたいっさいの物語が共有されていないのであれば、それはそもそも他者としては認められない。「他者」である以上、それは完全な他者ではありえないのである。

さらに一点、重要なことを付け加えよう。物語には「主人公」がいる。主人公といっても、「その物語の中でもっとも活躍する人物」という意味ではない。太郎と花子が行動をともにし、物語を（部分的に）共有したとしよう。そのとき、太郎の物語において主人公は太郎であり、花子は脇役である。逆に、花子の物語では花子が主人公であり、太郎が脇役となる。太郎の物語の中では、世界に向けて関心を示し、ものごとを価値づけるのは太郎である。太郎は太郎にとって価値づけられた物語世界を生きている。どれほど長く密に行動をともにし、長期にわたって細部に至るまで物語が共有されることになろうとも、たとえば太郎と次郎が双子の兄弟で、しかも仲がよく、つねに行動をともにしていたとしても、この事情は変わらない。太郎の物語では太郎が主人公であり、次郎の物語では次郎が主人公である。[128] 複数の人たちの物語がどれほど似たものとなろうとも、主人公が異なる以上、それは完全に同じものにはなりえない。

私たち全員が登場する大きな一つの物語があるわけではない。私たちはそれぞれが主人公の別々の物語を生きている。いまたまたま複数の人たちが一つの場面に集まり、行動をともにしたとしても、そこで共有されているのは断片的な粗筋でしかない。その一つの場面で、同時に複数の物語が進行している。たとえば同じ車両に乗り合わせた乗客たちは、同じ車両に乗り合わせたことで、ささやかではあるが断片的な物語の粗筋を共有する。しかし、各々は別の場所から来て、そして別の場所へと向かって行く。その車両では乗客の数だけの物語が生きられている。これが、私たちの日常のあり方にほかならない。この状況を、私は、ミハイル・バフチンが『ドストエフスキーの詩学』においてキイワードとした言葉を用いて、「ポリフォニー（多声音楽）的」と表現したい。複数のメロディが同時進行している。私たちは、まさにポリフォニー的な物語世界に生きている。

## 12-3-5 物語世界を生きるのは私ひとりではない

かりに世界に私ひとりしか生物が存在しなかったとしても、そのことによって私の知覚的感受性が失われることはない。また、私ひとりだからといって、私が感覚的眺望を経験できなくなるわけでもない。眺望論には、他者がいなければ眺望が成立しえないとするような議論は含まれていない。それゆえ独我論者であっても、眺望論を受け入れることはできる。

では、相貌はどうだろうか。人間以外の動物でも「敵」や「食物」や「水」といったものごとを非概念的に捉えるパターン認識は行なうだろうから、そうした相貌はもつだろう。あるいは、議論の余地はあるが、動物が非言語的な概念をもっていると考えることもできるかもしれない[129]。そう考えるのであれば、その概念によってそれなりの相貌が成立していると考えることもできるだろう。動物でも経験しうるこうした相貌ならば、他者の存在は必要ではない。それゆえ独我論者であっても、そうした相貌の成立を認めることは可能である。しかし、言語的な概念に関してはそうはいかない。

言語は本質的に公共的である。私はそう考えている。このことを当然のこととして受け入れてくれる人もいるだろうが、独我論者であれば受け入れてはくれないかもしれない。そして言語の公共性に関して独我論者をも説得するような議論を展開することは、そう簡単ではない。(また、正直に言って私は独我論者を説得しようという情熱をあまりもちあわせてはいない。) ここでは、私がなぜ言語は本質的に公共的だと考えるのか、その筋道を示すにとどめよう。[130]

言語使用は規範的である。どのような言葉遣いでも許されるわけではなく、ある発話は不適切とされる。たとえば、「東京タワーはスカイツリーより高い」は偽であり、「東京タワーはスカイツリーを殴った」は偽である以前に意味不明である。[131] そして言語が規範性をもつためには、言語使用者の視点とその言語使用を評価する者の視点が分かれていなければならない。もし使用者の視点と評価者の視点が同一でしかありえないのであれば、言語使用者が正しいと思った言語使用がそのまま正しいということになる。いわば、「私がルールだ」という状態であり、言語使用者が自分の思うままに言葉を使用できることになるだろう。そこではもはや規範性は成立していない。それゆえ、それは言語とは言えないものでしかない。私は私の視点から言語使用をするが、それが規範的であるためには、その言語使用に対して適切／不適切を評価してくれる第三者の視点が必要なのである。かくして、私ひとりでは言語は成立しえない。

言語的な概念はそのもとに典型的な物語を開く。たとえば「犬」という概念のもとに私は犬に関する典型的な物語を了解している。そしてその物語は「犬」の相貌をもたらす。しかも言語は本質的に公共的である。言語的概念が開く物語世界の住人は私ひとりではありえない。それゆえ、こうした相貌を経験しうるのは私だけではない。[132]

# 結び

眺望論が一段落した段階（6－7「知覚の理論」）で、私の提示したい構図に対するイメージをもってもらうために、私はひとつの哲学的フィクションを語った。もう一度その哲学的フィクションを用いて、眺望論と相貌論全体の構図をまとめてみたい。

私たちはすでに意味に満ちた世界に生きている。しかし、いったんその意味のすべてを抜き去ろう。「椅子」や「犬」といった意味をもたない――「光」や「音」といった意味すらもたない――それを一括して「ノイズ」と呼ぶならば、まず私はノイズしか存在しない世界に生まれる。ノイズは無意味であるが、しかし、因果的効力はもつ。太陽の光が道端の石をあたためるのは、意味によってではない。太陽の光はそこになんの意味も付与されていなくとも、道端の石（「石」という意味をもたぬそれ）をあたためるだろう。あらゆる生物も、もちろん人間も、そうしたノイズの中で因果的に促されてさまざまな反応を示す。植物はそれでなんの問題もなく生きていくに違いない。しかし、少なくとも人間は（そしておそらくは人間以外の動物たちの一部も）、このノイズに意味を見出し、それによって生き延びている。私たちは、そうして世界に意味を見出し、世界を秩序づけてきた。

世界は、対象・空間・身体・意味という観点から、それに関わる要因の関数として秩序づけられる。世界のあり方をW、対象のあり方をo、対象との空間的位置関係をs、身体に関わる要因をb、意味に関わる要因をmとすれば、それらの関数関係を次のように書くことができる。

$$W = f(o,s,b,m)$$[133]

意味に関わる要因mが固定されたときの世界のあり方の側面が「眺望」であり、対象・空間・身体に関わる要因が固定されたとしてもなお意味という要因mが問題になるとき、世界のその側面が「相貌」である。眺望はさらに知覚的眺望と感覚的眺望に分かれる。身体に関わる要因bが固定され、対象のあり方oと対象との空間的位置関係sだけの関数として捉えられるとき、その眺望は「知覚的眺望」であり、逆に、対象・空間に関わる要因が固定されたとしてもなお身体状態bが問題になるとき、その眺望は「感覚的眺望」である。

こうして私たちは世界を対象・空間・身体・意味に関わる要因の関数として秩序づける。だが、これでいっさいのノイズに秩序が与えられたわけではない。世界にどの程度ノイズが残されているのかを見積もることはできないが、私の感覚では、世界はなお圧倒的に無意味である。私たちはノイズが渦巻くただ中に生まれ、生き延びるために必要な程度にささやかな秩序づけを行なってきたにすぎない。独断でしかないが、私はこう言いたくなる。世界はまだノイズに満ちている。

いわばノイズの海の中に秩序をもった島が形成され、それに頼って私たちはなんとか溺れることなく生きている。しかも私たちは大なり小なり共同体を形成して、共同の実践に参与する。そこでその共同体において公共的な秩序が形成される。それが、私が「眺望地図」と呼んできたものである。眺望地図の了解が形成されると、逆に、眺望地図からはみ出るものが出てくる。知覚の誤り、感覚、個人的な相貌、そうしたものはノイズの海から意味づけられて姿を現わしつつも、眺望地図に載せられずにふるい落とされていく。無意味なノイズと公共的な眺望地図のあわいに漂うもの、それが「心」である。

ノイズ－心－眺望地図、これは世界そのもののあり方にほかならない。私たちは「この背後に真の世界がある」という二元論的想定を断ち切ったところにいる。それゆえ、意味をもたぬノイズも、眺望地図からはじかれた心も、そして眺望地図として捉えられた公共的秩序も、すべて世界そのものである。眺望地図に掲載された正しい知覚はもちろん、心に属することとして捉えられる誤った知覚や感覚や個人的な相貌も、世界そのものである。「私は実物そのものを知覚している」という素朴実在論は、こうした構図の内に位置づけられる。

知覚は世界を意識の内に取り込んだ表象ではない。私は、そして他者は、誰も意識の繭に閉じ込められてはいない。意識の繭など存在しない。私と世界を、そして私と他者を隔てる絶対の壁は存在しない。

# 注

## 第Ⅰ部

1　ここで「素朴実在論」と呼んだ考え方は、知覚の対象は実物そのものであると考え、知覚イメージのようなものを認めない考え方である。それゆえ、二元論をとりつつ、通常の場合（自分の知覚を疑う理由がない場合）に、「この知覚イメージは正しい」と素朴に受け入れる立場とは異なる。素朴実在論はまったく二元論的ではない。

2　英語では“argument from illusion”であるが、ここで“illusion”は単純な見誤り（縄を蛇と見まちがえる、等）も含む言葉である。また、錯覚だけでなく幻覚（存在しないものを存在すると知覚してしまう）も議論に利用され、幻覚を利用した議論は錯覚を利用した場合と必ずしもまったく同じ形ではない。しかし、ここではとくにそうした区別はせず、多少広い範囲をカバーするものとして「錯覚論法」という呼び方をしよう。

3　大森荘蔵は繰り返し二元論を批判している。本章の二元論批判において、私は基本的に大森の議論を受け継いでいる。大森の二元論批判については、『大森荘蔵』（野矢茂樹、講談社、二〇〇七年／講談社学術文庫、二〇一五年）二－一「二元論批判」の節を参照されたい。

4　実在世界をカントの物自体のように考えるのであれば、そもそも実在の空間などは存在しないことになるだろう。

5　それゆえ、アリスが夢の中でその夢を見ている赤のキングに出会うことも——論理的に——ありえない。

6　原因と結果が同時である同時因果や過去に向けての逆向き因果を考えるべきだと論じる人もいるかもしれないが、いずれにしても、原因と結果はなんらかの時間的関係になければならない。

7　興味深い事例は太陽のような遠方の物である。太陽の光が地球上に到達するのにおよそ八分半かかるため、いま見えている太陽の位置は八分半前の太陽の位置であり、いま現在、物理的な太陽はそれよりも八分半だけ西へと動いた位置にあるとされる。これは実物の太陽と知覚像の太陽の二つを立てる二元論だろうか。いや、けっしてそうではない。物理学者に、いま現在の太陽ではなく、八分半前の太陽を構成する素粒子はどこにあるのかと問うてみよう。まちがいなく、いま見えている太陽を指差し、あそこにあると言うだろう。つまり、知覚されている太陽のあるその位置に、太陽を構成する素粒子の位置（ただし八分半前の位置）も考えられている。これは物理的な太陽を知覚の空間内に位置づけているということである。それゆえ、それは二元論的ではなく、むしろ素朴実在論的（ただし理論的に洗練された素朴実在論）であると言えよう。

8　二元論のところで述べたように、とくに二元論的に考えられた知覚イメージを、私は、実物に対応するとされる実物とは別の知覚イメージという意味で「知覚像」と呼んできた。しかし、一元論のもとでは知覚イメージと実物は別のものではないため、「像」という性格はなくなる。それゆえ、一元論の脈絡ではむしろ「知覚イメージ」という言葉を使うことにする。

9　George Berkeley, *A Treatise Concerning the Principles of Human Knowledge*（1710）§3.（大槻春彦訳『人知原理論』、岩波文庫）

10　ついでに付け加えれば、知覚因果説は二元論を帰結するため、一元論者は知覚因果説を拒否する。一元論に従えば、リンゴの知覚は実物のリンゴによって因果的に引き起こされたものではないし、また、脳が生み出したものでもない。

11　先ほどは「整合的なまとまりをなす知覚は正しく、孤立する断片的知覚は誤った知覚である」という言い方で、誤った知覚も含める形で「知覚」という語を用いたが、ここでは「知覚」とは「正しい知覚」のことを意味している。このあたり、用語法が無頓着であるが、まぎれることはないだろうと考え、とくに用語の整備はしないでおく。後に私自身の議論を組み立てるときに、改めて用語法を確定しよう。

12　ここで「実在論」とは、「世界は知覚と独立に存在する」という考え方のことである。

13　「私が見ていなくとも誰かが見ていればそれは存在すると言えるのではないか」と思われるかもしれない。すぐ後で論じるように、一元論者は他人の知覚を当てにすることができない。しかし、かりに他人の知覚によってその存在を保証しようとしても、ジャングルのヤシの木であれば誰ひとり知覚していないということもあるだろう。そして、たとえ誰も見ていなくともそれによって存在しなくなるわけではないというのが、私たちの実在論的実感である。一元論は、私たちのこの実感を掬いとらねばならない。

14　一元論は知覚だけではなく、記憶にも訴えることができるかもしれない。たとえば、過去に隣室で机を知覚したことをいま覚えている。だが、このことによって理解される机の存在は「過去に存在した」というものでしかない。記憶は未来や現在の机の存在を意味づけることはできない。

15　たとえば、次のような提案も考えられよう。あるものAのところから他のものBが知覚可能であるとき、「$A \to_p B$」と書き、この関係を「AからBへの知覚可能関係」と呼ぶことにする。(たとえば、吾妻橋からスカイツリーが見えるので、「吾妻橋$\to_p$スカイツリー」。)「$A \to_p B$」かつ「$B \to_p C$」であるとき、「AからCへの知覚可能関係の連鎖が成り立っている」と言おう。(スカイツリーからさらに筑波山が見えるので、「吾妻橋から筑波山への知覚可能関係の連鎖が成り立っている」と言える。) そのとき、あるものXが存在するとは、いま私が知覚しているAからXへの知覚可能関係の連鎖が成り立っているとき、そしてそのときにかぎる、と定義される。つまり、いま知覚しているものから、知覚可能な範囲を継ぎ足していけば、アマゾンの奥地であっても、いつかは到達するだろうというのである。

16　ウィキペディア「食のタブー」の項による。(二〇一六年四月現在)

17 CNN.com/europe, March 27, 2009 の記事 "Crabs 'feel and remember pain' suggests new study" による。

18 YouTube でその映像を見ることができる。「死んでいるのにピクピク動くカエル」 https://www.youtube.com/watch?v=pgsJgOZs1bY （二〇一六年四月現在）

19 大森荘蔵は、その「前期」と区分される時期において、独我論的行動主義に近い考え方をとり（大森の立場が行動主義そのものではないことについては、『大森荘蔵』（野矢茂樹、講談社、二〇〇七年、五五－五八ページ／講談社学術文庫、二〇一五年、六六－七〇ページ）を参照されたい）、ここで述べたようなコミュニケーションのあり方を「流用」と「盗用」という用語で言い表わしている。すなわち、他人の「歯が痛い」という（私には意味不明な）発言を、私はその人の痛みのふるまいの一部として、つまり「ハガイタイ」という泣き声のようなものとして「流用」し、それを「彼女は歯が痛い」という私の行動主義言語として「盗用」するというのである。大森の言葉を引用しよう。「日常言語を交信に使うしかたは、他人の言語をそれに他人が与えた意味を顧慮することなく（したくともできない）、わたくしが与える意味によって了解することであった。端的にいえば、他人の言語を、わたくしの知覚世界をわたくしの言語で描写しているものとして受けとることである。他人の言葉をわたくしの言葉として盗用することによってそれを了解するのである。」（大森荘蔵「物と知覚」（『言語・知覚・世界』、岩波書店、一九七一年、所収、一九四－一九五ページ／『大森荘蔵著作集』第三巻、岩波書店、一九九八年、所収、一九九ページ））

20 大森荘蔵自身、「中期」と区分される時期において、行動主義的な考え方を捨てることになる。「この行動主義的見解はどこか人を満足させない。人の心をその振舞いで置換することに対する心情的な不満より以上に、現実の事実と大切な点で食い違っているという不満である。現に人の腹痛を気遣っているとき、その人の振舞いを気遣っているのではなく、まさにその人の痛みを気遣っているのだ、と。」（大森荘蔵「三つの比喩」（『物と心』、東京大学出版会、一九七六年、所収、二〇七ページ／『大森荘蔵著作集』第四巻、岩

波書店、一九九九年、所収、二二五ページ／『物と心』、ちくま学芸文庫、二〇一五年、所収、二九二ページ））

21　『哲学探究』第三〇二節においてウィトゲンシュタインは、「自分の痛みを見本にして他人の痛みを想像しなければならないとしたら、それはそれほどたやすいことではない」と述べている。この節におけるウィトゲンシュタインの議論はまさに私がここで感覚説の困難として論じていることと同じものであると考えられる。

## 第Ⅱ部

22　眺望論はこれまでも『心と他者』（勁草書房、一九九五年／中公文庫、二〇一二年）、『哲学・航海日誌』（春秋社、一九九九年／中公文庫、二〇一〇年）において、また相貌論はそれらの著作に加えて『語りえぬものを語る』（講談社、二〇一一年）において、ある程度論じてきた。第Ⅱ部の議論は内容的にそれらと重複する部分をもつが、私は本書において眺望論を完成させ、また相貌論をさらに展開しようと考えている。すなわち、詰め切れていなかった細部を詰め、必要な修正を施し、さらに新たな展開を為しつつ、第Ⅰ部で提示した諸問題に解答を与えることをめざす。

23　眺望論と相貌論を踏まえて錯覚論法に応答する試みは第Ⅲ部で行なう。

24　地図に現在位置が書き込まれている場合には、その地図はそれを見る主体に言及しているのではないかと思われるかもしれない。しかし、そうではない。地図に書き込まれた現在位置は、それを見る主体の位置ではなく、その地図の置かれてある場所である。

25　時制表現もまた有視点的であるが、時間的な視点性はまた別の機会に論じる。

26　本章ではまだ感覚については考えていない。感覚を含めた考察は第7、8章で展開し、とくに第8章では、知覚と感覚の違いを論じる。だが、事実として、ある経験が知覚なのか感覚なのかはしばしば曖昧である。とくに味覚の場合には感覚と呼ぶべき性格が強く見られる。そのため、味覚は他の知覚様態よりも微妙な事例となる。こうした悩ましさについては、知覚と感覚の区別を論じるまでしばらくがまんしていただきたい。
27　次章で私は感覚について論じ、それに対して「感覚的眺望」という言い方を導入する。そのときには、ここでたんに「眺望」と呼ばれているものも「知覚的眺望」と呼びなおされることになる。しかし、知覚を論じていることが明らかな脈絡では、簡明を期すため、たんに「眺望」と呼ぶことにしたい。
28　一般に、ただ一つの対象だけを見るということはない。たとえば吾妻橋からスカイツリーを見るとき、スカイツリー以外の対象（金色のオブジェ、それ以外の建物、あるいは青空と雲）も見える。私はそうした風景を全体として眺めるだろう。そのとき「対象との位置関係」は、それら諸対象との関係の総体、つまり眺望全体との関係となる。
29　「立体を見る」とは、それを「立体」という意味のもとに見るということであり、それゆえ私が「相貌」と呼ぶ側面にほかならない。相貌についての考察は第9章「相貌と物語」で行なうが、眺望は基本的にはすでにある相貌のもとで現われており、相貌抜きに眺望を論じることはできない。ここでは眺望と眺望点の構造に関わる相貌だけを取り出して論じていると考えていただきたい。
30　そのような了解がどのようにして得られたのかはいま問題ではない。見ているそれが立体であり書割ではないということはたんなる思い込みかもしれない。ポイントは、たとえ思い込みにすぎないとしても、その対象を立体として見ているときには、たんに一つの眺望点からの眺望だけではなく、他の眺望点からの眺望の了解もそこにこめられているはずだ、という点にある。
31　大森荘蔵「虚想の公認を求めて」（『物と心』、東京大学出版会、一九七六年、所収、二二一－二二二ページ／『大森荘蔵著作集』第四巻、岩波書店、一九九九年、所収、二四一ページ／『物と心』、ちくま学芸文庫、二〇一五年、所収、三一二ページ）
32　表立って思うわけでもないため、「思い」という言葉も避け、現象学者の口まねをして「了解」という語を用いることにする。
33　それ以外の要因としては、耳をふさいでいるかどうかとか聴力のよしあしといったことがある。だが、それらは身体的要因であり、ここでは論じないでおく。（身体的要因については次章で扱う。）また別の要因としては音を反射するもの（壁、建物、等）の存在がある。こうした要因についても、いまは論じないでおく。

34　ここでは簡単のため〈音源のあり方〉と〈眺望点と対象との距離〉という二つの要因だけを取り上げたが、正確を期すならば、注33で述べたように、その要因に〈身体状態の変化〉と〈音を反射する物の状況の変化〉を加えて述べるべきである。

35　滝は物だろうか、できごとだろうか。どちらとも言えない曖昧な存在者であるように思われる。

36　フッサールはこれを"Retention（過去把持）"と"Protention（未来予持）"という語を用いて述べた。

37　舌の表面にある味蕾と呼ばれる味覚の受容器は、水に溶けたもののみを感知するので、たんにものと舌が接触すれば味がするというわけではない。しかし、いまはそうした細かい点は問題にしなくともよいだろう。また、飴玉などの場合、飴玉を口の外に出してもある程度味が残っているが、そうしたこともいまは無視して単純化して考えている。

38　対象xと対象yが接しているときd(x,y)=0とし、対象xと対象yが離れているときd(x,y)=1と定義すれば、この関数は「距離」が満たすべき数学的条件を備えたものとなっている。すなわち、次を満たしている。

(1)　x=y ⇔ d(x,y)=0

(2)　d(x,y)=d(y,x)

(3)　d(x,y)+d(y,z)≧d(x,z)

39　ふつうの地図を見る場合も、私たちはそこから眺望を読みとるだろう。たとえば、地図上で交差点の角に郵便局が記されてあれば、私たちはそこから、その交差点に立てばその郵便局が見えるだろうと考える。つまり、無視点的に描かれた地図を、私たちは眺望地図として使っているのである。おそらく、地図が読めない人というのは、地図をそのように眺望地図として捉えることができないのだろう。その地図のそこに立つことによってどのような眺望が得られるのかがうまく取り出せない。それゆえ、地図を見ても現在位置が把握できないのではないか。

40　耳朶環《じだかん》と言われる。釈迦は王子であったときピアスをしていた。それは大きくて重いものであったため、耳には大きな穴があき、ピアスをはずしてもふさがらなかった。と、そんなふうにも言われている。鎌倉の高徳院の大仏は阿弥陀如来であるが、釈迦の姿を模したものであるから、やはりピアスの穴があいている。

41　ピーター・F・ストローソンは *Individuals*（P. F. Strawson, Methuen: London, 1959（中村秀吉訳『個体と主語』、みすず書房））第二章で、音だけの世界において経験と独立な音の存在がどのように成立しうるかを考察している。ガレス・エヴァンズは "Things Without the Mind"（Gareth Evans, *Collected Papers*（Oxford U.P., 1985）Ch.9）において、ストローソンの議論を批判し、さらに考察を進めている。私はエヴァンズの議論から大きな示唆を受けており、眺望論は彼の議論と親和的なものとなっている。ストローソンもエヴァンズも、エヴァンズがカント主義のテーゼと呼ぶ、「客観性が成立するためには空間が必要である」という洞察を守ろうとしているが、眺望論もまた、カント主義のテーゼを守ろうとするものにほかならない。

42　その理論は、必ずしも言語で明示的に語られることによって受け継がれるのではない。たとえば現象の継起が対象と性質という形で分節化されることは、言語が主語－述語構造をもつことにおいて暗黙の内に示されている。人間たちが現象の継起を秩序だてるための理論の多くは、とりわけその基礎的な部分に関しては、言葉で何を語ろうとも、その言語を使用するかぎりはそこにおいて暗黙の内に示されてくるようなものであるだろう。『論理哲学論考』の言葉を借りるならば、それは「語られず示されうるもの」と言ってもよい。

43　Pはperception、oはobject、sはspace、bはbody、mはmeaningの頭文字をとった。

44　もしかしたら、複数の人が「同じもの」を食べることはできないと言いたくなる人もいるかもしれない。たとえ一杯のかけそばを分けあって食べたとしても、違った部分を食べているではないか、というのである。あるいは、同じものを食べても同じ味がするわけではないと言いたくなる人もいるだろう。こうした問題については、後で改めて論じる。（7－4「私たちは同じ味を味わうことができるか」）

45 「私は……を見る」における「私」は認識主体のような何ものかではなく、行為主体にほかならないという論点は、大森荘蔵のものでもある。（たとえば、『新視覚新論』第二章を参照のこと。）だが、大森がそのことを強調する脈絡は眺望論とはまったく逆であり、大森はまさしく他人の心に関する懐疑論のただ中にいて生涯それと格闘したのである。

46 大森荘蔵「三つの比喩」（『物と心』、東京大学出版会、一九七六年、所収、二〇六ページ／『大森荘蔵著作集』第四巻、岩波書店、一九九九年、所収、二二四－二二五ページ／『物と心』、ちくま学芸文庫、二〇一五年、所収、二九一ページ）

47 大森荘蔵「他我の「意味制作《ポイエーシス》」」（『時間と自我』、青土社、一九九二年、所収、二〇三ページ／『大森荘蔵著作集』第八巻、岩波書店、一九九九年、所収、一四八－一四九ページ）

48 感覚に関する言葉の使用は、そのような眺望点の明確な場合を通して学ばれていくと考えられる。子どもが蚊に刺されて腕に赤い腫れができている。そのとき大人が「かゆいね、おくすりつけようね」などと声をかける。あるいは子どもがひざを擦りむいて血がにじんでいる。そのときには「いたい、いたい。だいじょうぶだよ」のように声をかける。こうしたやりとりを通して、やがて子どもは「かゆい」「痛い」という言葉を学んでいくのである。それゆえ、感覚の言葉はまずそれを引き起こす身体状態とともに、学ばれる。「原因不明の痛み」を「痛み」として理解するのは、原因がはっきりしている痛みによって「痛み」という概念を習得した後のことである。

49 嗅覚と味覚はどうだろうか。私には、嗅覚と味覚だけでは、そもそも他者認知が生じないように思われる。

50 この点で視力検査は興味深い。ある箇所が欠けた輪の図形（ランドルト環）を見て、その欠けた箇所の方向を「上」とか「右」と答える。私たちは、そうして何が見えるかを報告することによって、自分の身体状態を調べているのである。
51 『最新 心理学事典』（平凡社、二〇一三年）の「感覚」の項、『心理学辞典』（有斐閣、一九九九年）の「感覚」の項を参照した。『誠信 心理学辞典（新版）』（誠信書房、二〇一四年）では「感覚」という語を用いず、すべて「知覚」としている。
52 繰り返しておくが、知覚的眺望と感覚的眺望という二つの側面だけで私たちの経験のあり方が尽くされると言いたいわけではない。次章で私は眺望に加えてさらに相貌という側面を取り上げる。
53 ここには、さまざまな経験則、自然科学的な知識、あるいはそれらを支える世界のあり方についての私たちの基本的な信念（世界像）が関わってくるだろう。
54 眺望地図に反するものが誤りとされるというのは、整合説的であると思われるかもしれない。だが、眺望地図はたんに整合的であればよいというものではない。眺望地図は私たちの認知と行動を導くという目的をもっている。そして、整合的な眺望地図のすべてが等しくその目的を果たすわけではないだろう。整合性はなるほど必要条件ではあろうが、眺望地図にとってのポイントはあくまでも「生活に役立つ」ということにある。つまり、眺望論における眺望の正誤の基準は、おおまかに言えばプラグマティズム的なのである。
55 8－1「知覚と感覚の区別」で述べておいたように、痛みにも知覚的眺望としての性格はありうる。痛みが対象のあり方の認知になるような場合である。そのような場合であれば、痛みを対象の性質とみなすこともできるだろう。（たとえば棘のある枝に対して、「痛い枝」といった言い方をするかもしれない。）ここではあくまでも感覚的眺望を問題にしており、痛みも感覚的眺望の事例として挙げている。
56 『心と他者』および『哲学・航海日誌』において私は、知覚は複眼的であり感覚は単眼的であると論じた。このときには時間的な複眼的構造を考えていなかったために、このようにきっぱりと言えたのである。しかし本書において私は議論を知覚一般に拡張し、時間的な複眼的構造を導入した。それによってよりことがらが正確に捉えられるようになったと考えているが、その反面、かつてのように「知覚は複眼的で感覚は単眼的」と単純に言いきることはできなくなった。
57 戸田山和久『知識の哲学』(産業図書、二〇〇二年)三七ページには、次のようなエピソードが紹介されている。アメリカの大学にはフラタニティという親睦組織をもつところがあり、その入団式でたちの悪い冗談が行なわれることがある。たとえば、「これからわがフラタニティの焼き印を押す」と宣言し、真っ赤に焼けた焼きごてを見せつけ、新入生を後ろ向きにして尻を出させ、そこに氷で冷やした焼きごてを押し当てる。すると、新入生たちは焼き印を押されたと思い、尻に焼けつく熱さを感じるというのである。戸田山はこの事例を、感覚も誤りうるという事例として紹介している。だが、そう言いきれるかどうか、必ずしもはっきりしない。もし、本当は冷たさを感じていたのに「アツイ!」と叫んだならば、それは感覚の誤りではなく、言いまちがいである。本当に熱さを感じていたならば、そう感じたことはけっして誤りではないようにも思われる。しかし、最初は一瞬だけ熱さを感じたのだが、その後すぐに冷たさを感じるようになり、それからは冷たさの感覚が持続するという場合には、最初に感じた熱さはまちがいだったとみなすかもしれない。
58 ここでも味覚はなかなか悩ましい。私たちは「もっとよく味わいなさい」のように言う。これはどういうことだろうか。ひとつには、もっとゆっくり食べるように言われているのだろう。味覚の空間的な複眼的構造は〈対象と接している/離れている〉という最小限のものである。そこで、すぐに飲み込まずに、対象と舌をしっかり接触させるように言われる。これが、「もっとよく味わう」ということのひとつの意味だろう。だが、少なくとももうひとつの意味がある。味覚は知覚的眺望と感覚的眺望の混ざりあった経験である。たとえば甘いものを食べた直後にはグレープフルーツは酸っぱく感じる。そこで、対象の性質をより的確に捉えるには、感覚的眺望の側面を可能なかぎり抑制することが必要となる。たとえば口を水ですすいでから利き酒をするといった場合がそうである。
59 「近接作用」とは、空間的に連続した作用である。原因と結果が空間的に離れた位置にあるならば、必ずその間を空間的につなぐような因果経路が考えられなければならない。それに対して、空間的に離れた位置にあるものごとにその中間の因果経路なしに直接作用する場合を「遠隔作用」と呼ぶ。

60 そのことと関連して、夢と知覚にはもうひとつの興味深い違いが生じる。夏のできごとの夢を冬に見ることはできる。その意味で、夢を見ている時間は夢の中の時間ではない。他方、知覚している時間はあくまでも知覚世界の中の時間である。現実の夏のできごとを、冬に見ることはできない。

61 かりに身体のパーツを交換できたとしてみよう。いまは誰のものでもない右脚に深い切り傷を作る。そしてその右脚をつけると、誰でも激しい痛みを感じるとする。もしこのような想定が可能であり、しかもこのような身体部分の交換がふつうのことになったとしたならば、深い切り傷を作った誰のものでもない右脚には、誰も感じていない痛みがあると言えるようになるかもしれない。

62 「バラは暗闇でも赤いか?」(『哲学な日々』(講談社、二〇一五年、所収)) は、本項の議論を思いついたときのことを書いたエッセイであり、内容的に重なっている。

63 においについてははっきりしないので明記することを避けた。バラの花は甘い香りをその性質としてもち、しかもバラの花さえあれば、そのにおいは存在する。色における光や、音における媒質のような条件は必要ではない。そうだとすれば、においは完全に物の性質ということになるだろう。

64 条件Cが整ったときにある対象に結果Rが生じるとき、その対象は「CならばRという傾向性をもつ」と言われる。たとえば塩は水に入れると溶けるという傾向性をもっている。

65 現代哲学の文献では、「形は一次性質であり、色は二次性質である」のような言い方が為されることも多い。ロックが「一次性質」「二次性質」という伝統的な語を自己流に転用したように、現代哲学もまたこの語を現代流に転用していると言えるかもしれない。

66 ただし、8-5-1「赤いバラは暗闇でも赤いのか」で論じたように、照明は目下の考察には関わってこない。白ウサギに赤い光を当てるとウサギは赤くなる。これは「本当は白いウサギなのだが照明のせいで白く見えない」という状況ではない。照明は色という現象を成り立たせるための条件であるから、照明のために白くなくなった場合には、それは端的に白さが失われたと言うべきなのである。「白いウサギに赤い光を当てると赤くなる」は、より正確には、「白色光のもとで白いウサギは、赤い光のもとでは赤くなる」と言わねばならない。

また、ここでは知覚的眺望の場面を議論しているので、色覚異常等の身体状態も目下の考察には関わってこない。

67　無視点把握は色をもちうるのか、と問われるだろうか。答えは「イエス」である。先に述べたように、たとえば「東京タワーは赤い」は特定の眺望点から捉えられた色を述べたものではなく、無視点把握である。ここで無視点的な「赤さ」と有視点的に把握された「赤く見える」を区別しなければならない。両者の関係については次項で論じる。

68　「意味上の関係」とは、その関係を理解していなければ関連する語の意味を理解していないとされる、そのような関係である。定義は、それを理解していないのであれば、定義されている語の意味も理解していないとされるから、意味上の関係である。しかし、ここでは定義より弱い意味上の関係が求められている。すなわち、必然的に成り立つわけではないが、しかし、その関係を理解していなければ意味も理解していないとされる、そのような関係である。

69　現代哲学の文献にしばしば"entitlement"（資格付与）という用語が出てくる。著者によってその意味するところは必ずしも同じではないため慎重に用いねばならないが（私はクリストファー・ピーコックの *The Realm of Reason*（Christopher Peacocke, Oxford University Press, 2006）でその語の使い方を学んだ）、ここで述べた事情をその語を用いて表現することは可能であるように思われる。そこで、「Aという根拠に基づいてBと判断するとき、判断Bには誤りの可能性はあるが、そう判断することは合理的である」という事情を、「根拠AによってBと判断する資格が与えられる（be entitled to judge that B）」と表現することができるだろう。

70　この言語規則で物の性質としての「赤い」の意味が尽くされていると言いたいわけではない。ロバート・ブランダムの用語を使うならば、ここで取り上げた合理的連関は“entitlement”の側面である。さらに、ある対象の性質を「赤い」と記述したときに生じる“commitment”の側面、すなわち「これは赤い」と記述することによって生じる、他の言明や行動に対する含意や帰結の側面も考えねばならない。

71　老婆としての見え方と若い女性としての見え方は、どこから見るかに依存するものではないが、どこに注目するかには依存しうる。この図形の場合であれば、若い女性の耳であり老婆の目にあたる部分に注目すると、全体が老婆に見えやすいということが起こるだろう。これは「どこから見るか」という眺望点の違いではない。ひとは、注目した部分により大きな意味を見出そうとするだろうから、ある部分に注目することはすでに相貌の知覚へと踏み出していると言えるだろう。いまの場合は、注目した部分が顔にとってより重要な部分、すなわち目として見えてくることによって、それを目とする老婆の顔が見えてくるのではないだろうか。

72　眺望論のところで論じた「立体の知覚」「距離の知覚」「同一の対象についての知覚」というあり方は、相貌に属している。その意味では、眺望論でも相貌がまったく扱われなかったわけではない。だが、相貌にはもっとはるかに多様で豊かなものがある。本章ではそうした側面に焦点を当てていく。

73　知覚的眺望だけでなく、感覚的眺望もまた物語の中に位置づけられ、それゆえ相貌をもつ。だが、感覚における相貌はまた改めて考察を加えることとして（9－2－8）、しばらくは知覚における相貌に議論を集中する。

74　どのような相貌が得られるかは、自分の経験を反省してみることによって納得してもらうしかない。しかし、とくに微妙なケースでは哲学的なバイアスが大きく働き、そうした反省は理論に中立なデータとしての資格をもちえないかもしれない。それゆえ、私がこれから展開する理論も、理論と理論的バイアスのかかったデータの全体がどの程度納得できるかによって、評価してもらうしかない。

75　以下、本章は視覚の例を中心にして論じられることになる。理由は、少なくとも視覚に多くを頼って生きている私にとって視覚の例がもっとも考えやすいというだけのことであり、理論的には、視覚以外の知覚様態――聴覚・触覚・嗅覚・味覚――でもまったく違いはない。他の様態の知覚においてどのような事例が考えられるかは、読者の経験と想像力にゆだねたい。

76　「混成主義」とでも呼ぶべきこの考えに対する私自身の議論は、『語りえぬものを語る』（講談社、二〇一一年）第二一章を参照していただきたい。

77　この点はウサギの顔とアヒルの顔が反転する図形の方が納得しやすいかもしれない。もし「ウサギ」の概念も「アヒル」の概念も、あるいはそもそも「動物」といった概念さえもっていなかったならば、この反転図形はウサギとアヒルの反転を見せはしないだろう。

78　次で見ることができる。http://www.procreo.jp/labo/labo13.html（「回る人影」で検索すれば出てくる。二〇一六年四月現在）

79　私はおおぐま座の構成をよく知らないので、北斗七星をたんに柄杓の形として見るだけだが、それを大きな熊の一部として見ることのできる人たちは、おそらく私とは違う見方をしている――柄杓の柄が熊の尻尾（にしては長すぎると思うが）に見える――のだろう。あるいは、かつてのアラブの人たちは現在のふたご座・かに座・しし座・おとめ座のあたりに大きなライオンの姿を見ていた可能性があるらしい。（アラビア天文学の専門家である鈴木孝典氏にご教示いただいた。）

80　認知意味論に関する議論、およびそれを踏まえた私の議論については、次を参照していただきたい。西村義樹・野矢茂樹『言語学の教室』（中公新書、二〇一三年）第三回、野矢茂樹『語りえぬものを語る』（講談社、二〇一一年）第二三章。

81　ブルドッグは鼻孔が狭いので、鼻水を垂らすのは珍しいことではないらしい。

82　「犬が散歩している」という記述が開く典型的な物語は、「犬」の典型的な物語も伴っているだろう。だが、ある文が開く典型的な物語は、必ずしもその文を構成する語句が単独で開く典型的な物語を伴っているとはかぎらない。実際、「犬が散歩している」という記述における「散歩」の典型は、「散歩」という語が開く典型的な物語とは異なっている。「散歩」という語は典型的には少なくとも人間の散歩をそこに含んでおり、人間の場合には散歩の典型的な物語に散歩中の排泄は含まれない。つまり、「犬の散歩」が開く典型的な物語は、「犬」の典型的な物語と「散歩」の典型的な物語の単純な足し算にはなっていないのである。これは、典型的な物語を言葉の意味を構成するものと考える立場にとっては、言語哲学で言う「合成原理」(文の意味はそれを構成する語句の意味から構成される)に反するものであり、きわめて興味深い事実と言える。

83　まさに私がこの問題を考えていたときに、科学基礎論学会の学会誌が送られてきて、そこに「音の不在の知覚」(源河亨《げんかとおる》、『科学基礎論研究』、二〇一四年第四一巻第二号)という論文が掲載されていた。私にとってひじょうにタイムリーであったのでたいへん興味深く読んだ。たとえば太鼓の音を聞くとき、音と音の間の無音も聞いているのでなければ、私たちは太鼓のリズムを聞きとることはできない。あるいは、電話の呼び出し音が出る前に切れたとき、私たちは呼び出し音が終わってしまったことを聞く。こうした「音の不在の知覚」を、源河はさまざまな反論に応答しながら説得力をもって論じている。さらに源河は、同様の不在の知覚を光の点滅を見る場合や、穴を見るといった場面にまで拡張することを認めている。しかし、「ビールがない」ことの知覚については、少なくともこの論文では(そもそもが音についての論文であるため)明言されていない。

84　正確に言えば「知覚に基づいた直接的判断」であるが、「知覚に基づいた」は目下の議論では文脈上明らかであろうから、省略する。

85　たとえば、莢状《きょうじょう》高積雲と呼ばれる雲がある。その名の通り、豆の莢《さや》のような形の雲であるが、晩秋から早春にかけて日本海側の山岳部でこの雲を見ると、晴天からたちまち暴風雪に変わるという。

86　このことは、ここでの議論が眺望論の範囲に収まるものであることを意味してはいない。むしろ、眺望論と相貌論が截然と切り離せるものではないことを意味している。

87　感情を抑鬱や高揚感といった感覚と混同してはならない。抑鬱や高揚感であれば、薬物といった原因によって引き起こすことができる。

88　ここにおいて、私は大森荘蔵の次のような主張の精神を受け継いでいる。「悲しくも恐ろしくもない非情の世界の中に悲しみや恐怖を「抱いて」私が立っているのではなく、そこに立つ私を含めての世界全体の相貌があるいは悲しくあるいは恐ろしいのである（そして同じ一つの世界が十人に十色の彩りで立ち現われる）。感情は「心的現象」なのではなく「世界現象」なのである。」（大森荘蔵「心身問題、その一答案」（『流れとよどみ』、産業図書、一九八一年、所収、二三二ページ／『大森荘蔵著作集』第五巻、岩波書店、一九九九年、所収、一六九ページ））

89　下條信輔『サブリミナル・マインド』（中公新書、一九九六年）第五講では、いくつかの事例とともにこうした現象が説明されている。

90　私は最初、そのような記憶喪失者は素人と同じ相貌をもつと考えたが、下條信輔氏に尋ねたところ、それはかなりあやしいとのことであった。知覚心理学の専門家にそう言われて、私もすなおに考えを改めた。だが、「熟達者とも違う見え方をするだろう」と言ったら、下條氏もそれには同意を示してくれた。

91　私はここまで「行動」という用語もたびたび使ってきた。眼前の状況に応じたふるまいの場合には「行動」を用い、意図や計画に基づくことが強調される場合には「行為」を用いたくなるという違いはあるが、その境界は曖昧であり、そうしたニュアンスの違いが議論に影響することもない。読者は「行動」も「行為」も同じ意味だと思ってくれてかまわない。

92　「私の物語の中の一エピソード」という何気ない言い方には、論ずべき重要なことがらがある。まず「私の物語」における「私の」という所有格の意味である。何がそれを「私の」物語とするのか。また、何がそのエピソードを「私の物語」における一エピソードとするのか。たとえば、未来において他人が私の脳を操作して私にある行動をとらせるということができるようになったとして、そのとき他人に操作された行動は「私の物語の一エピソード」とは言えないように思われる。ここには、「人格」という概念および「行為主体」という概念に関して明らかにしなければならないことがある。私の見通しでは、そのときにも物語という言い方は有効であると思われる。とはいえ、たんに「物語」と言うだけではたいした解明にはならないだろうが。

93　感覚的眺望は物的対象についてのものではない。痛みが現われているとき、それはなんらかの物の性質として現われているわけではない。それゆえ、感覚的眺望も相貌をもつということは、物的対象に担われていない相貌もあるということを意味している。だが、それは知覚的眺望においても見出せることである。たとえば滝の音なども、なんらかの相貌をもつ。物的対象に担われていないこうした相貌は、できごとの相貌であると言ってもよいだろう。滝の音がするというのも、痛みが生じているのも、できごとである。

第Ⅲ部

94　この議論では、「二重に」や「ぼやけて」を副詞として捉えることが錯覚論法への応答の要となっている。この方法を知覚に対して全面的に展開し、あらゆるタイプの錯覚論法に対処しようとしたのが、「副詞説」と呼ばれる立場である。英語の表現の方が見てとりやすいので英語で書くが、副詞説に従うと、"seeing a red square" は "seeing redly and squarely" と「改釈」される。だが、このやり方を徹底すると、知覚は知覚動詞と副詞だけで記述されることになり、知覚することの目的語＝対象が姿を消してしまう。リンゴについても、「リンゴ的に見る（"seeing applly"？）」のであり「リンゴを見る」のではない。すなわち、「いかに」見ているかのみとなり「何を」見ているかがいっさい出てこないことになるのである。この奇抜とも言える理論は重要な洞察を含んでいると私は考えるが、しかし、いかんせん、極端にすぎると言わざるをえない。そして、知覚を〈対象のあり方〉と〈対象との位置関係〉の関数として捉える本書の基本的立場からしても、知覚から対象を奪いとる副詞説を受け入れることはできない。

95　無視点的に把握された楕円とは、幾何学的な楕円である。幾何学的な楕円は「二点からの距離の和が一定な点の軌跡」と定義される。そして「二点からの距離の和が一定」という性質はまったく無視点的に捉えられる性質である。それゆえ、ある物体がこの性質をもつ形をしていることも、無視点的に把握される。

96　小さく見えるから、小さく描くのではない。小さく描くから、「小さく見える」という言い方をしたくなるのである。私の考えが正しければ、絵を描くといったことをせず、平面化の操作と無縁に暮らしている人たちがいたとすれば、その人たちはたんに「遠くに見える」という言い方をするだけで、「小さく見える」などと言いたくはならないだろう。

97　無視点把握と有視点把握が食い違っていたら困るだろうと言われるかもしれない。たしかにその食い違いが広範囲にわたれば私たちは生活に支障をきたすだろう。だが、いま問題にしているのは錯視図形という例外的なものである。それゆえ、無視点把握と有視点把握の食い違いに対して、私たちはたんにちょっと驚くだけですむ。

98　Austin, J.L., *Sense and Sensibilia* (Oxford: Clarendon Press, 1962) p.50.（丹治信春・守屋唱進訳『知覚の言語――センスとセンシビリア』、勁草書房、八〇ページ）引用は私自身の訳である。

99　オースティンは「レモンや石鹼と知覚では話が違う」という当然の反応を無視している。そのため、十分な説得力をもちえていない。とはいえ、オースティンの議論は①から②の導出がけっして論理的には妥当なものではないことを明瞭に（かつ嫌味たっぷりに）示している。

100　従来あまり明確に区別されてこなかったように思われるが、同種性テーゼと共通項テーゼは異なるテーゼである。一般的に言って、AとBが異なる種類のものであるとしても、そのことはAとBに共通の要素がないことを意味するわけではない。たとえば、天ぷらそばと月見そばは異種のメニューであるが、両者はかけそばという共通項をもつ。それゆえ、同種性テーゼを否定しても、共通項テーゼを否定するにはまだ十分ではない。

101　誤解を避けるために一点注意を与えておこう。ここで「知覚的な現われ」と呼ばれているものは、私が

6-7「知覚の理論」において「知覚以前」として考えた哲学的フィクションとは別物である。知覚以前として私が想定したものは、いっさいの意味を与えられる前の無意味・無秩序な状態であった。そして私はその想定を私自身の立場をイメージしてもらうために用いた。他方、ここで「知覚的な現われ」と呼ばれるものは、いま私が経験しているのと同じような意味内容をもっており、ただそれに対して知覚・錯覚・幻覚の区別をしないようなものである。そして私はこの「知覚的な現われ」という想定を却下したいと考えている。

102 共通項テーゼを認めるか否かは、現代の知覚の哲学において大きな争点となっている。そして共通項テーゼを否定する立場は一括して「選言説」と呼ばれる。（選言説は、あえて錯覚・幻覚と知覚に共通のものを求めるならば「この経験は錯覚であるかまたは幻覚であるかまたは知覚である」という無内容なものとなる、と主張する。「または」は論理学において「選言」と呼ばれるため、この立場は「選言説」と呼ばれる。）この呼び名を用いるならば、私は選言説の立場に立つことになる。とはいえ、選言説論者たちと私との共通点は、共通項テーゼを認めないという点だけである。あるいはもう一点、素朴実在論を守りたいという動機も、多くの選言説論者たちと共有しているだろう。だが、その他の点では、眺望論や相貌論はこれまでの選言説の議論に対して独自の道を歩むものとなっている。

103 視覚・聴覚・触覚・嗅覚・味覚という知覚様態の違いもまた、相貌の違いに反映されるのだろうか。たとえば近づいてくる列車を視覚的に知覚する場合と聴覚的に知覚する場合、それはともに「近づいてくる列車」という相貌をもっている。そしてそれに加えて「知覚」という相貌ももつ。では、さらに「視覚」という相貌ないし「聴覚」という相貌ももつのだろうか。もちろんもつだろう。視覚の場合と聴覚の場合とでは、そこに開かれる物語が異なるため、それは相貌の違いとなる。しかし、だからといって、知覚様態の違いを相貌の違いという点だけから捉えることはできない。知覚様態の違いは相貌以前にまず眺望の違いとしてある。視覚的眺望と聴覚的眺望は異なった眺望である。目は聴覚的眺望に対する感受性をもたないし、逆に耳は視覚的眺望に対する感受性をもたない。視覚・聴覚・触覚・嗅覚・味覚において、私たちはそれぞれ異なった眺望に出会っている。それゆえ、かりに近づいてくる列車の視覚的眺望と聴覚的眺望が同じ相貌をもっていたとしても、それでもなお両者は異なる眺望である。

104　同種性テーゼおよび共通項テーゼを否定する議論が成功していれば、錯覚・幻覚に訴える錯覚論法の論駁にとってはそれだけでも十分と言えるだろう。しかし、念には念を入れて、反論可能なポイントはすべて反論しておくことにしたい。さらに、錯覚や幻覚においてさえ知覚イメージなど必要ではないということは、それ自体として重要である。

105　「行為」と「行動」という言葉を私はなんとなく気分で使い分けているが、そこには議論を左右するような違いはないので、同じ意味だと考えていただいてよい。（注91参照。）

106　たとえば、ある建物とその眺望が眺望地図に描かれたとしても、関心がなければ、その建物の壁の汚れ具合などは眺望地図には描かれないだろう。（もちろん壁の汚れに関心がある場合には、汚れ具合も眺望地図に描かれることになる。）

107　物理学は世界を無視点的に把握するが、無視点的に把握されるすべてが物理学的な世界というわけではない。たとえば「神社の本殿の南に赤い鳥居が建っている」というのは無視点的な描写であるが、物理学は色の語彙をもたないから、これは物理学の描写ではない。

108　もっとも、実際の飛蚊症の場合には、蚊のようなものは眼球の動きに合わせて動くので、現実の空間に蚊が飛んでいるのだと騙されることはなさそうである。しかし、非現実的な想像ではあるが、眼球を動かしても何かの加減で硝子体の濁りが眼球運動を相殺するような仕方で移動し、その結果、蚊に見えるそれは眼球運動と連動することなく空中に漂っているように見えたとすると、これはもう押しも押されもせぬ蚊の幻覚だろう。

109　眺望論は、知覚については素朴実在論をとり、幻覚については副詞説をとると言ってもよい。（副詞説については注94を参照されたい。）

110　ここまでで、知覚、錯覚、幻覚に対する私の考えを一通り述べ終わったことになる。そこで、私の考えと現代の知覚の哲学における他のさまざまな考えとの違いを簡単に確認しておくことにしよう。

　ウィリアム・フィッシュは三つの原理を取り上げ、その原理の内のどれを受け入れどれを受け入れないかによって知覚に関する哲学的立場を分類している。（William Fish, *Philosophy of Perception* (Routledge, 2010)（山田圭一監訳『知覚の哲学入門』、勁草書房））手短に紹介し、それによって私の議論の位置を確認してみたい。

　フィッシュは、「共通要素原理」「現象原理」「表象原理」の三つを、問題を整理するための軸として挙げる。「共通要素原理」は、「知覚と錯覚・幻覚は経験されているそのときには同じ種類の経験である」という主張で、私が「共通項テーゼ」と呼んだものに等しい。「現象原理」は、知覚であれ幻覚であれ錯覚であれ、たとえば赤いものが現われているならば何か赤いものが存在するはずだ、というものである。正しい知覚であればそれは現実に存在するトマト等であるが、幻覚であれば意識内の知覚イメージのようなものが求められるだろう。「表象原理」は、「知覚・錯覚・幻覚はすべて何かを表象している」というものである。

　フィッシュはこの原理に準拠して、センスデータ説、副詞説、信念獲得説、志向説、選言説を特徴づける。いまは副詞説、志向説、選言説だけを見ておこう。副詞説は、共通要素原理は認めるが、「赤い」という現われも「赤く」と副詞的に捉えるため、現象原理と表象原理は否定する。志向説は、大きく括れば表象原理を認め、知覚・錯覚・幻覚は表象であると考える立場である。知覚は正しい表象であり、錯覚・幻覚は誤った表象であるが、いずれも表象という点で共通していると考えるので、共通要素原理を認める。しかし、たとえば赤さを表象するのに赤い色をしたものが必要だとは考えない（黒いインクで書かれた「赤」という文字も赤を表象している）ため、現象原理は否定する。選言説はともあれ共通要素原理を否定するものとして一括りにされ、現象原理と表象原理に関してはオープンのままとされる。

　さて、この三つの原理に対して眺望論および相貌論はどういう態度をとってきただろうか。共通要素原理は否定し、それゆえ選言説の陣営に与することになる。現象原理については、幻覚に対して副詞説的に考えるため、短剣の幻覚を経験しているからといって短剣の知覚イメージのようなものを想定することはない。つまり、現象原理は部分的に否定される。表象原理はどうかと言えば、知覚的眺望は表象ではなく世界そのものとの出会いであると考えるため、全面的に否定される。というわけで、眺望論と相貌論はこれら三つの原理のすべてを少なくとも部分的に否定するものとなっている。

111　大森の脳透視論は主として次で展開されている。『新視覚新論』(東京大学出版会、一九八二年/『大森荘蔵著作集』第六巻、岩波書店、一九九九年)第六章、「脳と意識の無関係」(『時間と存在』、青土社、一九九四年、所収/『大森荘蔵著作集』第八巻、岩波書店、一九九九年、所収)

112　大森は「見透し」と書く(たぶん読み方は「みすかし」である)。しかし私は「見透かし」と書きたい。

113　私は無視点把握と有視点把握の関係に議論の焦点を当てるが、大森は後期の重ね描き論において科学描写と日常描写の関係に焦点を当てている。科学描写はすべて無視点的な描写であるが、無視点的な描写のすべてが科学描写というわけではなく(注107参照)、日常描写の中にも無視点的な描写はある。つまり、日常描写の中には無視点的な描写も有視点的な描写も存在している。しかし、目下の議論においてこうした違いが問題になることはない。

114　『新視覚新論』(東京大学出版会、一九八二年、一三三ページ/『大森荘蔵著作集』第六巻、岩波書店、一九九九年、一四六ページ)

115　おそらくそのことを強調するために、大森は「……→脳→視神経→」と書いたのだろう。「……→脳→視神経→」としておけば、脳の手前に何か認識主観のようなものを位置づける誘惑が弱くなることが期待される。私は「脳→視神経→」と書くが、もちろん、脳の手前に脳を見透かしている認識主観などを認めるつもりはない。

116　手袋をして何かにさわるといった場合は、「さわり透かし」ていると言えるかもしれない。

117　ここでその人はそれが知覚であると信じているとする。もし幻覚ではないかという疑いを抱いたならば、それによって脳状態はもはやBではなくなり、身体への指令も変化する。「これは幻覚の大仏だ」という気持ちが生じたならば、その人の行動への構えは異なったものになるだろう。

118　「私は彼女と同じものを見ることができない」や「私は彼女が何を見ているのか知りえない」ということは、けっして論理的真理ではない。私は6－9「他人と同じものを見る」においてそう論じた。

119　いわゆる「植物状態」の極端な場合で、いっさいの反応を示すことができなくなっているとしても、必ずしも知覚的感受性を失っていると考える必要はない。身体機能が回復すれば反応し行動することができるという想定に意味があり、かつ、その反応や行動が知覚的感受性に訴えることで説明されるようなものであるならば、知覚的感受性をもっているとまでは言えなくとも、知覚的感受性をもっているかもしれないとは言えよう。

120　身体に与えられた危害に対処することは急を要することであり、わざわざ感覚を経由するのはむしろ「高級」な処理の仕方であると言える。ミミズは知覚はするが、感覚はしない。それゆえ私の考え方に従うならば、常識に反して、感覚は知覚よりも高級だということになる。

121　このことを加味するならば、「知覚的感受性をもつものであれば誰でも、この眺望点に立てばこの眺望に出会える」という言い方は不十分であったことになる。もしその主体がその眺望に関連するいかなる物語も生きていないのであれば、その主体はその眺望のもとにいかなる相貌も見出さないことになり、それゆえそれは知覚的眺望の名にふさわしいものとは言えなくなる。したがって、ある知覚的眺望に出会えるためには、知覚的感受性をもつだけではなく、関連するなんらかの物語をその主体が生きているのでなければならない。

122　「世界像」についての私の議論は『語りえぬものを語る』（講談社、二〇一一年）第一一章を参照していただきたい。

123　統合された眺望地図が完全に包括的な眺望地図と

して完成されることはないと私は考えている。どれほど包括的な眺望地図を作ったとしても、それよりも包括的な眺望地図を作成しうるだろう。ここではこうした議論には踏み込まないが、私の考えでは、私たちは世界を知り尽くすことができない。それゆえ眺望地図は不完全なものでしかありえない。

124　これが「心」と呼びうるもののすべてだと言いたいわけではない。本書が論じているのは知覚し感覚する経験に関わることだけであり、感情や思考といった側面については主題的に取り上げていない。「心」という難問を巡って、さらにこうしたことがらが考察されねばならない。

125　眺望地図から「感覚」が排除されると言ってしまうと、不正確になる。日常的にはしばしば「感覚」という語は感覚的眺望よりも広い意味で用いられる。快・不快、楽しさ、恐ろしさといったことがらも「感覚」と呼ばれうるだろう。ここではこうしたことがらについての議論には入らないが、私の考えでは快・不快、楽しさ、恐ろしさなどは相貌に関わっている。美しいものは美しさと同時に快の相貌をもつ。ひとを浮き浮きさせる風景もあれば、怖がらせる風景もある。こうした相貌は眺望地図に描かれることもあるだろう。それに対して、私がここで排除したのはあくまでも「感覚的眺望」であり、身体状態によって引き起こされたものである。

126　眺望地図は必ず公共的であり、個人的な眺望地図はありえない。というのも、第一に、眺望地図は無視点把握された世界のあり方に知覚的眺望を描き込んだものであるが、無視点把握された世界のあり方は公共的な知識でなければならない。また、そこに描き込まれる眺望は「神社」「木」「橋」あるいは「椅子」や「コップ」といった相貌をもつが、その相貌を開く概念は公共的なものである。

127　私の見通しが正しければ、この「ありえなさ」は論理的な不可能性である。もしすべての時間にわたりすべての詳細において物語を共有するならば、それは同一人物とされるだろう。この点について私自身はまだ十分に考察できていないが、物語は人物の同一性に深く関わっていると思われる。

128　「太郎の物語では太郎が主人公である」は同語反

復的に正しいように思われる。太郎が主人公であるということは、それが太郎の物語であり、他の人の物語ではないということとの一部を構成しているだろう。ここには、注127で述べたような、物語と人物の同一性との密接な関係がある。

129　「概念」をどう捉えるかによるが、私自身は概念は非言語的ではありえないと考えている。ある概念は他の諸概念と組み合わされてさまざまな思考を形成しうるのでなければならない。その中には反事実的な思考も含まれる。そしてそのような思考が可能であるためには言語が不可欠だと思うのである。だが、この点に関してここでこれ以上論じることは控えよう。

130　詳細は私の『語りえぬものを語る』（講談社、二〇一一年）第一八章を参照していただきたい。

なお、その箇所の議論については永井均による激烈と言ってもよい批判がある（『哲学の密かな闘い』（ぷねうま舎、二〇一三年）第七章）。しかし私には、その批判は私の議論に対する永井の無理解に基づくもののように思われた。他人には理解しえない、それゆえ公共的になりえない「言語」を「私的言語」と呼ぶが、言語の公共性を示すひとつの方法は私的言語の不可能性を示すこと――私的言語が「言語」ではありえず、他人に理解しえないものは自分にも理解しえないものでしかないと論じること――である。私は、『語りえぬものを語る』第一八章において、私的言語の事例（ウィトゲンシュタインが『哲学探究』で用いた「E」という事例）を示し、それが「言語」としては成立不可能であることを論証した。だが、私のこの書き方が奇妙であるのは明らかだろう。「他人には理解しえない言語」の事例を示すことなどできはしない。事例を示し、読者に理解してもらえたならば、それはもはや私的言語ではない。それゆえ私はいわば「私的言語もどき」を用いて議論をイラストレイトしたのである。ところがそれに対して、永井は事例として示されたその言語が可能であることを力説する。私はそれに同意するし、私の示した事例が私的言語になりえていないことはその後にも書いている。しかし、その箇所に対しても永井は、あたかも私がついさっき書いたことを自ら否定しているかのように受けとり、驚きを表明する。しかし、最初から私は自分の示した事例が私的言語であるなどということを示したかったのではない。私的言語など存在しないということを示したかったのである。

131　ここでは比喩のことは考えていない。かりにこの表現が比喩として用いられたとしても、比喩は不適切な表現をわざと用いることによって何ごとかを伝えようとするものであるから、比喩の場合であっても、その表現が不適切であることは動かない。

132　先に私は、人間が知覚的感受性をもつことを一つの仮説と考え、その仮説を証拠に基づいて正当化する議論を行なった（12－2－4「人間は知覚し感覚する」）。それに対して、ここで私が為した他者の存在に対する論証は、証拠に基づく仮説の正当化ではない。私は、私の経験が可能であるためには他者が存在しなければならないと論じたのであり、哲学用語を使って言うならば、いわゆる「超越論的論証」を与えたことになる。

133　6－8「知覚的眺望は身体に依存しないのか」において、私はこれと同じ関数を知覚について示した（一〇九ページ）。私たちはいまや素朴実在論を手にしている。それゆえ、知覚の秩序は知覚において出会われている世界の秩序にほかならない。

# 謝辞

最初の原稿がほぼ完成した段階で、その原稿を配布し、学生から質問や批判を受けるというゼミを、二〇一四年度に東京大学大学院総合文化研究科の大学院において通年で行なった。また、同年度に金沢大学においてその原稿をもとに集中講義を行なった。さらに同年度の秋学期には早稲田大学大学院においても同様の講義を行なった。表立った質問や批判はもちろんのこと、彼らの納得できなさそうな表情までが、私にとってありがたい情報だった。森永豊さんは東京大学でのゼミだけでなく、折に触れて質問や反論を寄せてくれた。また、早稲田大学では神経心理学の専門家である福澤一吉教授、社会心理学の専門家である竹村和久教授も、お忙しい合間をぬってほとんどの回に参加してくださった。千葉大学文学部の山田圭一准教授には最初の原稿を読んでいただき、有益なコメントをいくつもいただいた。こうしたコメント・質問・批判をもとに、私は原稿を大幅に手直しした。そうして書き直した原稿に対して、松本佳代子さんが読者を代表してきわめて丁寧なコメントや質問を出してくださった。また、講談社学芸クリエイトの上田哲之さんにもたいへんお世話になった。こうした方々の力のおかげで、私は私自身の力を越えて本書の議論や表現を練り上げ、磨き上げることができた。この場を借りて心から感謝します。本当に、ありがとうございました。

## た　行



## な　行

## さ 行

# 索引

それぞれの項目について、
理解に資すると思われるページのみを挙げている。

装訂　間村俊一
カバー　マルセル・デュシャン
『花嫁は彼女の独身者たちによって裸にされて、さえも』
（通称『大ガラス』東京ヴァージョン）
東京大学大学院総合文化研究科・教養学部
駒場博物館蔵

野矢茂樹（のや・しげき）

1954年東京都に生まれる。東京大学大学院博士課程単位取得退学。北海道大学助教授、東京大学大学院総合文化研究科教授を経て、現在、立正大学教授。専攻は哲学。

著書：『論理学』（東京大学出版会、1994年）
『心と他者』（勁草書房、1995年／中公文庫、2012年）
『哲学の謎』（講談社現代新書、1996年）
『論理トレーニング』（産業図書、1997年／新版、2006年）
『無限論の教室』（講談社現代新書、1998年）
『哲学・航海日誌』（春秋社、1999年／中公文庫、2010年）
『はじめて考えるときのように』（PHP研究所、2001年／PHP文庫、2004年）
『論理トレーニング101題』（産業図書、2001年）
『ウィトゲンシュタイン「論理哲学論考」を読む』（哲学書房、2002年／ちくま学芸文庫、2006年）
『ここにないもの』（大和書房、2004年／中公文庫、2014年）
『入門！論理学』（中公新書、2006年）
『大森荘蔵——哲学の見本』（講談社、2007年／講談社学術文庫、2015年）
『語りえぬものを語る』（講談社、2011年）
『哲学な日々』（講談社、2015年）など

訳書：ウィトゲンシュタイン『論理哲学論考』（岩波文庫、2003年）
アリス・アンブローズ『ウィトゲンシュタインの講義』（勁草書房、1991年／講談社学術文庫、2013年）など

心《こころ》という難問《なんもん》——空間《くうかん》・身体《しんたい》・意味《いみ》

二〇一六年五月二四日　第一刷発行
二〇二四年六月　四　日　第五刷発行

著　者　野《の》矢《や》茂《しげ》樹《き》
発行者　森　田　浩　章
発行所　株式会社　講談社
東京都文京区音羽二—一二—二一
〒一一二—八〇〇一
電話　〇三—五三九五—三五一二（編集）
〇三—五三九五—五八一七（販売）
〇三—五三九五—三六一五（業務）

KODANSHA

印刷所　株式会社新藤慶昌堂
製本所　株式会社若林製本工場
本文データ制作　講談社デジタル製作



ISBN 978-4-06-220078-3　© Shigeki Noya 2016
Printed in Japan　N. D. C. 100　389p　19cm